河合隼雄著作集

日本社会とジェンダー

10

JN149894

岩波書店

序説　個人の性・社会の性

男と女

人間に男と女という区別があるのは、本当に不思議なことである。人間はすべて平等と考えようとするとき、この区別がひっかかってくる。もちろん、人間は生まれてくるときに大金持の家に生まれたり、時には親に棄てられたり、などと最初から相当な差を背負っていることは事実である。しかし、これらのことは努力によって、あるいは理想的には解消される、と言えぬことはない。それに比して、男と女という区別は、まず絶対的と言えるほどのことである(稀に性転換という事実がある)。生まれてくるときに、それは自分の意志とかかわりなく決定されているのだ。こんな不都合、あるいは理不尽なことはないと感じる人がいてもおかしくはない。

しかし、男と女という区別のあるために、人間の人生はいろいろと不思議なダイナミズムや綾をもつことになり、平板になることを免れているとも考えられる。そして、男—女という対極、あるいは軸をめぐって個人の人生や人間の社会が変転しているとさえ言うことができる。人間が意識し、考えるためには、何らかの分離、分割が必要であり、そのときに、男と女という分割が予想外に用いられている。従って、個人としての男、女の問題を考えるときも、背後において個人を超えた枠組が作用してくるので、よほどよく考えていないと、問題が錯綜したり、すり変ってしまったりする。この点をよくよく認識していなくてはならない。

私は男性として生まれてきた。その上、きょうだいは六人すべて男性であった(実は七人であったが、一人は幼いときに死亡した)。子ども三人もすべて男性である。このことは私の人格形成の上で、ひとつの要因として作用していると思う。「日常」の生活で女性に接することが少ないと、イメージとしての女性が大きい役割をもつことになる。ユングの主張する男性にとってのアニマ・イメージ(魂のイメージ)としての女性像、ということが私にとって非常にぴったりと感じられたことの一因になっていることだろう。

男と女が結合して、子どもが生まれることになり、それによって種の保存ができるというのは(ごく少ない単性生殖の生物を除き)自然の摂理である。それは動物も植物も行なっていることで、人間もそれと変るものではない。男と女との非対称性は、生殖のことを考えるとき、特に際立っている。身体の器官に明確な差があり、子どもを産むのは女性にしかできない。男女差は歴然としているし、自然界においては、それは見事に機能している。

人間はユングが言うように、その本性が自然に反する傾向を持っている(と言ってもそれは自然の一部であることは否めないのだが)。このために、自然界のオス・メスの在り方をそのまま継承することができず、文化や社会を形成してゆくときに、男女の性差ということが、喉につかえた骨のようなことになったり、飛躍のためのスプリングボードになったりもする。現代の時代精神は、「平等」「自由」をこよなく大切にする。その時代精神は性差をどのように全体のなかに取り入れるかに苦労している。

時代精神と言えば、人間の歴史のなかでは、女性優位と考えられたり男性優位と考えられたりした時代があった。両者の協調なくしては人間は存続してゆけないのだが、人間はそれなりの秩序感を必要とし、その秩序を支える軸として男―女の軸が用いられるとき、どちらかに優位性を与えることによって全体のシステムをつくることになる。この際、個人としての男・女ということだけではなく、原理としての男・女ということも用いられる。

旧約聖書の話が典型的であるが、その他の民族の神話においても、最初の人間は男であり、男から女が生まれたという話が割にある。古代人も女から男が生まれることを知っているはずなのに、どうしてわざわざこのような神話をつくったのであろうか。ここからは私の推察であるが、すべての人間は女から生まれる――これが強調されるとき、女よりは母という言語の方が適切だが――という事実は母性優位の考えにつながりやすい。そこから父性優位へと時代精神が移行するとき、それに基礎を与えるものとして、男から女が生まれる神話が必要だったのではなかろうか。

かくて、キリスト教文化圏では長らく父性優位の文化が栄え、それに対する補償としてのマリアの崇拝ということもあったが、二千年の歴史の後に、最近になってフェミニズムの運動が強くなってきた、と考えられないだろうか。今は時代精神の相当な変り目に来ているのだ、と私は考えている。これからはおそらく後にも述べるように、父性・母性あるいは男性・女性のいずれにも優位性を認めない文化を築こうとするのではないだろうか。現在、いろいろと混乱が生じるのも無理ないことである。

社会と性

キリスト教文化圏の在り方について先に少し触れたが、私にとっては日本と欧米の文化差ということが非常に大きい問題であった。自分がアメリカやスイスに行き、感じたカルチャーショック。それに今度は相当に欧米の考えになじんで帰国して、日本人に接して感じたカルチャーショック！　これらのことをどのように表現するかについて考えた末、原理としての父性と母性ということを思いついた。これはあくまで心理的な面に注目してのことで、父権・母権とか父系・母系ということとは独立に考える。ただこれらの相互関係によっていろいろな綾が生じる点は考慮すべきであるが。

本文中に説明しているのでここでは簡単にしておくが、父性原理の機能は「切断」であるのに対して、母性原理の機能は「包含」である。母性は何もかも平等に包みこんで全体性を保つ。これに対して父性は区別し選別する。このような考えに立って、日本の社会と欧米のそれとを比較すると、日本は母性優位であるのに対して、欧米は父性優位であることがわかる。ここで重要なことは、父性と母性とは対立的で論理的には共存し難いが——だからこそ、どちらかを優位とすることになるのだが——実際的にはどちらも重要であり、どちらがよいとか悪いとか判断することができない、ということである。

このような考えを発表したが、最初のうちは、日本でも外国でも日本は「父親が強い、威張っている国」というイメージがあるので奇異な感じをもたれたようであった。そこでそのような誤解を解くようにしたので徐々に受けいれられていったと思う。戦前の日本は、心理的な母性優位を、家族内の父権優勢という形によってバランスをとっていたが、終戦後は、後者の歯止めも失い、急激に母性優位性が目立ってきたとも言える。

このような考えを述べると、欧米における方が、日本あるいは東洋の諸国でするよりもよく理解してもらえる、ということに気がついた。これは私がここに用いている父性原理という考えが、欧米人にはピンとわかるのに対して、東洋人は自分の国の「強い父」のイメージを思い浮かべ、それはむしろ父性原理とは異なる強さであったり、怖さであったりするので、誤解されるからである。本文中にも書いているが、私の説を誤解して、日本の戦前の父の強さをイメージして「父権復興」などと言われると、まったく困ってしまう。しかし、このような誤解はだんだんと減っていった。

最初のうちは、欧米と日本との比較にばかり目が向いていたが、東洋の他の国々のことが気になりはじめた。一九七七年にフィリピンに学術調査に行けたのは、私にとってまことにいい機会であった。調査の目的は海外子女教育のことであったが、それとも関係してくるし、フィリピンと日本との文化差という点に私は強い関心を持ち、いろいろと調査を行なった。

父性原理と母性原理の問題は宗教とも大いに関係してくる。キリスト教は父性的宗教であるが、仏教は、最初の頃はともかくとして、日本にまでわたってきたときは母性的宗教と言っていいだろう。父性原理は一神教と強く関連している。ところで、フィリピンは東洋で唯一のキリスト教国であり、その点で私は特にフィリピンに関心をもったのである。

ところで、本書のなかに示すとおり、フィリピンは母性原理によっていることがよくわかった。私としては一か月近い生活のなかでそれを実感的に体験できて本当によかったと思う。フィリピンで実感したところから、日本は欧米と比較する限り母性優位と言えるが、フィリピンと比較するなら、むしろ父性も相当に兼ね備えている、と思った。アジアの諸国のなかで、日本のみが近代化に成功したことは、他に多くの要因があるが、日本人は他のアジアの諸国に比べると父性原理を相当に身につけていたからではないか、と考えられる。

このような考えから、後に日本人の心の構造を中空構造として捉える考えが出てきた、ということができる。広義に考えるとやはり母性ということになろうが、中空構造は適当に父性をも取り入れているところがある。中空構造は日本の神話、特に『古事記』に語られる神話から考え出したものであるが、日本人の心の在り方や社会について考える上で、多くの示唆を与えてくれるものと思う。それはなかなか特徴的な利点をもつものではあるが、まかり間違うとファシズムの台頭を許すところがあり、中空構造のもつ危険性について日本人はよく認識している必要があると考え、「中空構造日本の危機」の評論を書いたりした。

日本社会に関するこれらの評論は、英独語に訳されて出版され、海外の読者にも評価されて嬉しく思っている。

自我と性

人間は自分自身という存在を、他と区別し、唯一の存在であるとし、主体性をもったものとして意識している。しかし、これは生まれたときからそうだというのではなく、成長するのに従って、だんだんと確立されてくるものである。一応そのような主体を自我と呼ぶことにする。自我が形成されるときに、男性であるか女性であるかが作用してくる。特にその個人が所属する社会が男女それぞれの在り方を厳しく区別して規定している場合は、性差は自我形成に大いに関係する。自我は他の人々からその存在を認められることによってこそ、存続してゆけるのだから、何らかの方法で社会の規範との折り合いをつけねばならない。

私が子どもの頃は、「男らしい」「女らしい」という社会的な通念は相当に強固であった。それが軍閥の台頭と共に、男は勇敢な兵士になるべきである、との要請が急激に強くなったので、その傾向はますます強化された。「男のくせに泣くな」というのは大切なテーゼであったが、困ったことに私は涙もろい、というより「泣虫」であった。それに身体も強くはない。どう見ても兵士には向いていなかった。それでも負けん気だけは強かったので、なおのこと困難なことが多かった。

そんなわけで、敗戦によって兵隊にならなくてよくなったので、ほっとした。そして、男と女に対する社会の期待というものが、社会が異なるのに従って実にいろいろと異なるものであることもわかってきた。文化人類学者の研究によって明らかにされたように、「男らしさ」「女らしさ」の定義は、社会によって実に多様に変化するのだ。

しかし、自我と性については、これよりもっと深刻な問題がある。十九世紀より二十世紀前半にかけて、ある意味では全世界を席捲したとも言えるヨーロッパ文明は、それを推しすすめてゆく強力な武器として、各個人の自我の強さというものをもっていた。そして、その自我はイメージを用いるなら、男性の英雄像で表わされる。つまり、ヨーロッパでは、男女を問わず、男性的な自我を確立することが要請されるのである。

ユング派のノイマンの自我確立に関する説は、これまでにも他によく論じてきているので繰り返さないが、竜を退治して乙女と結婚する英雄の姿は、確かに西洋の近代自我にピッタリのイメージである。ところで、このような文化のなかでは、女性の自我形成において葛藤が生じてくる。女性は言うならば、男性の英雄で示される強い自我をもつことと、ただ救われるのを待っている乙女のような人間になるのとのジレンマに悩まされる。英雄神話において、美しい乙女の価値は、かけがえのないものである。男性と女性の結合、それに至るまでの戦いは美化されて、理想像を提供する。ある女性がここで乙女の役を引受けるとなると、それは限りなく高く評価されるかのように見えながら、実際的には単なる飾りものになりはしないだろうか。女性が本当に自分を生きるとはどういうことか。

欧米に最近になって生まれてきたフェミニズムは、このような女性に与えられたジレンマを克服しようとして出現したとも言える。最初はそれは、女性も男性と同等に英雄になり得ることを立証しようとした。しかし、最近では男性優位の英雄神話に頼るのではなく、それと同等の異なる神話も女性がもっていることを示そうとする方向に変ってきている、と言えないだろうか。

日本では事情はもっと複雑になる。既に述べたように心理的には母性原理優位でありながら、社会的構造は極端な男性優位になっている。端的に言えば、日本の男性が母性原理に従って受身的になったり耐えることを学んだりしているとき、それを支える役割としての女性は二重の忍従を強いられることになる。それに人間の心のダイナミズムは不思議な平衡作用を及ぼすものだから、日本の男性は女性に対して二重の忍従を強いた見かえりとして、深い層においては女性(特に母性)からの強力な支配を受けることになる。

ある個人が男性であるか女性であるか、という事実に加えて、その人の所属する社会が男女に対してどのような規範をもっているか、また、自我形成において男女というイメージをどのようにかかわらせているか、などが微妙に関連してくる。その上、現代のように異文化の接触が増し、日本ではほとんどの人は西洋化される方に動いている、となってくると話はますます複雑になる。

ここで私が考えていることは、まず欧米の自我形成の神話的な過程に対して、日本人のそれを明らかにすると共に、彼我の優劣は簡単にはつき難いことを示す。それと共に、男性・女性という点についても、固定的な見解をもたず、そこには相当に多様な神話的背景があり、それらのなかのどれを生きるかは、ある程度、本人の選択にまかされている、と考える。あるいは、それは運命的に生きることを要請されたと感じるにしろ、他との比較において簡単に優劣はつけ難く、多様な生き方を受けいれるべきではないか、と考えるのである。

両性具有

以上に述べてきた点から、現代に生きるわれわれとしては、自分が男性であるか女性であるかという事実によって、何らかの固定観念や固定的な規範に従って生きねばならないと思うのは、自らの人生を貧しくしていると考えられる。そこには実に多様な道筋がある。人間が自分の潜在的可能性という点に注目するならば、男性でもこれまで「女らしい」と思われていた特性を多くもっているし、女性でも同様に「男らしい」特性をそなえていることがわかるであろう。

心理療法をしていると、このことを実感させられることが多い。ずっと以前のことになるが、遊戯療法をしていると、六歳の子どもに「お母ちゃん」と言ってとびつかれたことがある。そのとき自分としてもあまり不思議に思わず、その子の「お母ちゃん」のようになっていることに気づく。相手との関係に応じて、年齢や性を超えた自分の潜在性が突然に顕在化してくる。このことは意識的、無意識的に生じることで、他から指摘されたり、何か決定的なことがあったりして意識するまでは、知らず知らずのうちにそうなっているときもある。

あるいは、自分の意識的努力と訓練によって、自分の可能性がひらかれてくるときもある。日本では男女を問わず心理療法家は母性的役割をとっていることが多いが、必要なときに父性を発揮することは、訓練によって可能になってくる。自分は男だから父性的、女だから母性的などと単純に決めていては、心理療法家として成長しない。

人間の可能性を実現するという考え方から、両性具有ということがユング派の分析家のなかで大切な課題として浮かびあがってきたことがある。先に述べたフェミニズムの流れのなかでも、両性具有を目標として考える動きも出てきた。しかし、ここにも落し穴がある。両性具有という「観念」にとらわれすぎると、自分としてはあまり気のすすまないことを無理してするために効率が落ちてしまったり、結局は身につかなかったりする。あるいは、他人に対して押しつけがましくなる。それに、一般的理想像というものは、個性を殺す作用をするものだ。

両性具有ということが理想像としてあるにしても、まず自分自身の内部から自然に生じてくるものを大切にすることからはじめることだ。それは最初のうちは、いわゆる「男らしい」「女らしい」ということのいずれかに偏るかも知れない。しかし、それはそれで結構である。あるいは、自分の心の流れは、周囲の期待や不文律と異なるかも知れない。このときは、無用な衝突を避けつつ自分自身を生かしてゆく方法を考え出さねばならない。そして、そのような内部の傾向も時によって変化し、周囲の要請によってある程度変化せしめねばならぬと感じることもあろう。その都度、ひとつひとつを確かめながら生きてゆかねばならない。一般論に従って生きるのは楽である。自己実現を考えるのなら、自己を規準としていつもいつも判断し、確かめてみる必要がある。

男性と女性の在り方、それと社会との関係などを考える上において、日本の物語『とりかへばや物語』は大いに参考になった。それは日本の古い珍しい物語というのではなく、現代に生きる人間に多くの示唆を与えてくれるものであった。平安時代にも男と女との区別は今よりも厳しく決められていたと言ってもよい。しかし、物語の作者は、現代人よりもはるかに意識と無意識の隔壁を取り払って物語の世界へとはいってゆけるので、現代における男性・女性の問題を考えるための思いがけない可能性の存在を提示してくれるのである。

『とりかへばや物語』について私の考えていることを、ヨーロッパでもアメリカでも話す機会があった。聴衆は明らかに自分たちの生き方の問題に関連するものとして聴いていることが、彼らの反応でわかった。男性・女性の問題は、今日の世界中において緊急に考えねばならぬことであり、多くの人がそれに関心を寄せているのだ。

現代の日本における重要な課題として、夫婦関係のことがある、と私は思っている。それに関する相談が急増してきた。そして、年齢に関係なく、誠実に人生を生きようとしている夫婦が、男性とは、女性とは、その関係とは、という課題に直面し、夫婦関係は危機に陥る。しかし、そのような死ぬか生きるかの苦しみを経てこそ、人間は異性の存在を少し理解することになるのだろう。

河合隼雄著作集第10巻　日本社会とジェンダー　目次

Ⅱ

I

とりかへばや、男と女

第一章　なぜ『とりかへばや』か

わが国の中世に生まれた『とりかへばや物語』(1)(以後、『とりかへばや』と略記する)は、全世界の中でも稀有な物語である。主人公となるきょうだいの男の子と女の子が、それぞれ、性を逆転させて女と男として育てられる。そして成人したときには、男の子は女官として東宮(女性)に仕える身となるし、女の子は立派な男として結婚までする。いったい、そんなことは可能なのか、男女の「性」ということは、いったいどうなっているのかと思わされる。あるいは、このように聞くだけで、荒唐無稽の昔の「お話」として一笑に付したくなる人もあるだろう。

後にもう少し詳しく述べるが、『とりかへばや』は、わが国の文学史のなかでは、これまであまり高い評価を受けていなかった。というよりは、ありていに言えば「変態的」という評価さえ受けてきたのではなかろうか。そのような本をわざわざ取りあげて、国文学にはまったく無縁の筆者のごとき者が、ここに一書を著そうとするのは、いったいどうしてかと不審に思われる人も多いことであろう。そこで、まず最初に、筆者はこの物語にどうして関心を持つようになり、そして、どのような点に関心を持つようになったかについて、個人的経験にわたるところがあって恐縮であるが、述べておきたい。

1 『とりかへばや』と現代

筆者は心理療法家として、現代に生きる悩みを持った人たちとお会いする。その解決にあたって、悩みと正面から向き合い、共にその過程を歩き続ける。その際に、男性—女性という軸は、ものごとを考えるための極めて重要なことのひとつとなる。人間は人間として生まれてくるのだが、そのためには、男か女かいずれかの性を選ばねばならない。そのいずれも両方を持つことは許されない。そして、実のところ、それは「選ぶ」のではなく、好むと好まざるとにかかわらず、人間は本人の意志と関係なく男か女に決定づけられているのである。

男として、女として生まれた時から決定づけられてきた人間が、「異性」に対して抗し難い魅力を感じるということは、考えてみると不思議なことである。同性の方がはるかに理解しやすく、異性のことなど本当にわかるはずもないと思われるのだが、相互の牽引力は測り知れない。言うなれば、魅力などというものは理解ということとは関係のないことなのであろう。もっとも、若い恋人たちが、「われわれは互いによく理解し合っている」などと言ったりするが、その「理解」がどれほど底の浅いものであるかは、すぐにわからされるものである。ともかく、男女は抗し難い力で惹かれ、そこに愛憎、信頼と裏切り、喜びと悲しみ、人間のすべての感情が流れ、ドラマが展開する。

男女について考えるとき、男女の結合によって子どもが生まれることも忘れてはならない。この点について、現代の生物学研究の最先端の立場から、性衝動が「種」にかかわるものであって、個性に由来するものと考えるべきではない、という主張がなされている事実は注目に値する。(2) 男女の愛は極めて個別的ではあるが、そこにはたらく性には「種」の重みがずっしりとかかっているのである。人間がもっとも個性的な個と個の関係と思っているところに、「種」的な力がはたらいている。性ということは思いがけぬ深さをもって、人間の生き方にかかわってくるのである。

このように、男女という軸は、人間が生きてゆく上で決して無視することのできない主要な判断軸となるのであるが、以上の点について、もう少しつっこんで考えてみる必要があると思われる。

メタファーとしての男女

人間の意識というものが分化してゆく過程において、混沌のなかから意識が生じるには、まず「分ける」ということが行われねばならない。天と地、光と闇、などの分離を世界創造のはじまりとして語る神話が多いのもうなずけるのである。これに続いていろいろと分離や分割が行われるのであるが、そのような分化したものを統合してゆくためには、ある基本的な分割が、強力なものとして全体に及ぼされることになる。たとえば、人間の行為はさまざまあるが、それらを善と悪に分けることによって、ひとつの全体的把握ができる。あるいは、善—悪という軸が重要な判断軸となると言ってよい。

このような軸として、男—女が用いられる文化は、世界のなかにも数多くある。既に述べたように、他ならぬ人間存在そのものが男と女に分けられているので、それを基として世界のいろいろなものを、この軸によって整理してみる。男—女がそのような軸として作用しはじめると、それは人間としての男、女が個人としてどのように生きるかということに関係なく、たとえば、勇気は男、優しさは女というような観念的な分類ができてくることになる。これが判断軸として使用されるためには、そこに混乱が生じては困るので、分類は明確で一義的になってくる。

　オーストラリアのアボリジニにとっては、人であろうと、ものであろうと、ドゥワとイリチャという二つの分類項目のいずれかに分類されてしまう。(3) そうして、イリチャ同士、ドゥワ同士は結婚できないなどの規則がそこに存在していて、ひとつの秩序が構成されるようになっているという。アボリジニの世界では夢と現実との区別がなく、それらは同等のものとして扱われているので、まったく混沌とした意識状態のように感じられるが、そのなかで、ドゥワとイリチャという軸が、秩序を保つための重要な判断軸として存在しているわけである。しかし、そのために、たとえば日本人が二人で彼らのところに住みつくとき、一方はイリチャ他方はドゥワとして決められると、その後の彼らの行動はそれなりの異なる制約を受け、「同じ日本人なのに」などと言っても通用しないし、そのタブーを破ると、そこで生きてゆくことはできないのである。

　このようなことを聞くと、何だか随分と不便な感じを受けるのだが、これと同様のことは、人間である限り、それぞれの文化に従ってやってきたことなのである。男—女の軸というのは、既に述べたように非常に重要な判断軸となることが多いので、多くの文化のなかで用いられ、それに従って、男は……すべきである、あるいは、すべきでないとか、女は……すべきである、あるいは、すべきでない、ということが厳密に決められてくる。ここで重要なことは、一人の人間として男は何ができるか、女は何ができるか、ということではなく、重要な判断のポールとしての男・女ということが、メタファーとしての意味を帯びて、その在り方が決定されてくる、ということである。

　このことは、われわれが子どものときに、「男らしい」とか「女らしい」とかの固定した観念によって、相当に行動を縛られていたことを思い出すとよくわかるであろう。現在においては、男女同権、自由、の思想によってそれらの束縛は相当に破られてきた。人間は自由を求めて生きているし、人間の歴史の発展をそのような観点から見ることもできるであろう。しかし、ここでよく認識しておかねばならぬことは、一見馬鹿げて見える固定的な分類も(たとえば、アボリジニのドゥワとイリチャのような)、人間が生きてゆくために必要なことだということである。メタファーとしての男女を壊してゆくときも、そのあたりのことをよく考えていないと、一挙に混沌のなかに吸いこまれるような危険を冒すことになる。自由を求めるものは、自由の獲得のために自分の失うものをよく自覚し、それを補償する手段をよく考えていないと、極めて破壊的な結末を得ることになってしまうのである。

現代に生きる個人としてのわれわれは、既成の秩序を一度、心のなかで解体してみて、その後に自分の個性やそれを取りまく環境のからみのなかで再秩序化を試みる必要がある。そんな面倒なことをせずとも、従来からある秩序のなかに自分を入れこんでゆけばいいと言えるし、そのような人がたくさんいることも事実である。しかし、なかには先に述べたような面倒なことをするべく運命づけられている人が居て、われわれ心理療法家のもとに来られる人は、大なり小なりそのような課題を背負っている人と言うことができるであろう。そこで、心理療法家はその人が自分の個性に従いつつ、前述の作業をされるのを助けるのであるが、そのためには、自分自身も同様のことを試みたり、参考になりそうなパターンもよく知っていなくてはならない。

男—女の軸の解体と再構成という点から言えば、『とりかへばや』はまことにぴったりの話である。男女の役割が現在よりはるかに固定的に考えられていた時代を舞台として、男女の取りかえを主題とした物語が語られるのだから、その細部についてよく検討してみることは、現代人のわれわれにとっても大いに意味のあるところではなかろうか。つまり、これを日本中世における奇異な話として、単なる好奇心をもって読むのではなく、現代に生きるという点において、示唆を与えてくれるものとして読むわけである。

2　物語を読むこと

『とりかへばや』は、現代に生きる上においても必要な、男―女の軸について考えさせられるものだと述べたが、どうして、この物語を選ぶことになったのか、そのいきさつについて少し述べておきたい。

男―女の軸によって人間の生き方を考える際に、まず筆者の心を捉えた事実は、ヨーロッパの昔話が男女の結婚によるハッピー・エンドによって終ることが多いのに、わが国の昔話にはそれが非常に少ない、ということであった。この点については既に拙著『昔話と日本人の心』に詳述したので繰り返さないが、人間がその生き方を考える上において、人類として共通普遍のものは、もちろん大切であるが、やはり文化の差によって異なるところがあることをよく自覚する必要があり、昔話の分析を通じて、日本人の自己実現の在り方を考え、ひいてはそれを踏まえつつ普遍に至る道を考え出そうとしたわけである。

その後、日本人の生き方のひとつの典型を示すものとして、明恵上人を取りあげて論じた[4](この際は明恵上人の『夢記《ゆめのき》』を中心として考察したのであるが、どうして夢や昔話、物語などを自己実現を考えるための素材とするかについては、後に述べる)。明恵上人の場合においても、男―女の軸は極めて重要なものであった。『明恵夢を生きる』に既に論じたので省略するが、それを論じるにあたって、やはり当時の男女の生き方、その関係の在り方などについて、ある程度の理解が必要と思い、当時の文学作品を読みすすんでいるうちに、この『とりかへばや』を読むことになった。

読んですぐに、既に前節に述べたような「現代的意義」を感じ、素晴らしい作品と思った。そこで、一九八八年のエラノス会議(スイスのアスコナで開催される国際的学際会議)において発表しようと思ったが、ひとつ気がかりなのは、この物語がわが国の文学史のなかで高い評価を受けていないことであった。この点については次章に詳しく書くが、筆者のこのような疑問に対しては、ドナルド・キーン氏にそんなことは心配せずに発表すべきだと励まされ、無事発表をすませることができた。そのときに得た手応えも、筆者が本書を執筆する支えとなっている。

国文学のなかでは『とりかへばや』の評価は低いようであるが、これを高く評価している中村真一郎の文に会ったことも、大いに勇気づけられるところであった。(5) 彼の意見は後にも、ときどき引用させて貰うが、西洋の文学にも通じて、そのような広い視野のなかで日本の王朝文学を捉えようとし、そのひとつとしての『とりかへばや』に対する言及がある。そのような世界の文学との対比で語られる姿勢に強い説得性を感じた。

『とりかへばや』についても、「倫理性の欠如を憤慨してもはじまらない。王朝末期の貴族社会では、恋は倫理的な規制を受けるものではなく、むしろ美的規制をうけるものであった。王朝物語のなかに、故意に作者の倫理的意図を発見しようとするのは、近代的さかしらである(6)」とズバリと本質をついた発言がある。『とりかへばや』についての「宗教性」の指摘も、我意を得たりと感じた。このようなことが本書執筆にあたって、筆者を支えてくれたのである。

筆者がこのような昔話とか物語などに、現代人の生き方を探ろうとすることは、筆者のこれまでの著作を読んでおられる方には了解できるだろうが、はじめて本書を読まれる方は奇異に感じられるかも知れぬので、そのことについても少し述べておきたい。その消極的な理由としては、筆者が心理療法を行なっている人たちのことを、このような一般に読まれる書物において具体的に語る気持がない、ということがある。現代人としての悩みを正面から引き受けて生きている姿を具体的に示すことは価値あることと思うが、いかに匿名性を保証するとしても、自分としてはあくまでわれわれの間の秘密として残しておきたい気持が強い。そこで、筆者が臨床経験を通じて考えたことを、このような物語などに托して語ろうとしているのである。

物語を取りあげるのには、以上のようなことに加えてもっと積極的な理由もある。それは、「物語る」という形式が、人間の無意識のはたらきを表現するのに非常に適していると考えられるからである。無意識のはたらきと言っても、それが本当に文字どおり無意識であれば、何とも表現のしようもないわけである。しかし、それが何らかのかたちで意識化されるとき、「物語られる」ことになる。

「ここに、ひとつの杖がある」ということで、その形や材質などを詳しく記述しても「物語」にはならない。しかし、私の無意識の不可解なはたらきXについて述べようとして、その杖を素材に用いるなら、「ここにひとつの杖があります。不思議なことに、その杖を手に持って回しながら、自分の行きたい場所を言うと、そこに行くことができるのです」などということになるだろう。無意識のはたらきXは、Xのままでは表現できず、意識がそれまでによく知っている杖などと結びついて、それについて「物語る」ことによってのみ、他人にも通じるような表現を見出すことになる。魔法の杖の物語が、無意識のはたらきを如実に伝えてくれるのである。

そのようにして物語られ、民衆の心を捉えたために伝承されてきたものが昔話である。従って、昔話は時代をこえて、人間の無意識のはたらきを伝えてきたものとして貴重な資料と言わねばならない。その点、物語の方がその時代の意識の影響を強く受けているが、無意識的なはたらきについて相当に多くを伝えてくれる。

近代の西洋において確立された自我意識は、その明確さにおいて極めて強力であり、その武器としての自然科学の威力によって、全世界を席捲する勢いを見せた。しかし、そのような意識が、あまりにも「切れた存在」であるために生じる問題に、この二十世紀という世紀は徐々に気づいてきた。意識と無意識、心と体、自と他、などをあまりに明確に切断してしまうため、人間の自我が足場を失ってしまう。このことの反省が現代人にとって必要となってくる。そのとき、日本中世の物語のような、意識と無意識が切断されていない状態についての「物語」が、にわかに現代に生きることに関する深い意味をもつことになってくるのである。

深層心理学の方法

以上述べてきたことによって、筆者はなぜ『とりかへばや』を取りあげたかを理解していただけたと思う。これからそれについて論じるのであるが、それは深層心理学的な手法によってなされている。ということは、いったいどのような方法なのか、それを簡単に述べておきたい。

深層心理学の本質は、それが「私」の心理学だということである。この点については他に既に論じた[7]ので詳しいことは省略するが、要するに、私が私の心について、それが層構造をなすものとして探求してゆく。その「私」の体験をできるだけ他にも通用する言葉で記述してゆくのが深層心理学である。フロイトにしろユングにしろ、彼らの理論の根本は、彼らの自己分析であった。その体験をできるかぎり普遍性をもった形で他に伝えようとして、それなりの理論体系ができたのである。従って、それは自然科学の理論のように、他に「適用」できるものではなく、私が「私」の心理学を構築する際に、私がそれを自ら用いて意味をもつ限りにおいて有用なのである。

従って、筆者が『とりかへばや』を深層心理学的に研究したいというとき、これにフロイトやユングの理論を「適用」し、当てはめごっこをすることを意味していない。あくまで、私の主観を大切にし、『とりかへばや』を通じて、自分の無意識の探索をし、あるいは、自分の無意識の探索によって得たことを『とりかへばや』に関連させて、「私の物語」を物語ることが主眼なのである。読者はそれが各人の「私の心理学」にとって、意味があると主観的に判断されるときにのみ、本書は意味をもつことになる。

このような意図をもつのなら、直接的に筆者が「物語」を創作すればよい、と言われそうであるが、それは筆者の能力とは異なるもので、小説家にまかせるとして、やはり「心理療法家」としては、他人の「物語」に自分のそれを重ね合わせつつ、あくまで他の方を中心として話をすすめてゆく手法をとるのである。

ものごとを「客観的に記述」することは、近代自我のお手のものである——と言っても、それも本当に題目どおりかどうか疑う必要もあろうが——。これに対して、主観の世界にわけ入ってゆくのはなかなかよい方法が見つかりにくい。ユングが錬金術の説明について述べたように、「曖昧なものを、曖昧なものによって説明する」方法を取らざるを得ない。というよりは、ある客観的事実をできるかぎり、そのまま伝達しようとするのではなく、こちらの主観の動き《ムーブ》に相応する動き《ムーブ》を相手の心のなかに起こす、というようなコミュニケーションを試みなくてはならない。それはどれだけ正確に伝わったかということが問題になるのではなく、どれほど相手にとって意味ある動き《ムーブ》を生ぜしめたか、ということが焦点となってくる。

このような考えに立って本書を書き進めてゆくつもりであるが、どのような構成になるかを少し述べておくことにする。『とりかへばや』については、原作をお読みいただくといいわけであるし、そうしていただくと有難いのだが、一応、読者の便宜のために、その梗概を次章に記しておく。これは実のところ便宜的な意味だけではなく、筆者が自分なりにそれを「物語る」ことは、筆者の姿勢を示すこととして必要なことでもあると思われる。

次に、本書の主題でもある男と女ということについて、男女の変換を主題とする東西の文学などを素材として論じてみたい。そして、男女のことを深く考える際に、不問にすることのできない、ユングのアニマ・アニムスという考えについて、自分なりの理解を示したい。既に述べたように、ユングのアニマ・アニムスを単に紹介するのでもなく、また、それを借りてきて『とりかへばや』を説明するというのでもない。筆者は、ユングの言うアニマ・アニムスを真に理解することは、日本人にとって至難のことと考えているが、ともかく、一度それと取り組んでみよう。それには、『とりかへばや』は興味深い素材である、というわけである。

これに続いて、「美と愛」について論じる。これは、後にも述べるように、『とりかへばや』の主要な目的は、「美」を語ることではなかったかと思い、先述したエラノスにおいても、そのことを語った。そのときに、ドイツのユング派の分析家ギーゲリッヒ氏が、「あれはたましいの美だ」と言い、「ゲーテの『親和力』を読んでみると面白いのではないか」と示唆してくれたことが、この章の端緒となっている。男・女のことについて論じるとき、愛という困難な課題をまったく避けては通れない。

最終章は、物語全体の構造について考察することにより、『とりかへばや』において筆者が読みとったことを、まとめて示すような形で論じてみたい。登場人物はもちろん、それが活躍する場所、語られる夢の次元、などがうまく関連し合って、全体として人間の心の在り方を非常に適切に示しているように思われるのである。

以上、本書をどのような立場に立ち、どのような構成によって書くかを明らかにした。次章は、『とりかへばや』の梗概を語ることにしたい。

注

(1) 『とりかへばや物語』は、桑原博史『とりかへばや物語 全訳注㈠〜㈣』講談社、一九七八—七九年、による。以後、引用の際の現代語訳は桑原の訳によっている。最近、田中新一/田中喜美春/森下純昭『新釈とりかへばや』風間書房、一九八八年、も出版された。

(2) 日高敏隆『動物はなぜ動物になったか』玉川大学出版部、一九七六年。

(3) 小山修三「オーストラリアの縄文人」、『創造の世界』75、一九九〇年。

(4) 河合隼雄『明恵 夢を生きる』京都松柏社、一九八七年。〔本著作集第九巻所収〕

(5) 中村真一郎『王朝文学論』新潮社、一九七一年、『日本古典にみる性と愛』新潮社、一九七五年、「とりかへばや物語——文学における夢の役割」、『古典日本文学全集7 王朝物語集』筑摩書房、一九六〇年、所収など。

(6) 中村真一郎「王朝文学の世界」、『王朝文学論』新潮社、一九七一年、所収。

(7) 河合隼雄「いま「心」とは」、『岩波講座 転換期における人間3 心とは』岩波書店、一九八九年、所収。〔本著作集第十一巻所収〕

第二章　『とりかへばや』の物語

1　物語について

『とりかへばや』は、作者も成立年も未詳である。もちろん、これらについては国文学者による精密な研究があり、成立年代については、大体のところは推察されている。しかし、作者はわからず、興味深いことには、男性説と女性説とが共に存在している。また、物語に対する評価も後述するように、まちまちである。筆者は第一章に述べたような立場と関心をもって本書を読んでゆくので、本書の成立年代や、この物語の成立過程などについて論じる資格もないし、またその気もない。しかし、物語について論じる前に、一応それらについての知識は持っているべきと思われるので、これまでの先賢の研究によって、簡単に述べておくことにする。

物語の成立

『とりかへばや』については、鈴木弘道による実に詳細な研究がある。(1)以下、大かたそれに従って述べる。この物語には、一般に「古とりかへばや」、「今とりかへばや」と呼ばれる二種類のものがあり、現存本との関係についても諸説があるが、後者の方が今に伝わっていると考えるのが妥当のようである。

『無名草子』(一二〇一―〇二)に、『とりかへばや』の二種について比較して論じているところがあるのは、周知のことである。『無名草子』によると、「古とりかへばや」の方がおどろおどろしく奇抜な表現がありすぎたらしい。その点、「今とりかへばや」は原作よりも、筋においても描写においてもよくなっていると賞讃されている。ただ、残念なことに「古とりかへばや」の方は、失われてしまって現在は読むことができない。「今とりかへばや」の方は、現存写本数が八十本以上と言われているのに、「古とりかへばや」は全然残っていないのだから、やはり、「今とりかへばや」の方が「古とりかへばや」をまったく駆逐してしまったのであろう。

成立年代については、『寝覚物語』『狭衣物語』『浜松中納言物語』などのよく知られている作品の後で、『無名草子』の前の期間であることは確実ではあるが、確かな年代を定めるのはなかなか困難らしい。鈴木弘道の「現存本とりかへばや物語は、大体、長治二(一一〇五)年ごろ以降、嘉応二(一一七〇)年ごろまでの約六十五年の間」という説を紹介しておこう。平安朝末期の作品で、『源氏物語』以来の多くの物語群の最終的なものと考えていであろう。それを最後の光芒と見るか、頽廃の果てと見るかは、人によって評価の分れるところではあるが。

作者については何らの手がかりもなく不明である。従来は男性の作らしいと考えられてきたが、川端康成は、『とりかへばや』の現代語訳を発表した際に、「作者が男であるか女であるかも確かでない。男といふ説が多いやうだが、女性の心理描写に巧みなところがあるので、作者は女ではないかと考へる人もある」と述べている(2)。鈴木弘道は、文章の特色が女性的であることから、「現存本は、まず女性の手に成ったものと考える方が穏当ではあるまいか」と結論している。

現存本の作者が男性であると推定する人は、性に関する露骨な描写があるので、女性がそのようなことを筆にすることはないであろうと考えるためであるらしい。たとえば、男装の姫君が月ごとに四、五日ずつ乳母の家に行くという、月経に関する事項などがその例として取りあげられるが、これを「露骨」と感じるのは、そのように感じる人が自分の生きている「時代精神」の影響によって、そう思っているだけではなかろうか。古くは『古事記』のなかのヤマトタケルとミヤズヒメの応答歌に月経のことが歌われているし、鈴木弘道も、『宇津保物語』や『落窪物語』や、あるいは、『風雅和歌集』の和歌などを引いて、「女性が案外、事もなげに月経について口に出している」事実を指摘している。われわれは、当時の人々の意識が現代よりはるかに「身体性」と結びついており、従って「性」に関しても、相当に異なった認識を持っていたことを忘れてはならないのではなかろうか。そのような意識の在り様を実感してゆくことも、本書を読む上で大切なことである、と筆者は考えている。

筆者としては、だんだんと後に明らかにしてゆくような本書の読みとりから、作者は女性ではないかと推察している。

いろいろな評価

『無名草子』が『とりかへばや』を比較的高く評価していることは、既に述べた。その後、この本は後代に受けつがれてよく読まれてきたと言うべきであろう。ところが、現代になって、国文学者の間では、淫猥な本であるという定評のようなものができてしまったようである。この物語の全訳注を出版している桑原博史氏は、筆者との対談のなかで、「私が三十代でこれを研究しようとしたときには、研究する人間までが変態的な人間であると思われました」と述べている。(3) このような定評の淵源としては、桑原博史も鈴木弘道も引用しているように、国文学の大家、藤岡作太郎の評言によると考えられる。興味深いので、ここに再引用しておこう。鈴木は、「藤岡作太郎博士の名著『国文学全史―平安朝篇』による」と、わざわざ名著であることを明記して引用している。

「人情の微《び》を穿《うが》てるところなく、同情の禁じ難きところなく、彼此《ひし》人物の性格十分に発揮せず、ただ叙事を怪奇にして、前後応接に暇《いとま》あらしめず、つとめて読者の心を欺諞《きへん》し、眩惑して、小説の功成れりとす。その奇変を好むや、殆ど乱に近づき、醜穢《しゅうわい》読むに堪えざるところ少からず。敢て道義を以て小説を律せんとするにあらず、その毫《ごう》も美趣の存ぜざるを難ずるなり。殊に甚だしきは、中納言が右大将の妻の四の君と通じ、また右大将と契るところなど、ただ嘔吐を催おすのみ。」

まったく凄まじい権幕で、こんな文章を読むと誰しも一度『とりかへばや』を読んでみたいと思うのではなかろうか。おそらく、その後、多くの国文学専攻者が本書を読んだであろうが、それを「研究」することは、思いとどまったのであろう。昭和二十二(一九四七)年に、この物語の現代語訳を試みた川端康成は「少し不当にはづかしめられ、なほざりにされて来たことは、疑へないと思ふ」と述べている。

藤岡作太郎の断言は大正十二(一九二三)年のことだが、昭和四十三(一九六八)年になって、松尾聡は、『とりかへばや』について、まずその粗筋を述べた後、「以上、長々と荒筋をしるしたのは、これほど猥雑な筋であるならば、さぞかし叙述は露骨淫靡で、よかれあしかれ強烈な感じを覚えさせるものであろうと想像されるにちがいないと思うからである。ところが、事実は大したことはない」(傍点引用者)と述べ、次に頽廃的で露骨と思われるところを六か所指摘し、「健康的というより、『狭衣物語』以来の描写をなぞった類型的なもので、むしろ無気力無感動といった方がよいかも知れない」と結論している。(4)

こんなのを読むと、学者の研究熱心さに頭が下がる思いがするが、筆者の関心はそのような研究ではなく、前章に述べたように、この物語を読んで筆者が主観的に感じたことを思い切って述べたいと思っている。そして、またそのような意欲を湧かせるものとして、『とりかへばや』を高く評価したいと思っている。もちろん、これは文学的評価とは別のことなのだろうとは思っているが。

前章にも少し触れたが『とりかへばや物語』について、一九八八年のエラノス会議に発表しようと思ったとき、わが国における評価の低さが気になっていたので、ドナルド・キーン氏にお会いする機会があったので相談してみた。すると、キーン氏は次のような助言を下さった。『源氏物語』は確かに素晴らしいが、それ以後の作者を誰もが低く見過ぎる傾向がある。どの物語の作者だって、いやしくも作家なのだから、『源氏物語』を超えようとするくらいの意欲はあったのではなかろうか。だから、そのような観点から見てみるのも面白いのではないか。このことは筆者を大変勇気づけ、この物語に正面から取り組む意欲を起こさせたのである。

エラノス会議の発表の後、一九八九年には、スイス、チューリッヒのユング研究所において『とりかへばや』について、本書に展開するような筆者の考えを講義したが、相当な関心をもって聴いて貰ったように感じた。アメリカの友人の一人は、ポスト・モダーンの物語だ、と言っていたし、ドイツの友人は、後に論じることになるゲーテの『親和力』を読むようにとすすめてくれた。外国での反応がよかったことも、本書を書く上で大いに勇気を与えてくれた。なお、『とりかへばや』の英訳本(The Changelings——A Classical Japanese Court Tale, Translated, with an Introduction and Notes by Rosette F. Willig, Stanford University Press, Stanford, California, 1983)が一九八三年に出版されている。

国文学者の評価は低いようだが、川端康成、永井龍男、中村真一郎などによる現代語訳が出版されており[(5)]、これら文学者からの評価は高いようである。なお最近、筆者と対談した際に、吉本隆明氏は、文体からみて『とりかへばや』は「上の部の作品」と述べている。もっとも『源氏物語』には見劣りがするけれども、ということであった[(6)]。

主人公は誰か

この物語の主人公は誰であろうか。『とりかへばや』には、固有名詞がひとつも語られないのが特徴的である。これは、当時は中国の影響を受けて、官職にある人を姓名で呼ぶのは失礼であり、官位によって呼んでいた風習によるものだが、われわれ近代小説のイメージを持つものは奇異な感じを受ける。中心人物の一人である女性は、男装して宮中に出仕するが、この物語の進展につれて、侍従、中将、中納言、右大将とつぎつぎと昇進してゆき、その官位によって呼ばれる。その他の登場人物も同様に官位が変ってゆくわけだから、うっかりしていると、誰が誰だかわからなくなるほどである。

このような点に加えて、原文の方を読むと、この頃の文章はしばしば主語を省略し、また、ひとつの文のなかで主語が入れかわったりすることも多いので、ますます何が何かわからなくなる。筆者などは注釈や現代語訳の助けを借りて、やっと納得できるのである。本書の英訳本のあることは既に述べたが、この訳をするときに、「原文に忠実に」訳をするとどうなるかを考えてみると、本当に面白い。了解不能というより、それは「文」というものにさえならないことだろう。しかし、逆に「主語、述語、目的語」をそろえてつくる「文」などというものは、人間の意識の自然の流れからすると、随分と無理をしているのではないか、とも思わされるのである。

このようなことを考えると、この物語は、いわゆる「主人公《ヒーロー》」およびそれをめぐる一人一人の人たちの話なのではなく、川の流れのように滔々と流れる事象を全体として記述しているのであって、川の流れから水滴をひとつひとつ取り出してみても、「流れ」そのものを記述できないように、全体としての流れが大切なのかも知れないとも思えてくる。藤岡作太郎の批評のように、「彼此人物の性格十分に発揮せず」というのも事実であるが、だからといって、この物語を非難するのもどうかと思われる。『源氏物語』にしても、近代小説と同じように、光源氏を「主人公」として読むのは、どうかな？ とさえ筆者は思っている。

以上の点を一応踏まえた上で、通念どおりの「主人公」を見出すとすると、やはり、性の「とりかへ」をしている、きょうだいということになろうが、これが兄妹か、姉弟かという判定の問題が生じてくる。このきょうだいは異母きょうだいだが、どちらが年上だとは書かれていない。これまでは一般に兄と妹と思われていたのが多いようである。本文中にただ一か所だけ両者の関係を明確に言及するところがある。それは第一巻で、きょうだいが笛と琴の合奏をしているのを宰相中将《さいしょうのちゅうじょう》が聞いて、「兄妹の才能」の素晴らしさに感嘆する。つまり、ここで彼が兄と思っているのは実は男装している娘であり、妹の方は女装している息子なのだから、そのとおりに考えると、姉と弟ということになる。しかし、もともと世間には、兄と妹として知られていたので、本来の妹が兄の役割をし、兄が妹役をしているのだと考えると、兄と妹ということになる。

従って本文からは確実な推定はできないわけである。ただ、筆者はきょうだいのうち、女性の方がよく活躍し、女性の切り拓いた道を男性の方がついてきている感じを受けるので、姉弟という判断を状況的にしているのである。ちなみに、桑原博史氏は兄妹と考え、一般にそちらの方が多いと述べ、吉本隆明氏も兄妹と考えるとのこと。筆者の知る限りでは、脇明子氏が姉弟と考えている(7)。

ところで、この物語の主人公は常識的に考えて、この姉弟、そしてどちらかといえば姉の方ということになろう。しかし、その活躍ぶりと、つぎつぎと女性をわがものとしてゆくところから考えると、宰相中将を主人公とする考えもでてくるだろう。この物語を『源氏物語』と比較する際に、この宰相中将を光源氏に擬す人と、頭中将《とうのちゅうじょう》に擬す人がでてくるのではなかろうか。つまり、この物語は、見方によって、きょうだいのペアあるいは、姉のみ、あるいは、宰相中将、などを主人公として見ることが可能なのだと言えるのではなかろうか。筆者としては、それらの背後に、個々の人物ではなく、全体の流れという主人公が存在するとも考えたいのである。

以上、物語についてながながと述べてきたが、次に『とりかへばや』の梗概を語りつつ、筆者の考えたことも少しずつ入れこむような形で述べてゆきたい。既に述べたように主人公の固有名詞が不明なので困るが、話の中心のきょうだいは、筆者の考えに従って、姉君、弟君、と呼ぶことにする。宰相中将は、もちろん官位が変ってゆくが、できるだけ宰相中将または中将で通してゆく。他もこれにならう方法で記述してゆきたい。

2 姉弟の運命

物語は主人公たちの親の悩みからはじまる。権大納言で大将も兼ねる人(すぐ左大臣になるので系図では左大臣と書いてある)は、容貌、学問、世間の評判など何ひとつ不満はないが、子どものことについてのみ悩みがあった。二人の奥方を持っていて、それぞれに息子と娘とができたが、男の方の性格がまったく女性的であり、女の方はまったく男性的なのである。

姉君の方は鞠や小弓で遊び、漢詩をつくり笛を吹き(当時、笛は男性の奏する楽器であった)と、まったく男のようなのに対して、弟君の方は人前に出るのを嫌がり、人形遊び、貝覆《かいおおい》など女の遊びばかりして、人が来ると几帳に姿を隠し、父親に会うのさえ恥かしそうである。そのうちに変ってくるだろうと思っていたが、結局のところは仕方なく、父親は姉を男として、弟を女として育てることを決意する。ただ、二人とも容貌は非常によく似て類いなく美しいところが羨ましい限りである。世間は姉の方を若君、弟の方を姫君と思いこんでいる様子である。

若君（実は姉）の才知や容貌のすぐれていることが噂になるにつれ、天皇はその出仕をせまり、五位の位までさずける。父親は姉君を仕方なく男として元服させ、侍従として天皇に仕えることにさせた。姉君は自分の身体のことなど気にせず、自分のような人間も世間にいるだろうと思いこんでいたのだが、だんだん他人の様子などがわかるにつれ、自分が変っていることに気づき、苦しみはじめる。しかし、いまさらどうともならぬので、男としての役割をきちんとこなしてゆくことにする。

後に告げられるが、はじめのところは、彼らにどうして性の逆転が生じたのか読者には不明である。物語の発展に沿って、そんなこともあろうかと思っているより仕方がない。ただ、武士の生活と異なり、公卿の世界では、男の仕事といっても女性にもこなしやすいことが多いので、性役割の逆転もそれほど奇異に感じないで受けとめることができるのである。

この時、帝は四十歳余り、東宮は二十七、八歳、どちらも姫君（実は弟）の美しさを評判に聞き、傍に召したいと望むが、父親はどうしようもない恥かしがり屋なのでと断っている。また、帝には男の子がおらず、女一の宮があるだけで、この娘のことを大変気にかけ、侍従の若君（姉）がその後見役になってくれるといいがなどと考えている。これを知って、父親の方は、「侍従があんな体でなかったら、どんな名誉なことか」と思ったり、誰も気づいていないのだなと、皮肉な微笑を浮かべたりしている。

宰相中将の登場

その頃の帝の伯父の一人息子が、若君（姉）より二歳年上で、侍従の君ほどではないが、上品で優美な人物で、

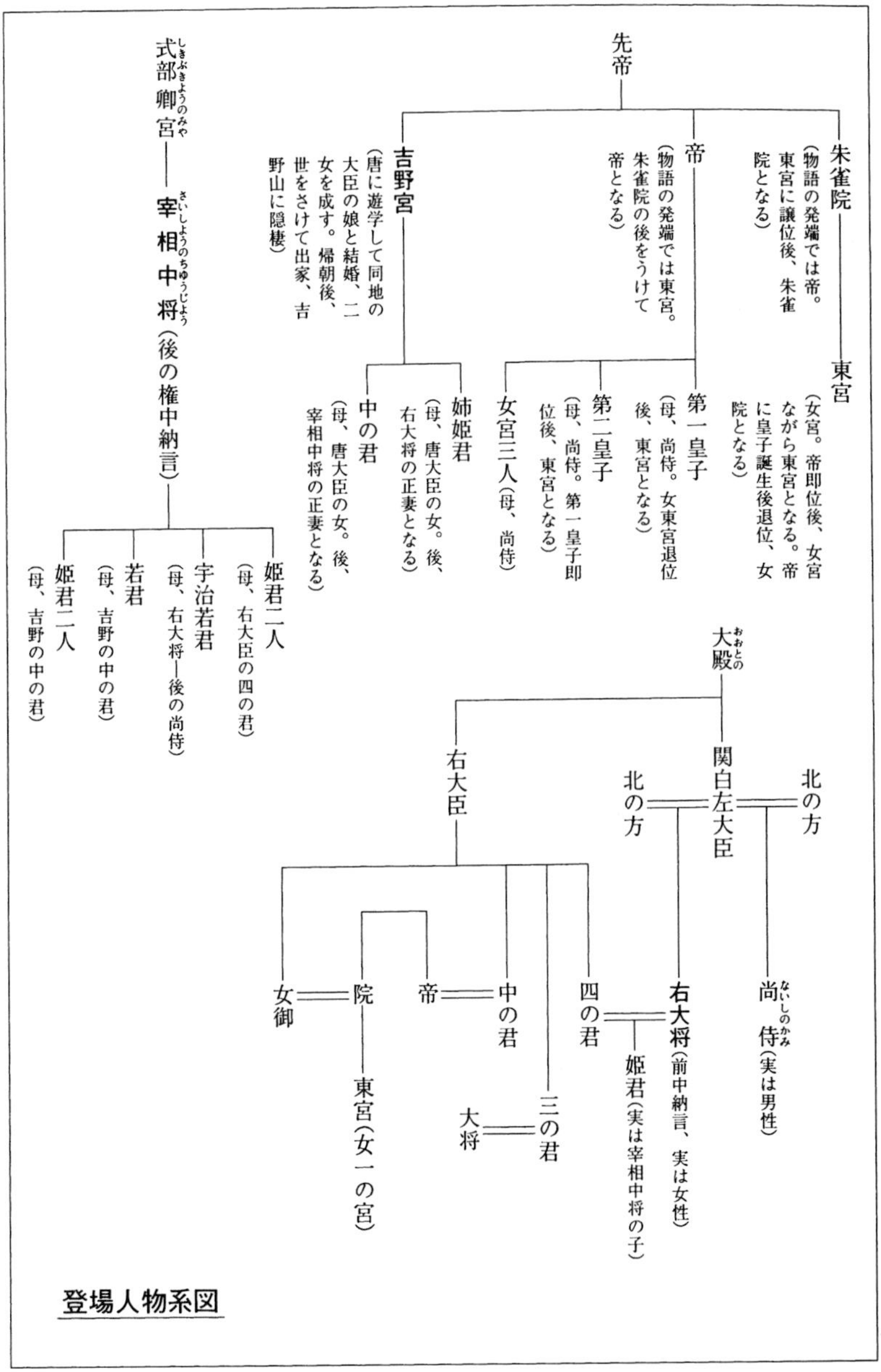
先帝
朱雀院（物語の発端では帝。東宮に譲位後、朱雀院となる）
東宮（女宮。帝即位後、女宮ながら東宮となる。帝に皇子誕生後退位、女院となる）
帝（物語の発端では東宮。朱雀院の後をうけて帝となる）
第一皇子（母、尚侍。女東宮退位後、東宮となる）
第二皇子（母、尚侍。第一皇子即位後、東宮となる）
女宮三人（母、尚侍）
吉野宮（唐に遊学して同地の大臣の娘と結婚、二女を成す。帰朝後、世をさけて出家、吉野山に隠棲）
姉姫君（母、唐大臣の女。後、右大将の正妻となる）
中の君（母、唐大臣の女。後、宰相中将の正妻となる）
式部卿宮《しきぶきょうのみや》
宰相中将《さいしょうのちゅうじょう》（後の権中納言）
姫君二人（母、右大臣の四の君）
宇治若君（母、右大将―後の尚侍）
若君（母、吉野の中の君）
姫君二人（母、吉野の中の君）
大殿《おおとの》
関白左大臣
北の方
北の方
尚侍《ないしのかみ》（実は男性）
右大将（前中納言、実は女性）
姫君（実は宰相中将の子）
右大臣
四の君
三の君
大将
中の君
帝
院
女御
東宮（女一の宮）
登場人物系図

美人とあらば見逃すことのない心の持ち主であった(以後、彼を宰相中将と呼ぶことにする。実際は話の進展に従い官職はあがってゆくのだが)。彼は侍従の君に何となく惹きつけられ、「このような女性が居たら」と思い、彼の妹はさぞかし素晴らしいだろうと、それとなく仲介を頼むが、何しろ侍従の君は、「妹」の身体の秘密を知っているので、なるべく話を聞き流して、相手にならないようにしている。

この宰相中将は、これから物語のなかの重要人物となってくるのだが、『源氏物語』のなかの光源氏的役割と頭中将的な役割の両方を背負っていることは、既に指摘したとおりである。作者はおそらく『源氏物語』を念頭におきつつ、この宰相中将を登場せしめたのであろうが、どちらの方を意識していたのかはわからない。それにしても、彼が友情を感じている相手の男性は、そもそも女性なのだから、話はますます一筋縄ではいかなくなる。

さて、帝は健康を害して退位し、東宮が帝となり、女一の宮を東宮(後、帝となる)に据えた。それぞれ官位が上り、主人公の父親は左大臣、関白となり、侍従の君も三位中将《さんみの》になった。

左大臣の兄弟である右大臣は娘が四人あり、そのうち、長女を帝(後、朱雀院となる)に、二女を東宮に仕えさせていたが、どちらも男の子に恵まれず、皇后に立后できず残念がっていた。そして、四女(四の君)を、三位中将の嫁にと思い、左大臣に申込んだ。何しろ、三位中将には浮いた話が全然ないので(当然のことだが!)、信頼できると右大臣は考えたのだが、左大臣の方は困ってしまい、奥方に相談した。奥方は腹が据っていて、「あちらの娘は子どもっぽいから、まず大丈夫だろう」と言う。かくて、三位中将と四の君との結婚が成就してしまう。

ところが、色好みの宰相中将は、かねがね四の君に恋心を持ち続けていたので、失恋の悲しさを味わう。といっても、当時は、複数の相手を同時に恋することが普通だったので、四の君はあきらめるとしても、未だ見ぬ、三位中将の妹(弟君)への恋心はつのるばかりである。顔も見ずに恋いこがれるのは不思議に感じられるが、当時

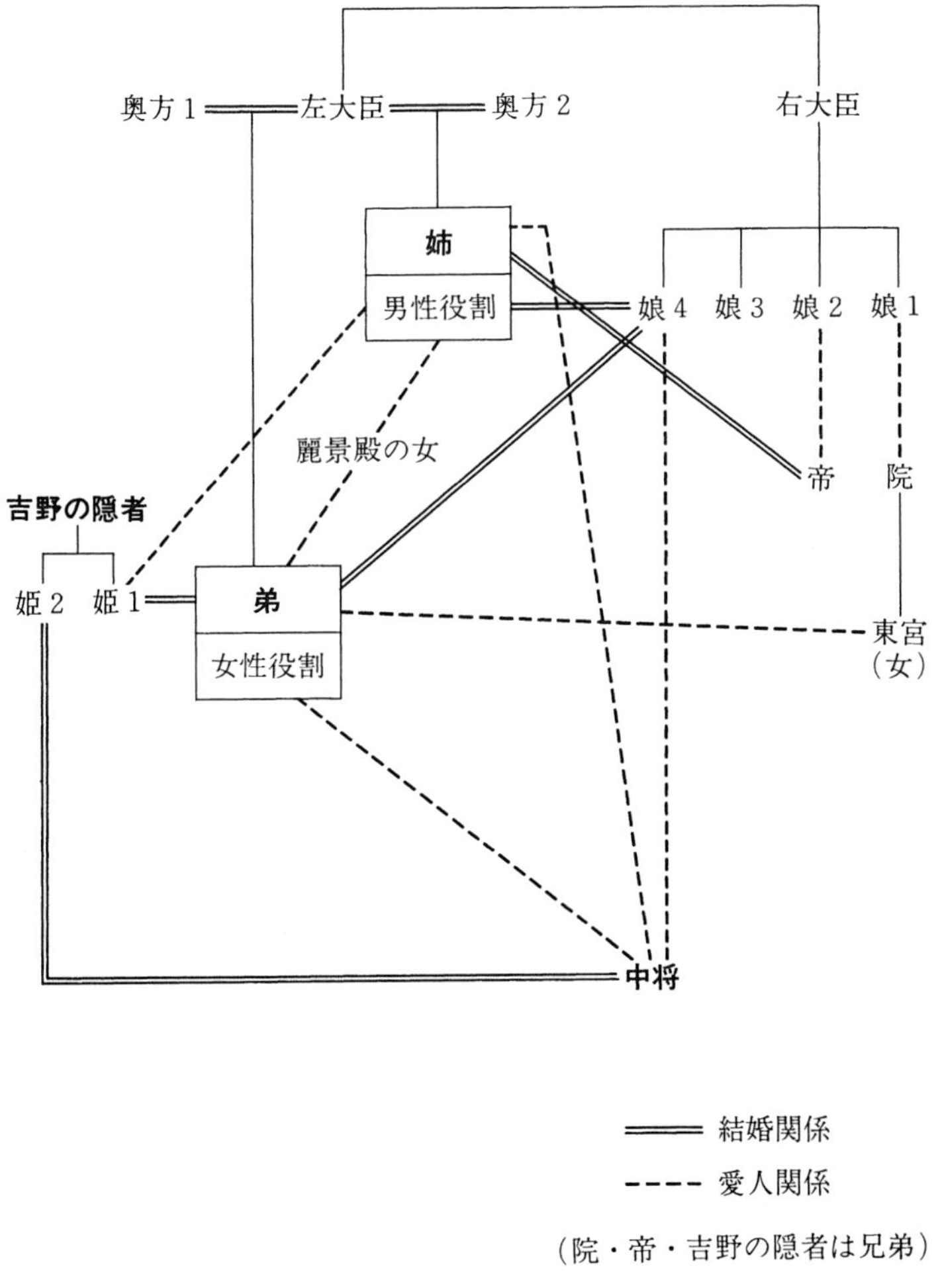
奥方1
左大臣
奥方2
右大臣
姉
男性役割
娘4
娘3
娘2
娘1
麗景殿の女
帝
院
吉野の隠者
姫2
姫1
弟
女性役割
東宮（女）
中将
結婚関係
愛人関係
（院・帝・吉野の隠者は兄弟）

登場人物関係図

は普通のことで、きょうだいの姿から類推したり、一般の評判によったり、音楽の演奏を洩れ聞いたり、というところから恋がはじまるのである。当時の風習からいえば、宰相中将が友人の三位中将の姿から、その妹に恋心を抱くようになったのも別に特別なことではないのだが、三位中将の背後に存在する女性性に対して恋心をもった、と考えると、話がうまく出来ていると思わされるのである。

弟君の出仕

一方、弟の方は姫君として家にこもっていた。この姫君に院も帝も気があったが、父親が何とか言いつくろって後宮入りを断ってきたことは既に述べたとおりである。院はそのことは断念するとして、今は東宮となった一の宮に仕える人になってはどうかと父親に持ちかける。父親も少しは迷ったが、そんなことならまずよかろうと思って承諾する。そこで、左大臣は早速に姫君(弟君)を東宮のもとに参上させた。そこで、姫君は尚侍《ないしのかみ》という職を与えられる。

宰相中将にしてみれば、自分の恋いこがれる相手が左大臣の屋敷の奥深くに住んでいるのでは、なかなか接触の持ちようもないが、東宮のところに参上し尚侍として宮中に居るのだから、何とか接する機会もあろうかと思う。そこで、東宮のあたりを夜昼、うろちょろするが、なかなかその機会を得ない。しかも、尚侍についての世人の評判は高まる一方なので、ますます悩みは深くなる。

ところで、尚侍(弟君)は東宮に親しく仕え、女性同士として安心して同じ御帳《みちよう》のうちに眠るうちに、男としての本性に目覚め、男女の関係が生じることになる。東宮も最初は驚いたが、弟君の人柄に惹かれ、何くわぬ顔で二人の関係は続くことになる。人間の思いこみというものは怖いものである。尚侍が女であると思いこんでいる限り、彼が東宮とどれほど親しくなろうと、周囲の人たちは安心しきっているのである。

それにしても、女性として生きている男性の方が、男性として生きている女性よりも、はるかに早く、自分の本性を明らかに(といっても世間一般に対してではないが)することになった。身体的なレベルにおいて男性であることを、彼はまず自覚したのであるが、社会的に男性の役割を獲得するまでには、まだまだ時間を要することになる。

男性として活躍している姉君の方は、その頃、麗景殿に住むある女性から、恋文を受けとる。心惹かれてある夜そのあたりに行き、その女性と歌を交換する。お互いの心は接近するが、もちろんそこに男女の関係が生じるはずもない。弟君の方が男性としての性の自覚を持ったとき、姉君の方は未だ男性の役割のままで、麗景殿の女と恋愛遊びをしているところが、なかなか興味深い。

3　男と女

姉弟はそれぞれ、男性、女性として朝廷のなかで仕事をすることになった。ある年の正月、尚侍の住む宣耀殿で、父親の左大臣、中納言に昇進していた姉君と弟君の尚侍が顔を合わす。父親は二人の秘密については誰も知らないのだから、二人で相談し合うようにと言う。二人は互いに相手の姿を見て、そこに秘密がなかったら幸福に暮らせるはずだのにと身の上を案じ合っているが、姉の方は弟の女性としての姿を素晴らしいと思い、弟は姉の男装を素晴らしいと思っているのだから、思いは複雑とも言えるし、互いに自分の将来の姿をそのなかに見出している、と言えぬこともないのである。二人の姿は実に美しく、父親としては誇らしく感じる気持と、ゆくゆくは出家でもさせないと、という想いが交錯する。

ここで父のすすめるままに、中納言は笛を、尚侍は箏の琴をとって合奏する。時にそのあたりをうろついていた宰相中将はこれを聞いて、「この世にあろうとも思えぬ兄妹の才能だ」と感じいる。既に論じたとおり、物語のなかでこの一か所だけが、きょうだいの年齢の上下について明確にされているところで、このままを信じると、きょうだいは姉弟ということになるのだが、既に述べたように、世間にはそのように知らせてあったとか、宰相中将がそう思い込んでいただけとも言えるわけで、きょうだい関係は結局は定かでないと言える。

宰相中将の侵入

宰相中将は尚侍への恋が思いのままにならぬので、せめて中納言(姉君)にでも話をして気をまぎらわせようと訪問すると、彼は宿直《とのい》で不在である。昔、奥方の四の君にも恋心を抱いたことなど思い出して、ふとのぞき見をすると、美しい彼女の姿が見え、それに魅せられてしまう。

四の君はそんなことも知らずに月をながめて、独りごちに歌を口ずさむ。

春の夜も見る我からの月なれば心尽くしの影となりけり

月も見る人の心によって異なって見えるわけだから、暗い自分には「影」として見える、とわが身を嘆いてみせる姿を見て、宰相中将はたまらなくなって侵入する。侍女たちは中納言(四の君の夫)と思いこんで驚きもしない。その間に四の君の乳母子《めのとご》の左衛門という侍女がそれに気づき、あきれかえったがいまさらどうしようもなく、せめて他人に知られぬようにと侍女たちを退出させてしまう。

四の君はそれまでの中納言との「夫婦生活」に何か満ちたりないものを感じていた。だからこそ、あのような歌を独りごつことにもなったのだろうが、そのときに宰相中将が侵入し、男性としての在り様を露わにした。四の君のこのときの心情は、まったく複雑なものであったろう。驚き、恥かしさ、不可解さ、そしてどこかでなるほどと感じるところ、これらの入りまじった感情をもって、突然の男性の侵入を受け容れたことであろう。

一夜明けて去っていった宰相中将は早速に歌を贈ってきた。


わがためにえに深ければ三瀬川後の逢ふ瀬も誰かたづねむ

三瀬川は三途川に三つの瀬があることと、「見つ」という言葉をかけている。女性は死後、三途川を渡るのに、現世ではじめて契りをかわした男に背負われるという伝承を踏まえて、三途川を渡るとき自分以外の誰が、あなたを背負いましょうか、と述べて、彼が四の君が処女であったことに気づいたことを示している。縁《えにし》が深いということと、水の江の深さをかけているが、これによって、江、川、瀬と「水」に関係する縁語を連ね、水の流れのイメージと運命の流れとを重ね合わせている。このようなことは和歌の常套手段とは言え、主たるメッセージの背後に、底流となるイメージを見え隠れさせる手法は、なかなかのものと感じさせられる。もっとも、テレビのコマーシャルも、この手法をやや露骨によく用いていると言えるのであるが。

四の君はあまりのことの打撃に打ちしおれ、侍女たちは病気かと思うし、帰宅した中納言もやさしく声をかける。四の君にとって、夫のやさしさと、中将の荒々しさはあまりにも対照的である。その後、宰相中将は四の君のことを想い、何度も手紙を左衛門に托すが、左衛門がそれを握りつぶし、何らの返答もないまま悶々と日を送る。その一方では、中納言がどうして四の君と性関係をもたずにすごしてきたのか、いぶかる気持も強い。しかし、あまりにも可憐だった四の君の様子を思い返してみると、四の君のような女性にとっては、中納言のような優美で柔かく、ただ話し合うだけの人の方がよくて、自分のようなのは荒々しくて嫌だと思っているのかも、などと思えてきて、苦しみはますます深くなる一方である。

友情

中納言(姉君)は宰相中将が病気とか噂を聞き、見舞いに訪れる。秘密をもっている中将は何とも言えぬ気持で中納言に会い、ともかく事が露見していないのにほっとしつつ、言葉をかわす。帰ってゆく中納言を見て、中将は「桜の花のように美しい」と思い、四の君もこのような人を朝夕目にしていたのでは、自分など何ともつまらないと思うのも当然であろうと思う。

宰相中将のあまりにも深い苦しみに、左衛門もついに心を動かされ、中納言が宿直をする夜には、中将を四の君のところに導き入れる。四の君は世間にわかればどうなるかと思いつつも、中将の気持の激しさに動かされてゆく。四の君は中将の激しい愛がわからぬでもないと思う自分に、われながら辛い思いをする。こうして逢瀬を重ねているうちに、四の君は妊娠してしまい、大変なことになる。

四の君の父、右大臣は娘夫婦が仲がよさそうに見えながら、どこかよそよそしいところがあるのを気にしていたので、妊娠と聞いて大喜び、娘の気持も知らぬままに、早く中納言に知らせてやろうとはしゃぐ有様である。夕食中に乳母が中納言に知らせると、仰天して顔がさっと赤らむのを、「恥かしがっているのだろう」、「まだ若いものだから」などと乳母は考えている。

中納言は肉体関係はないものの、ひたすら四の君を大切にしてきたのに、このようになったのは、誰か男性が居るに違いない、と思いつつも、激しい嫉妬や怒りにかられるよりも、女の身で男として結婚した自分の運命を悲しんだり、むしろ、妻を気の毒にさえ思えてくるのである。

このように、宰相中将の病気を知って見舞いにゆくところは、中納言は男同士の友情を感じているのだが、自分の妻に対しては、女同士としてその運命を嘆いているようなところがある。姉君は要するにまだ女性としての恋愛感情を本当に感じたことはないので、このような友情、あるいは同性愛(といっても身体関係を伴わない)の感情のレベルに居るものと言えるだろう。男女の愛を知るまでには、まだまだ多くの経験を必要とするのである。

吉野の隠者

右大臣は娘の妊娠を喜び、早速、左大臣にも伝える。左大臣は大いに驚くが、ともかく表面的にはめでたいこととして、すべてを取りつくろう。中納言(姉君)ももう大人なので、左大臣は簡単にはいきさつを聞けないままでいる。中納言は世をはかなみ、出家遁世の意志がだんだん強くなる。

その頃、吉野山に先帝の第三子で唐から帰ってきた宮が住んでいた。若いときに唐に遊学、唐の大臣に見こまれその娘と結婚、娘二人ができたが妻は死亡してしまった。仕方なく娘二人を連れて帰国してきた。いろいろな学問、陰陽道、天文学、夢占い、人相見などについて奥儀を会得している人であった。

ところが、彼が謀反の心をもつと讒言《ざんげん》され、誤解を解くために出家して吉野の山麓に住むことにした。自分は浮世に何の望みも持たないが、二人の娘たちには機会を得て宮廷の生活をさせてやりたいと思いつつ隠遁生活を送っていた。

中納言はすぐにも出家するのはどうかと思われるので、そのための導きを得ようと、吉野の隠者を訪ねることにする。暫く留守にする口実をつくらねばならぬので、「夢見がどうもおかしいと告げる人がいるので、精進潔斎のために山寺に出かける」と告げ、吉野に向かう。こんなときの口実として「夢見」が使われるところが興味深い。

中納言が吉野の隠者を訪問すると、隠者は喜んで自分の身の上を語り、中納言も自分の苦境を語る。といってもどの程度に語ったのかは定かでない。人相をよく見、多くのことを見抜く隠者は、中納言の現在の苦境が前世からの因縁であり、今は苦しくとも将来は人臣としての位をきわめることになろうと言う。ただ、この際に隠者が中納言の身体の秘密までも知ったのかどうかは、明らかではない。以後の展開を見ても、どちらとも取れるところがある。

隠者は娘たちに中納言を紹介する。はじめは部屋の外に遠慮していた中納言も、和歌を交わし、言葉を交わししているうちに、部屋にはいり込む。ここでは中納言は男性の侵入者の役割をとるのだ。妹姫の方は几帳で囲まれた中に隠れてしまうが、中納言は姉姫をかき抱いて優しい言葉をかける。こうして一夜をあかし、また次の日もということになるが、このような関係を姉姫の方がどのように思ったかについては、何も記されていない。

ついついの長居をしてしまったが、中納言は立派な贈物を吉野の隠者と姫たちにして、一応京都に帰ってくる。京都では中納言の帰りを待ちわびていたが、特に右大臣はほっとしたことであろう。四の君は、中納言の相も変らぬ応対ぶりに、何か不可解で頼りない感じを受けるが、自分もはっきりと弱点をもっているので、ちぐはぐの関係のまま致し方なく、一応は夫婦としての体裁を他に対して保っている。

4 苦悩

中納言(姉君)は、自分の妻が他の男に会っていることをはっきりと知りながら、嫉妬や怒りに狂うよりは、むしろ、自分が妻に対して男性としての関係を持てぬことを恥かしく残念に思う気持の方が強い。四の君にすれば、自分の行いを夫に対して恥じる気が強く、夫がよそよそしいのもそのためではないかと思う。二人の気持はすれ違ったままで、苦悩は深まるばかり、その上、四の君の出産が迫ってくるのである。

招かれざる子

出産が近づくにつれて右大臣は最愛の娘のことなので、安産のための読経を頼んだりして大変である。それに対して中納言の方は心が吉野の方に向いているので、時々は訪ねて行ったりで、右大臣にすれば気が気でない。一方、左大臣の方は、ともかく自分の本当の孫が生まれるわけでないことはわかっているのだが、世間体を考えて、適当に安産の祈禱をしたりしている。それぞれの複雑な想いが交錯するなかで、四の君は女の子を出産した。美しい子であったので、将来は女としての最高位である后になるだろうと思われ、右大臣は大喜びである。当時、女性として最高の位につくことは、天皇の後宮に仕え、皇太子を生み、その子が天皇となることであった。つまり、天皇の母、国母として最高の栄誉につくわけである。先には述べなかったが、四の君も自分は天皇の後宮に仕えたいと思っていたので、中納言との結婚はあまり乗気でなかったくらいである。右大臣としては孫娘に美しい子ができて、自分の娘によって果せなかったことを孫に期待する気持もはたらいたのであろう。

右大臣の喜びに対して、中納言は浮かれておれないのも当然である。しかも、生まれた子を見た途端、その顔が宰相中将によく似ていることに気づいたのである。何となく以前からそのような気もしていたので、やはりそうかという思いもした。中納言は中将に対して怒るよりも、自分をどんなに変だとか、馬鹿な奴と思っていないかと思い、気分が沈んでしまう。中納言の中将に対する疑いは、中将が四の君のところに忍んでいて、あやうく中納言に見つかりそうになり、あわてて退散したものの、そこに忘れていった扇のために、決定的なことになる。

再び中将の侵入

宰相中将は四の君と通じつつ、中納言の妹の尚侍(弟君)に対する想いも断ち切ることはできない。とうとう尚侍の住む宣耀殿の侍女を涙まじりにくどき落として、ある夜のこと、そこに忍びこむ。尚侍はあきれはてるが、きっぱりと身を処してなびくことはない。ともかくそうまで思うのならぜひ手紙でもくれるようにと言われて、中将も無理押しもできず退出する。早速に手紙を続けて出すが、何の返事もなく、さすがの中将もくやしい思いにかられるばかりである。

宰相中将は尚侍への想いが断ち切れず、せめてよく似た顔の中納言に会って気持を慰めようと訪問すると、不在で実家の左大臣宅に居るとのこと。そこで左大臣宅に行くと、中納言は私邸でくつろいでいて、暑い日なので装束のひもを解いていた。宰相中将を見て、これは失礼なかっこうをしてと奥へ逃げこもうとするのを、男同士の気安さでそのままでどうぞとばかり、中将も装束のひもを解いて、くつろいで語り合う。薄物の着物なので、体の線が透いて見え、中納言の雪のように白い肌がそのままに感じられるほどで、中将は「あないみじ。かかる女のまたあらむ時、わがいかばかり心を尽くし惑はむ」と、乱れて寄り臥してゆく。中納言は暑苦しいとうるさがるが、なおそのままの姿勢で話し合っているうち、中納言は、中将と四の君との関係、それに尚侍にまで恋いこがれていることなどに思い至って、歌を示す。

一つにもあらじなさても比《くら》ぶるに逢ひての恋と逢はぬ嘆きと

一つだけを思いつめているのではないだろう、と問いかけるところに、中納言の心が既に女性としてはたらきはじめていることが感じとられる。四の君と尚侍と、そして私のことは？ と問いかけるというより、責めているとさえ感じられる。中将もそれを感じとったのだろう。中納言というより姉君に対して望みどおりの答えをくれる。

比《くら》ぶるにいづれもみなぞ忘れぬる君に見馴るるほどの心は

中将がますます乱れてくるのに、正気を失ったのかなどと言いつつ中納言の方も、女性としての心と身体が反応してしまい、そのまま二人は結ばれてしまう。

宰相中将は四の君に対しても、中納言(姉君)に対しても侵入者としての役割を果すことになった。人間同士の結合というものは、その結合の在り様を変化させてゆくためには、何らかの侵入者を必要とするようである。ギリシャ神話のなかのデーメーテールとペルセポネという母・娘結合に対して、地下の神、ハーデースが侵入してくるのなど、その典型と言っていいだろう。この神話で、ハーデースは乙女のペルセポネを強奪してゆくのだが、類話のなかには、デーメーテール女神こそがハーデースに犯されたのだという話があるのは興味深い。いずれにしろ、デーメーテールもペルセポネも共に、強烈な侵入を体験しなくてはならないのである。

われわれの物語は、母・娘結合ではないが、やはり二人の女性の結合であり、一方は強い殻をかぶって侵入を防ごうとしている。つまり、男性の鎧を身につけているのだ。しかし、二人とも潜在的には侵入の意味を知って待っているようなところがあり、それは、四の君、中納言(姉君)が共に中将の侵入を受ける前に提示した和歌のなかに暗示されている。

ところで、一夜を明かした二人は今後のことについて考える。姉君の方が現実的で、ともかく今までどおり自分は男性としての役割を継続してゆく方が、世間に対してはいいだろう、そして適当に逢うときを見出してゆこうと言う。ともかく宰相中将の方は一瞬たりとも離れたくない気持だが、考えてみると姉君の言うとおりにするのがいいと思うので、同意して退出する。しかし、中将は早速に文を贈ってきて、恋しさに死ぬばかり、と訴える。これに対する姉君の反歌が面白い。

人ごとに死ぬる死ぬると聞きつつも長きは君が命とぞ見る

愛する女性ごとに死ぬ死ぬと言っておられますが、あなたは長生きをされるでしょうよ、というのだから、実にさめた返答である。このような現実感覚を、女性一般のものとして見るか、男性経験を経た女性である姉君に特有のものとみるか、人によって意見が分れるところであろう。

姉君妊娠

宰相中将はひたすら中納言に会いたがるが、まさか邸で会うわけにもゆかずと考えて、中納言は気分がすぐれないのでと会わない。しかし、中納言はどうしても参内《さんだい》しなくてはならず、そこでは中将と顔を合わすことになる。中将は中納言を休息所に連れてゆき、宿直ということで共に内裏にとどまる。中納言は人目もあることだから露骨にふるまわぬようにと中将をいさめ、その上、四の君との関係を知っていることを告げ、しかるべきときは四の君も慰めてやってくれとまで言う。中将はそこで四の君との経過を語り、それでも本当に心が慰められるのはあなたの方だと言う。中納言(姉君)はこれを聞いて、むしろ男の移り気をいとい、自分をかわいく思っているうちはいいが、他に好きな人ができたら、自分のことを「珍しい女がいたよ」くらいに話をするのではなかろうかと思う。「よりによって、こんな男と別れられぬ因縁があったとは」とまで思うのである。

中納言はそこで、内裏で会うときは、ある程度親しく話をするが、男女の関係になることは拒否する作戦に出る。そして、中将がたまらない気持になるのを見ると、中納言はうまく機会をつくって、四の君と会うように計らうのである。四の君も中将が熱心に通ってくるので、だんだんと親しさを増してくる。ここでもいろいろな見方ができようが、中納言と四の君とを一人の女性の二つの側面として見てみるのも面白いのではなかろうか。物語というのは実にいろいろな見方を許容するものである。

中納言は月のうちに四、五日は病気と称して、乳母の家に引きこもる。宰相中将はついにその家を探し当ててやってきて、長い間会えなかった恨みつらみを言い、二人の関係は復活する。中将は心を奪われ、中納言に女になって自分と共に暮らそうとさえ提案する。これには同意できなかったが、中納言もすぐには離れ難く、長い日数を乳母の家ですごしてしまう。右大臣の家も心配するだろうと、中納言が手紙を出すと、四の君から中納言へと返事がくる。中納言は見る気もないほどでいるのに、宰相中将が読みたがる。真剣な顔で読んでいる中将の顔を見ると、彼がまだ四の君に気があることが察せられ、中納言はほとほと男の移り気に嫌気がさしてくる。

そうこうしているうちに、中納言が妊娠してしまった。はじめは体の不調かと思っていたが、妊娠とわかった上はやはり中将に知らせるより仕方がない。中将はこうなるのも運命だったのだから、今はどこかに身を隠し女になって出産することだと説く。中納言もそれに従うより外ないと思うが、一方、四の君も妊娠して中将の気持はそちらにも向いているのを見ると、いまさら生きながらえてもと思う心が強くなり、出産した後は適当なときに死ぬことにしようと密かに決意する。

中納言(姉君)はかくて、人々にそれとなく別れを告げるつもりであちこちを訪問する。中納言はこのとき十九歳である。父母を訪ね、尚侍にも挨拶をする。この年、中納言は右大将に昇進、宰相中将も権中納言に昇進する(今後も、中将という呼び方で呼ぶことにするが)。死を決している姉君にとっては昇進もあまり意味のないことである。

姉君はそろそろ死の時期も近づきつつあると思ったとき、以前に歌を交わした麗景殿の女性のことを思い出して訪ねてみる気になる。夜深くなったとき、麗景殿のあたりをさまよい、「あの冬の時に見た月のようなあの人のゆくえは」というような歌を口ずさむと、つと例の女性が現われ、姉君は喜んで彼女のもとにゆき、時を過ごした。出産を間近に控え、最後に男性としての生き方の光芒を輝かせたく思ったのであろうか。彼(彼女)にとって中将や四の君とは異なる次元でのつき合いであり、死に行く前に、そのような人間関係をもう一度体験したいと思ったのかも知れない。

5　宇治と吉野

姉君は右大将にもなったが、出産の日も近く、身重の体を隠すのも大変になってくる。中将は宇治の近辺に、父親の領地で風雅な邸のあるところを整備し、そこへ右大将を密かに隠すつもりでいる。ここに宇治という大切な土地が浮かびあがってくる。『源氏物語』では、宇治の八の宮がここに住んでいる。彼も失意の隠棲地として宇治を選んでいたのだ。この宇治の八の宮と『とりかへばや』の吉野の隠者の対応を論じる人は多いが、そのことについては後に論じてみたい。確かにいろいろ類似のところもあるが、後者が宇治ではなく、遠く吉野に住んでいるところが、意味深く感じられるのである。

道　行

右大将(姉君)は中将と身を隠す日の約束をきめた後に、吉野山へも挨拶に行く。事実を何もかも話すわけではないが、悩みの深いことを話すと、隠者の宮は「少しの間の苦しみなのだ」と言って護身の祈禱などをしてくれる。姫君たちにも挨拶して、「三か月ほどはお伺いできそうもない。この姿を変えてもここを最後の落ちつき場所と思ってお伺いするつもりだが、寿命のつきる運命にあるならこれが最期となるだろう」と泣く泣く申しあげる。姫たちはわけのわからぬままに悲しく思い、泣いてしまう。ここでも隠者が右大将の現状についてどれほどの認識をもっていたかについては定かではない。ともかく、この苦しみが長く続かずやがて運が開けてくると確信していたことは明らかであるが。

右大将は四の君にもそれとなく別れを告げる。四の君も出産をひかえて悩ましげである。右大将は「もし自分が死んだら」と問いかけ、四の君は、死に遅れることに耐えられるだろうかとさえ答えてくれるが、右大将は四の君と中将の関係を思い起こし、自分が二人の関係を既に知っていることを告げる。そして、そう言いながらも、死を覚悟している右大将はすべてを許す心境になっている。

さて、約束の日が来ると、中将は網代車《あじろぐるま》に身をやつして乗り、迎えにやってくる。右大将もそれに忍んで乗り、車は宇治の隠れ家に向かう。道中、右大将は幼い時から吹きなれてきた横笛を今生の思い出にと、取りあげて吹く。悲しみの湧くままに心をこめて吹く笛の音は何とも言えず素晴らしく、中将も扇を打ち鳴らして笛に合わせて謡いはじめる。

「道行」は日本の文学や戯曲のなかで、何度も描かれてきた。それは死に至るとき、もっとも美しいとされるところはある。しかし、外見的に見る限りそれは二人の男性の道連れである。あるいは、もし男と女とすると、女が笛を吹いているのか、ということになる。しかし、そんなことにこだわらぬ限りは、笛の音はあくまでも美しく、人々の胸を打つ。それはまさに、今日を限りの思いを込めて吹かれているのだ。笛の音の悲しさに対して、謡っている男の声はむしろ、この道行を最高に喜んでいるようでさえある。このようにいろいろと尋常でない趣きをもちながら、道行の車は宇治に到着する。

宇治では中将のはからいで、風雅なところに工夫をこらして邸を建て、中将の乳母子二人ほどを侍女とし、あまり世間のことを知らぬ若い侍女や童などを配置してある。

翌朝、右大将の眉毛を抜いて墨で描き、おはぐろをつけたりして女らしい姿にすると、いっそう美しさが増して見える。こうなると一番困るのは髪が短いことである。何しろ、この時代は、髪の長いことは「美人」であるための必要条件なのである。しかし、ここは物語の気楽さで、吉野の隠者から貰った薬によって、一夜に三寸ずつ髪がのびることになって、問題は解決される。

右大将失踪

京都では右大将が失踪したというので大騒ぎになる。父親の左大臣は、右大将が現世を嘆かわしく思っていたようであったし、昨年の冬頃から妙に変だと感じるときもあったのに、何とかしてやればよかったと悲嘆にくれる。内裏においても、素晴らしい栄光に包まれ何の不足もない(と思われていた)右大将が突然居なくなったので大騒ぎ。もしや出家遁世したのではと寺などをたずねても消息がまったくわからない。ちゃんと戻って来るようにという祈禱で天下が騒然とするほどであった。

右大臣の家でも騒ぎは同様である。しかし、四の君にとっては右大将が世をはかなむ気持は痛いほどわかっている。しかし、右大臣にしてみれば、既に子どもがあって妻が妊娠しているのに、と恨みがましい気持をもつのも当然である。

ところが、世間には宰相中将がひそかに四の君のところに通っていたことを右大将が知り、耐え切れなくなって姿を隠したのだという噂が流れ、今の娘も宰相中将の子なのだとも言い合っている。左大臣はこれを聞いてなるほどと合点がゆくところがある。そこへ右大臣がやってきてやや恨みがましく涙を流すので、左大臣も思慮を失って、世間の噂を告げて、それは真実ではないかと言う。右大臣は驚いて退散する。

右大臣は四人の娘のうち、末娘の四の君を特別に可愛がっていたので、それを口惜しがっていた他の娘の乳母が、誰かに宛てた手紙ふうにして、四の君と中将の密通について書いたのを、右大臣の目につきやすいところに置いておいた。それを読んで右大臣はまったく逆上してしまい、四の君を勘当して家から追い出してしまう。四の君こそ気の毒なことである。しかし、このようなことを契機として、父・娘結合が破られるのも、あながち悪いとばかりは言えない。この物語を、四の君の女性としての成長という観点から見ていても、なかなか面白いところがある。

右大将(姉君)は失踪後二十日も経つと、随分と女らしくなって、中将は神仏が自分の願いを叶えてくれたと大喜びである。そこへ、左衛門から四の君が勘当されたいきさつを書いた手紙が届く。これについては右大将も申し訳ないことをしたと思い、また、こうなったのも中将の好色が原因と思うと、目の前に居る男がいとわしくも思えてくる。中将は四の君のことも気がかりなので、京都へ引き返してゆく。二人の妊娠した女性をかかえて中将もなかなか大変である。

中将が四の君のところにかけつけると、彼女は打ちひしがれている。これを見ると中将も放っておけず、いろいろと慰める。宇治のことも気にはなるが、結局は数日の間、四の君のところに留まり、その間には宇治へせっせと手紙を出す。そうしている中将の耳にも、右大将失踪に伴う噂が入り、これでは世間をはばかって外出もしない方がいいと気を使うことになる。

四の君の気持が少しおさまるのを待って、中将はすぐ宇治にとって返す。姉君を見ると中将はどうして数日間も留守にしたのかと悔まれる。姉君は中将の話を聞きながら、愛してくれていると言っても、四の君とのかけもちではどうしようもないと感じるが、ともかく出産まではこの男から離れては駄目だと思い返し、おだやかな顔をして中将に接している。中将の方は女性のクールな判断などまったく知らず、まことに結構なことだと喜んでいる。このあたり、京都と宇治との間をあくせくと往復する色男中将の姿や、それをクールに突き放してみている姉君の姿がよく描かれていて、興味深い。

弟君の活躍

最愛の娘(右大将)が失踪してしまって、左大臣は失望のあまり病気になってしまう。一方、尚侍は姉の失踪と父親の落胆を知り、何とかここは自分が力にならなくては、と思いはじめる。そもそも事の起こりは自分たち姉弟が性を逆転させて生きてきたところにあるのだから、これまでは自分は女として深窓に暮らし大切にされてきたが、この際、自分が男性にかえって、姉を探しに行くのがいいのではないか、と決心する。右大将を探し出せればよし、もし探し出せないときは、自分は出家してしまおうと考え、このことをまず母親に相談した。

母親はこれまで女として生きてきたものがそれほど簡単に男にはなれぬと反対するが、尚侍の決意の固いのを見て、それならば自分の気持に従って……ということになる。尚侍は自分までが居なくなったというのでは世間をますます騒がせることになる、というわけで慎重に次のような手はずを考える。まず、東宮には父の病気の看病のためということで暫く家に留まる許可を得、自分が出かけたことは父親にも内密にし、側近の侍女たちには言いふくめて、尚侍が在宅しているかのように世間には思わせておく。

決心が固まったので、美しい髪をばっさりと切り、烏帽子、狩衣、指貫と男装をすれば、右大将とまったくそっくりなのに、母をはじめ侍女たちは驚いてしまう。まったく凛々しい姿である。これは姉君が男性から女性へと戻ったときの状況と実に対照的である。姉君の場合は中将の思いがけぬ侵入を受けて、やむなく変ってゆく感じを受けるが、弟君の場合は、自分の意志によってきっぱりと決心する。

男姿になった弟君は、供を連れて吉野へと旅立つ。姉が行くとすればここしかないだろうと思ったからである。途中、宇治川を渡ったあたりで風雅な家があり、ふと立ち寄ると部屋の簾が巻きあげられていて中が見える。几帳越しに透けて見える女主人は大変悩ましそうにもの思いにふけっているが、その姿は絵に描いたような美しさである。何とも見たことのあるような人だと感じるのも道理で、それは右大将が女性に変身した姿なのであった。はっと驚いてなおもよく見ようとすると、人の気配を感じたのか簾をおろしてしまった。また部屋のなかでは、侍女たちが人の気配に簾ごしに外を見ると、素晴らしい男性が立っている。「右大将そっくり」とまでは思うが、これが尚侍が男装して現われたとまでは思えず、せっかくの対面も束の間で、両者はすれ違ってしまう。弟君の方は、本当に気にかかる女性を見た、「生き続けられたら、こういう女《ひと》といっしょになりたい。東宮を限りない人と思っていたが、比べものにならない」とさえ思う。この姉弟を結ぶ絆は実に強いものがあるのだ。

姉君(右大将)は女としての生活になじんできたものの、中将が京都と宇治の間をあちらに数日、こちらに数日と往復する間に、女の生活としてこんなことでいいのだろうかという思いがしてくる。さりとて、もう男性にもどる気はなく、子どもが生まれたら、吉野へ行って出家しようと心に決める。中将の方は相変らず、女性のそのような気も知らず、最愛の人と共にいる幸福に安易に溺れこんでいた。

弟君は吉野に到着。右大将失踪ということで吉野の方も騒いでいたら、本人そっくりの人が訪問してきて驚くが、右大将の弟であると説明して納得して貰う。吉野の隠者は右大将が最後に訪ねてきたとき、三か月は来られないがその後きっと連絡すると言っていたことを告げる。そして弟君の人相を見て、「それにしても素晴らしい人相」と感嘆。これは自分の娘たちに縁のある人だと判じ、嬉しくなって歓待する。そこで、弟君はともかく姉より連絡があるまでここで待とうと決心し、その旨を母親に知らせる。

弟君は何しろ男性としての教養がないので、漢詩文などを習うのに隠者の宮はうってつけである。そのうち自分たち姉弟の身体の秘密のことまで打ちあけると、隠者は、ちょっとした運命のめぐり合わせでそうなっているが、右大将も本性どおりの姿にもどられたし、万事うまくゆくだろう。姉君は国母の地位につかれるべき相をお持ちだ、と大胆な予言をする。

弟君は吉野に滞在しつつ、宇治で会った美しい女性の面影を忘れることができない。

一目見し宇治の川瀬の川風にいづれのほどに流れ合ひなむ

と涙を流す。また逢いたいという強い気持が、姉弟としてではなく、恋人として意識され歌に詠まれているところに注目したい。

6 「とりかへ」の成就

宇治では中将が見守るうちに、姉君は光るような男の子を出産する。これには中将も姉君も大喜びで、昔からこんなふうに悩みなく暮らしていられたらよかったと中将が言うのに、姉君は相づちを打ちながら、自分の変った過去の生活を思い出し、中将が忘れていった扇のことなど話をしてお互いに笑い合ったりもする。このような幸福な日々が十数日経つ。中将はもうこれで姉君がもとの男姿にかえりたいなどとは言い出さぬだろうと安心する。安心すると今度は四の君のことが心配になりはじめ、中将は四の君もここに引きとっては、と姉君に提案する。姉君は内心あきれるが、強いて反対もせず、それにしても四の君に自分が前の夫と見破られるのが恥かしいと言う。これには中将もそれ以上強引には言えず、提案をひっこめる。

中将は四の君をひきとることはあきらめたものの心配なので、京都に行ってしまう。もちろん手紙だけは一日に何回も来るのだが、一人になった姉君は、所詮男心というものはこんなものだと思う。それに、四の君は今は勘当されたといっても右大臣という後だてがいるが、自分の現状はまったくの孤独。将来のことが案じられるので、やはり吉野にはいって尼になろうと思う。しかし、それにしては生まれた若君のことが気がかりになってくる。

姉弟の対面

姉君は何とか吉野に手紙を出したいと思い、信用できる人物を探し出して、元気でいること、姿は変ったがそのうち参上したいとの便りを托す。吉野では隠者の宮と弟君がそれを見て喜ぶ。姉が住んでいるのがどのあたりかを使者に聞き、弟はあのときに見た美しい女性が姉だったと思いあたり、早速に手紙を出す。これまでの経過をこまごまとしたため、ぜひ会いたいと希望を述べる。

返事を受けとった姉も、先日一目見て心に残っていた男性が、尚侍が男装して現われていたのだとわかり、ともかく会いたいのでと連絡する。幸いにも中将は四の君のところに居て帰って来ない。姉君はそこでひそかに乳母の部屋で弟と対面をすることになる。久しぶりに対面する姉弟は、今は立派な女性、男性として姿をあらわす。弟君は姉を探すために男に立ちかえって京都を出てきたことなど話をし、それにしてもどうしてこうなったのかと聞く。ここで姉君の答えは微妙である。ずうっと男として暮らしていてこのままで行くより外ないと思っていたが、「心外にもつらい事がおこりましたので、そのままいるわけにも行かず、考えあぐねて、身を隠してしまいました」と言うのだが、何が「心外なこと」かは明らかにされていない。世間の噂にあるように、中将と四の君との関係を心外に思ってとも取れるが、女装に踏み切っているところから見れば、もっと異なること、つまり、姉君と中将との関係ということも推察されるわけである。姉君はいまさらどうしようもないので、出家してしまおうと思っている、と言う。

弟は父母が姉の失踪をどれほど心配しているかを告げ、自分の尚侍の役を姉が受け継いでやればいい、そうして中将との関係もそのまま続けてもいいのではないかと提案する。しかし、姉君は中将との関係は断ってしまいたいのだと言う。それに父親にもこのような生活だということは知られたくないし、と姉の考えはひたすら世を棄てる方向に向かってしまう。弟はそれを見て、少し以前まで姉がきっぱりと男として生きていたことが信じられないような気持である。ともかく、弟君は結論を出さず、その足で京都に向かうことにする。

左大臣の夢

左大臣はいろいろ祈禱などをつくしたが、もう駄目だとあきらめかけたとき、次のような夢を見た。大そう尊い僧があらわれ、「心配ごとは無事だという報せを明朝にも聞くだろう。前世のことが関係して、天狗が男を女に、女を男にして、あなたに嘆きをもたらしていたが、天狗の劫も尽きて、すべては正常におさまるだろう」と言う。

左大臣は早速に奥方に夢を語り、暫く尚侍に会わないがと言う(彼は尚侍が在宅していると思っている)。奥方が実は尚侍は男に戻って右大将を探すために旅にでているのだと説明しているところへ、弟君(尚侍)が帰ってくる。見ると彼は右大将そっくりである。父親はあれは正夢だったのだと喜び、右大将の消息がわかったのかと訊く。そこで姉が女姿になっていたことなど説明すると、父親はすぐに姉が尚侍となり、弟が右大将になればよいと提案する。これに対して弟君は自分は長い間女として籠っていたのに、にわかに宮廷のつき合いも難しい、姉にしてもまず本人の気持をきかなくてはと言って、すぐにまた宇治へと引き返して行った。左大臣は病床から起きあがり、粥などをするようになる。

宇治では姉君が中将との関係を清算し、弟と共に出てゆこうとは思うものの、生まれた子どもを残していく辛さのために、強いジレンマに陥る。しかし、「生きてさえいれば、いつかはまた会うこともあろう。この子のかわいさのために、男の通ってくるのだけを楽しみに生涯を過ごしてよいはずがない」と決心し、子どもを残すことを決心する。このときの姉の心の動きは注目に値する。母として生きるか、自分らしい一生を大切にするか、というとき、彼女は後者を選んだのであるが、それ以後の日本社会において、むしろ多くの女性はこのようなときに、母としての道を選んだのではなかったろうか。子どものためにすべてを耐える女性の姿は、日本文化のなかに満ちている。しかし、彼女は違った。「男の通ってくるのだけを楽しみに待つ生活」には耐えられないと判断したのである。このような決定の下し方に、彼女がかつて男として生きていた名残りが認められる。

姉君は夜の闇にまぎれて弟に導かれて二人で宇治を離れ、すぐに京都に行くのはどうも、というので吉野に行く。姉はさすがにほっとして、中将とは縁を切りたいが、生まれてきた男の子を残してきたことが辛い、とはじめて出産の事実を弟に告げる。弟もそれに応じて、自分と東宮との関係を話す。話しながら、姉が自分の代りに尚侍として仕えてくれれば、自分が東宮に会える機会もできるのではないかなどと思う。

やはり二人ともに京都には帰りにくい気持もあるが、父母のことを考えるとそうせざるを得ず、そうなればいっそ二人の役割をとりかえてはということになってきて、姉君は弟君に対して宮仕えのことや行事のことなどを伝える。弟君はそれに加えて琴や笛などの楽器を習い、文字も姉とそっくりの書き方ができるようにする。また、姉君は麗景殿の女性のことや、四の君と中将の関係も四の君の意志でのことではなく、今は中将が四の君を大切にしているようだが、弟君が右大将となるときは、四の君に対しても心くばりをして欲しいということまで語る。
吉野の姫君たちに対しては、弟君がかつて男装していた姉君の役割を引きとって、年上の姫とねんごろな関係を結ぶようになった。

右大将出現

一方、宇治では中将が突然の姉君の失踪を知り、驚き悲しむ。彼は姉君が男の子まで生んで幸福にひたり切っていると思いこんでいたので、これはまったく思いがけないことであった。こんなところは、現代の夫婦で、夫の方は自分は妻子のために働き、妻も満足していると思いこんでいるのに、妻の方は夫をクールに観察し、時の至るのを待って離婚を宣言。夫はまったく思ってもみなかったことにあわてふためく構図と非常によく似ていて、これを古い物語とは言えぬ感じがする。

四の君はついに出産する。もう死ぬかも知れぬと聞き、父親の右大臣も怒りを収めてかけつけ、勘当を許すことになり、四の君親子を元のとおり、右大臣邸に引きとる。中将は姉君(右大将)が居なくなった悲しみで四の君どころでなくなっているが、四の君の方は自分が父親に引きとられたので遠慮して来ないのだろうと思っている。

吉野に籠っていた姉弟は、役割交換のための再教育も十分に行なったので京都に帰ってくる。弟君は吉野の姉姫を連れてきたかったのだが、適当な時がくるまでということで名残りを惜しみつつ、姫は吉野に留まる。左大臣宅では、本来の性にもどった姉弟を迎え両親は大喜びである。右大将が帰ってきたことについて、世間では「右大将が中将の件に落胆し、吉野へ行って出家しようとしたが、吉野の姫たちの世話を受け、とても出家するわけにも行かなくなってしまった。そのとき左大臣が無理に頼んで帰ってきて貰ったのだ」と、左大臣家にとってはまことに好都合な噂が流れる。

右大将(今や弟君なのだが)は意を決して参内、帝にも会うが誰も見破るものは居ない。次に東宮のもとに参上。東宮と弟君とは、尚侍としてもっとも親しい関係にあった。しかし、今は右大将の彼は簾の外遠くに坐り、宣旨の君を介して間接にしか話し合えない。「尚侍は病気のようですが、東宮も何か原因不明で不調のように思われます。尚侍にぜひ早く参上するようにお伝え下さい」などと宣旨の君が言うのを聞くと、弟君は胸もつぶれるほどの思いがするが、何とも仕方なく後髪を引かれる思いで退出する。

新右大将は、もともと関係のあった東宮、吉野で知り合った姫、のみならず四の君に対しても心が動き、右大臣家へ行く。右大臣はもちろん大喜びだが、四の君の気持は複雑である。何とも面映ゆい両者の対面であるが、右大将は吉野までも行ったものの、やはりあなたへの気持が断ち切れずに帰ってきました、とやや調子のよいことを言う。四の君は吉野の姫君の噂も聞いているので、それは少し言い過ぎだとばかり、

世を憂しと背くにはあらで吉野山松の末吹くほどどとこそ聞け

世を背いたなどということではなく、吉野山の松の梢を吹く風(のようにあなたの気をひいた女)のせいだと聞いておりますが、と精一杯の抗議をする。右大将の反歌は、

その末を待つもことわり松山に今はと解けて浪は寄せずや

あなたとしてはそれでも待つのが当然だのに、松山にあだ波が寄せてきた（他の男が来た）とか、と手厳しく言い返している。お互いに相手の弱点をついて厳しい応酬をしているが、吉野山や松に言寄せての歌で優美にやっているので、夫婦喧嘩にまでは発展しない。

四の君にとってもっと驚いたことは、右大将がこれまでのように優しく語りかけるだけではなく、男女の交りを求めてきたことであった。不審に思いつつ二人は結ばれ、逢瀬が重なるにつれて二人の関係は深いものとなってゆく。夫婦の関係が真に成立するまでには、実際、いろいろなことがその過程に必要なのである。

あわれなのは宰相中将である。女性に逃げられ形見の男の子を大切に育てていたところ、右大将が戻ってきて参内したと聞き、大あわてで京都に帰ってきた。子どもを生む間だけ女姿に戻り、今また右大将として復活、と思い込んでいるので、何とか右大将に話しかけたいと思うが、新右大将の方はそのあたりのことは心得ていて、内裏のなかでおいそれと話しかける隙を与えず、ことさら毅然として行動しているので、中将はたまらない。恨みがましい手紙を右大将のところに届けてくる。右大将はそれを姉君に見せ、姉君は大将の名で返事を書き、あなたの浮気心を恨みながら宇治川で日を過ごしていたものだ、などと言ってやる。確かにそれは中将のよく知っている「右大将」の筆跡であり、中将としては嘆きが深まるばかりである。

7　結末のめでたさ

次は新尚侍（姉君）の出仕である。尚侍は東宮に出仕、「右大将がゆくえ知れずで案じているうちに在宅が長びいて出仕できず申し訳なかった」と詫びるが、東宮をはじめ誰も、尚侍と右大将の「とりかへ」には気づいていないようである。東宮は実は妊娠してしまっていて、尚侍が居なくて心細い思いをしたと嘆く。一夜は二人で語り明かしたが、尚侍は右大将（弟君）から密かにあずかってきた手紙を東宮に渡す。見るとそれはまぎれもない尚侍（以前の）の筆跡で、「あきれるほどの身の変転であるが、新尚侍の参上によって数か月来の気がかりも今は晴らすことができることと思う」、と書いてあるが、東宮はまだすべての事情がのみこめない。

そこへ東宮に仕える宣旨が尚侍のいる御帳台のそばに来て、東宮が妊娠したのだが、あなたが居なかったので一人で苦悩してきた。あなたなら事情がおわかりと思うがどうなっているのかと言う。新尚侍は咄嗟のことにどう弁明しようかと思うが、東宮も耳をそばだてて聞いているので、なかなか説明が難しい。それでも次のようにうまく切り抜ける。「東宮の具合が悪いようだが妊娠とは思わなかった。右大将が居なくなって心配して家に退出し、自分まで気分悪くなって何か月も在宅していたところ、右大将からこっそりと、もしや東宮様は御妊娠ではないかという夢を見たので早く参上してお世話申し上げるように、言われたので出仕した次第です」と言うと、宣旨は案の定気をまわして、尚侍が右大将を導いて東宮に会わせていたのだと判断する。このあたりの尚侍の返答はなかなか見事なものである。東宮の方は右大将などに会ったことはないので、ますますわけがわからなくなるが、ただ黙って泣いているばかりである。

夜にまぎれて尚侍は右大将を東宮のところに導き入れる。二人の説明によって東宮はすべてを悟るが、これまでずっと傍に居た男性(尚侍)が、男(右大将)として世に出てしまうと、自分が妊娠で苦しんでいるのに、暫くは自分のことを棄てて会いに来なかったことが恨めしく思われる。いつまでも以前のように傍に居たいなどという右大将に、いまさら人目にさらすようなことはしたくないと、東宮は言う。その後も右大将はときどき通ってくる。

帝と尚侍

帝は尚侍に対する恋心をずっと持ち続けていた。東宮の「病い」が気になるのを口実に、そっと出かけてゆくと、やはり尚侍が居た。東宮の様子はどうかなどと言葉をかわしたが、さすがに帝ははやる気持をおさえてそのまま帰る。そこで、右大将を呼び出し尚侍を女御としたいことを申入れる。右大将は父の左大臣と相談するが、尚侍(かつての右大将)は中将とのいきさつもあるので、公表して入内させるのは遠慮しようということになる。

東宮は右大将と同じ顔をした若君を生んだ。出産は尚侍をはじめ少数の側近のみが世話をし、若君はこっそりと左大臣家に移し、右大将が忍んで通っていた女性に生まれた子だと、世間には取りつくろっておく。東宮はその後気分がすぐれず、院(父親)にもう一度会ってから尼になりたいという。そこで、東宮は院の上のところに移ることになった。それでは尚侍もつきそってゆくか、家に退出するかということになるが、帝はうまく口実をつくって尚侍を内裏に留まらせる。

暫く日が経って後、帝はとうとう尚侍の部屋に忍び込み思いを遂げる。帝は遠目に見たときよりも近くで見るときの尚侍の美しさに心を奪われるが、左大臣がどうしてあれほどまでに尚侍の入内を拒んできたか、その理由を悟る。尚侍のような人と関係のできた男性が結婚を望まぬはずもないので、それを許さなかったのは、相手がよほど身分の低いものだったろうか、などと帝は考えるが、ともかく、そのために帝の気持が薄れたりはしない。しかし、帝もさすがにそのまま何も言わずに居ることはできなかったのだろう。

三瀬川後の逢ふ瀬は知らねども来む世をかねて契りつるかな

中将が四の君に接したとき歌われた「三瀬川」がここにも詠まれている。あのときと違って、帝は三瀬川を渡るときに、あなたと逢うかどうかわからないという表現をしているのである。尚侍も辛かったであろう。次のような歌を返している。

行末の逢ふ瀬も知らずこの世にて憂かりける身の契りと思へば

この世の辛い運命に耐えてきた今、来世のことまで考えておられないのだ。この後、尚侍に少しの逡巡が見られるものの、帝の熱い気持に流され、二人の関係は親密さを加えて行く。

姉弟と中将

右大将はついに二条堀川に立派な屋敷を構えることになる。そこへ吉野の姉姫を正妻として迎えることにする。吉野の隠者は願いがかなって大変に喜び、姉につきそって妹も将来を托して右大将のところに送り、自分は吉野の山奥へと一人で籠ってしまう。すべての秘密を知り見通しを持っていた人が、このようにして世を棄ててゆくところが印象的である。右大将は吉野の姫を迎えると共に、四の君も迎えあげる。その頃、四の君は妊娠し、これには右大将も父親の左大臣も大いに喜ぶ。

尚侍も妊娠。帝には未だ誰も子どもがなかったので、大いに喜ぶ。左大臣も右大将も、男の子が生まれるのを願うのは当然である。

一方、中将は未だに右大将(姉君)への執着が断ち切れず、どうしてあれほど女らしくしていたのに、男姿にまた戻ってしまったのかと恨みがましく、右大将に接近しようとするが、何しろ、既に「とりかへ」が生じて、右大将は弟君になっているのだから、彼もきっぱりとした態度で寄せつけず、中将は何とも仕方がない。世間の噂が気になるので、四の君には近づけず、尚侍は帝のお気に入りになったと噂は高いし、さすが色好みの中将も、今は誰も相手のない状態である。

中将は何か情報でも得ようと、四の君の侍女の例の左衛門に会うと、四の君は妊娠していると、思いがけないことを聞かされる。四の君に中将のことさえなかったら、右大将の愛が深まって正妻としただろうに、やはり、右大将の気持は吉野の姫に一番傾いている、と左衛門は中将に対して非難がましく言うが、中将としては、まったくわけのわからぬ話である。

右大将は姉から聞いていた話を思い出し、麗景殿に行ってみる。女はずっと右大将のことを思っていたので、早速に出てきて歌をかわす。以前のような優しい語らいだけと思っていた女は、右大将の男性的ふるまいに驚くが、二人はとどまることなく結ばれてしまう。有明の月の残る朝、右大将が外に出ると、意外にも中将がそこに居て、直衣《のうし》の袖を押さえ恨み言を述べる。しかし、中将は右大将を間近に見ると、鬚《ひげ》のあたりが殊のほか青々としているのを発見し、茫然としてしまう。

結末の幸福度

右大将もいろいろと考えて、中将が苦しみのあまり詮索をはじめると困ったことになるので、吉野の妹姫、つまり自分の奥方の妹を中将と結婚させようと思う。中将も本人を見て魅力を感じ、二人はめでたく結婚する。

このあたりから物語は幸福な結末に向かって全速力で進行してゆく。まず四の君が男の子を出産する。今度はまったく疑いもなく右大将の子なので、左大臣も右大臣も大喜びである。このとき、お産のために内裏より退出して右大将のところに居た尚侍は、かつて自分が右大将として四の君と結婚していた頃のことを思い起こし感無量である。

ひき続き、尚侍も男の子を産む。帝にはそれまで子どもがなかったのだから、この子は東宮候補になるわけで、左大臣一家の喜びはこれに優《すぐ》るものはない。

その頃、それぞれの人が昇進、右大将は兼官で内大臣になり、宰相中将は(既に権中納言だったが)大納言になる。宰相中将は宇治で生まれた男の子を大切に育て、今は吉野の妹姫が中将の奥方として、母親のようになって育てている。

女東宮が病気にかこつけ東宮の位を退きたいと言い、その代りに尚侍の産んだ若君が東宮となった。これと共に尚侍は女御となり、続いて中宮になる。宰相中将は中宮こそが、宇治から消え失せた女性とは気がつかないままでいる。宰相中将はそれにしても真相が知りたくて、その鍵を握っているように見える奥方に吉野であったことなどを訊きただすが、奥方は詮索していっても幸福をもたらすわけでもないといなしてしまう。中将もそれもそうだなと納得しているかたちである。

右大将と女東宮との間に生まれ、左大臣の引き取っていた子は、右大将と吉野の姉姫との間に子どもが生まれなかったので引き取って育てることにした。中将(今は大納言)のところに居る宇治生まれの若君も少年になって内裏に出はいりするようになった。中宮は自分の子なので人知れず気にかけていたら、ある日のこと近くまで来たので呼び寄せる。そして、「あなたの母上は自分とは縁のある人だが、あなたのことを忘れ難く恋しく思っておられるのだ。あなたの父親はその人はこの世に居ないと思っておられるようだから、このことを伝えてはならない。母は生きていると思っていなさい、こっそり会わしてあげることがあるかも知れない」と言う。

このとき偶然に帝が来ていて、この会話を盗み聴く。そして、中宮がかつて関係した男性が中将(今の大納言)であったと知ったのである。帝としては、既に述べたように、もっと位の低い男性が相手かと危惧していたので、中将ならまあよかったと思い、中将なら結婚させてもよかったのに、あの頃は浮名が高すぎたので左大臣が拒否したのだろうか、などと推察している。帝はそれでも中宮からそのことについて直接に聞こうとあれこれ話しかけるが、中宮は顔を赤くしてそむけたままである。帝もそれ以上の追及は無用と思いとどまる。このことによって二人の関係に水がさされることがなかったのは幸いである。秘密は秘密のままにしておいた方がよいときがある。

ところで、宇治生まれの若君は退出後、乳母にこっそりと、母と思われる人に会ったが、父には言わないようにと口止めされたので言わない、と告げる。乳母は驚いていろいろと聞きたがるが、若君はさすがに何も洩らしはしない。この子も秘密を守ることの意義を心得ているのだ。

麗景殿の女についても話は続く。右大将はその後も時々通っていたが、愛らしい姫君が一人生まれた。右大将は引き取りたかったが、この女性の姉の女御が、自分に子どもがないので手放したがらず、そこに留まることになった。右大将は、母子たちをそれとなく後見する。

年月はさらに過ぎて、左大臣は出家し、右大臣が太政大臣となり、右大将(弟君)は左大臣となって関白を兼ねる。宰相中将は大納言だったが内大臣となり右大将を兼ねることになる。帝も退位、東宮が帝位につき、ついに姉君は天皇の母となって、「国母となる」と言った吉野の隠者の予言が成就する。

ところで、内大臣(つまり宰相中将)は、やはり宇治での出来事が理解できぬまま、成人して今は三位中将にもなった、宇治生まれの子を見るにつけ、「どんな気持で、この子の母親は行方をくらましてしまったのか」とわびしくつらい思いにひたるのであった。

これでこの物語は終りとなる。すべての人が幸福になった結末のなかで、宰相中将が、幸福にはなったものの、何か不可解でわびしい感じになるところを一番最後にもってくるところが、なかなか味のある結末と感じられるのである。

注

(1) 鈴木弘道『とりかへばや物語の研究』笠間書院、一九七三年。
(2) 川端康成「とりかへばや物語」、『文藝讀物』一九四八年一―七・十月号。
(3) 桑原博史/河合隼雄「とりかへばや物語――新釈・日本の物語《1》」、『創造の世界』72、一九八九年。
(4) 松尾聡「頽廃的なもの――日本文学王朝末期の諸作品」、三島由紀夫編集『批評』第12号、一九六八年。
(5) 永井龍男「とりかへばや物語」、『日本の古典6 王朝物語Ⅱ』河出書房新社、一九七二年、所収。中村真一郎「とりかへばや物語」、『古典日本文学全集7 王朝物語集』筑摩書房、一九六〇年、所収。
(6) 吉本隆明/河合隼雄「『とりかへばや物語』の謎」、『吉本隆明「五つの対話」』新潮社、一九九〇年、所収。
(7) 脇明子「少女の見取図――『秋の夜がたり』と『とりかへばや』」、東大由良ゼミ準備委員会編『文化のモザイック』緑書房、一九八九年、所収。

第三章　男性と女性

『とりかへばや』では、男と女の入れかわりということが、話の中核をなしている。人間はこの世に生まれてくるときに、男または女として生まれてきて、これは余程の特別な事情がない限り一生変ることがない。このことは、本人の意志と関係なく運命的に決定されている。このような明確な分類が人間のなかに存在するという事実は、人間のものの考え方に重大な力を及ぼしたようである。

人間が自分について、世界について考えるときに、男―女という軸がその考えを構成するひとつの支柱として用いられることは、多くの文化や社会において、そのニュアンスや意味は異なるにしろ、共通に認められる現象である。しかも、この男―女という軸に、優―劣、善―悪などの軸が重ねられて考えられることもあった。たとえば、仏教においては最初、男は成仏することは出来ても女は出来ないと考えられていた。あるいは、キリスト教のカトリックにおいて、法王は常に男でなくてはならなかったし、これは現在もそうである（だからこそ、後述するような女法王の伝説が生まれてきたりもするのである）。

このように、男―女の軸に他の軸を単純に重ね合わせる発想に対して、現代はもっとも強い反撥が生じている、と言っていいだろう。このことについても今後考えていかねばならないが、いったいどうしてそんなことが生じるのかについて、少し考えてみたい。

1 男—女の軸

世界観を構成する軸として、男—女の軸がいかに大切かを示すために、よく知られているニュージーランドのマオリ族の天地分離神話を次に要約して示す。(1)

父なる天ランギと母なる大地パパは、原初において万物が発した源泉であった。そのときは天も地も暗黒で、二人は抱擁しあっていた。彼らの生んだ子どもたちは、父母を殺そうか引き離そうかと相談した結果、二人を引き離すことになった。何度も失敗したが、森の父であるタネ・マフタが頭を大地につけ、足をあげて天なる父にかけ、あらんかぎりの力で背と四肢を緊張させた。すると、ランギとパパは苦悩と悲哀の叫び声をあげながら引き離された。そこに明るい光が世のなかに広がっていった。天と地とは引き離されたままであるが、彼らの愛情は続き、妻の愛の溜息は霧となって立ちのぼり、妻との別離を歎く天は夜中に涙を流し、それは露となっている。

この神話では、天地はすなわち父と母ということになり、最初は一体であった父母の分離により、世界に光がもたらされ、世界が創造されることになっている。ここでは、父—母という軸が重要な役割を担っているのである。後にも述べるように、ものごとを「分ける」ということは、人間の意識の特徴であり、それによって人間の意識は発展してゆくのである。そのときに、男・女という分類は非常に大切なものとなってくる。ここには、有名なマオリ族の神話をあげた。創世神話において、男—女の軸が大きい役割をもつことは、全世界の多くの神話を調べれば明らかであろう。

男らしさ・女らしさ

筆者が子どもの頃は、「男らしい」、「女らしい」という分類が相当に厳格で、その規格をはみ出ることは非常に困難であり、危険でもあった。その傾向を著しく助長したものとして、軍国主義をあげることができるであろう。男に生まれたことはすなわち「強い兵隊」になることを意味していた。「男らしさ」はそれに従って随分と硬直化していった。

「男の子は泣かない」ということは至上命令に近かった。そもそも喜怒哀楽の感情を表現することが「男らしく」なかったのである。ところで『とりかへばや』を読んで、実に感心するのは、男がよく泣くことである。全体を通じて、男・女がどのくらい泣くのか統計をとってみたいくらいである。女はもちろんであるが、男も同様に、嬉しいにつけ悲しいにつけ泣くのである。このことは、当時——少なくとも公卿階級においては——、男が泣くことは、「男らしい」範疇に属していたことがわかるのである(どの時代から、男は泣いてはいけないことになるのか、研究に値すると思うが)。

『とりかへばや』のなかで、男がよく泣くからといって、当時、男女の別がルーズであったことを意味しない。この物語のなかでも、男女は子どものときの遊びから異なっており、男は鞠や小弓などで遊ぶのに対して、女は人形遊び、貝覆などをする。男は他人のなかにどんどん自分の姿を現わしてゆくが、女の方は几帳に姿を隠して、めったに他人に姿を見せない。楽器も笛は男の楽器である。また、長ずるに従って、漢詩の教養を身につけることが男には要請される。当時は、公文書はすべて漢文(といっても日本式だが)で、仮名は女性のものとされていた。

男女間の交際も、男が女を訪ねてゆくという形式は厳重に守られている。もっとも、自分の意志表示である和歌を女性の方から先に男性に渡すことはある。あくまで、男性主導のようであるが、女性ははっきりと拒否権をもっていたところには注目すべきである。この時代、貴族階級では経済的な支えがあったことも要因となって、女性が相当な自立性をもっていたことは忘れてはならないであろう。

このような男女の差を社会的に「規定」してしまうことは、人類のほとんどの文化が行なってきたことである。もっともそれが相当に恣意的であることは、文化人類学者の研究などによって明らかになってきた。女性が働いている間に、男性が子守りをしたり、化粧をしたりするような文化も存在するのだ。最近は、このような点が大分明らかになってきたが、男女差が「本来的」に存在することを、神話のなかで表現する文化もある。たとえば、ジャワのある種族の神話では次のように語られている。(2)

創造神は粘土で男をつくった。その後に、人間ひとりでは繁殖しないので、女をつくろうとするが困ったことに粘土はもうなくなっている。「そこで創造神は月の円味、蛇のうねり、葛のからみつきかた、草のふるえ動くさま、大麦のすらりとしたかたち、花の香り、木の葉の軽快さ、ノロ鹿のまなざし、日光の快さとたのしさ、風のすばやさ、雲の涙、わた毛の華奢なこと、小鳥の驚きやすいこと、蜜の甘さ、孔雀の虚栄心、燕の柳腰、ダイヤモンドの美しさと雉鳩の鳴き声をとり、これらの特性を混ぜあわせて女を作り、これを男に妻として与えた。」

これから後も興味深い話が続くが省略するとして、ここには「女らしい」と考えられることが、神のつくられた「特性」として記述されている。つまり、それらは本来的なものである、という考えである。ここで、男の方が粘土という「物質」からつくられているのに対して、女がその後でいろいろな「特性」からつくられている事実にも注目しておきたい。このことは、旧約聖書において、まず、男がつくられ、その男のあばら骨から女をつくったと語られていることを想起させる。男であれ、女であれ、人間が母親(女)から生まれてくることは、誰しも知っていることであるのに、女の方が男の後でつくられたり、その一部からつくられたりする神話が存在するのも不思議に思われるが、これについては次に論ずることにする。

二分法的思考

男女の役割が多くの文化において、非常に固定的に考えられることの背景として、人間の意識の二分法思考の優位性ということが存在している。このことは、第一章においても既に少し触れたが、混沌に対して秩序を与えるためには、それをともかく二分することが必要である。マオリ族の神話のように、天と地を分けること、光と闇の区別が生じること、それは意識のはじまりである。

人間の意識はそのような二分法をあらゆる現象に対して試み、それらの組合せによってシステムをつくりあげてゆく。それが矛盾なく出来あがってゆくと、そのシステムによって現象を判断し、理解して、次には現象そのものを支配することができる。人間の意識体系はそのようにして大いに発展してきた。

「YES」、「NO」の組合せは、「1」と「0」の数字に置きかえられる。従って、二分法の組合せによる判断は二進法の数によって表わされることになり、それらの判断の関係を見ることによって思考することは、二進法の演算に置きかえられる。このような考えで、コンピューターができあがっているのである。しかも、コンピューターの演算機能は極めて速いために、相当な思考過程が短時間のうちにできてしまう。

コンピューターの威力を見てもわかるとおり、二分法的思考法は人間にとって非常に大切なことである。「YES」と「NO」の組合せのシステムがその内部に矛盾をはらんでいない限り、それは極めて効果的に機能する。この方法によって自然科学の体系ができあがり、人間はそれによって自然を相当に支配できるようになった。

二分法的思考はこのように有効であるので、人間に対してもついつい適用されがちになる。たとえば、善人と悪人などという二分法が可能であれば、答えは簡単で、善人を助け悪人を倒せばよいことになる。あるいは優者と劣者の分類が確立すると、その取り扱い方もすぐに考え出される。しかし、実のところ、人間というものはそのような単純な二分法によっては律し切れないのだが、人間を操作しようとする人にとって、これはなかなか有力な考え方なのである。

男性と女性についても、ある文化や社会がそれなりの秩序をもつために、無理やりに二分法的分類に押しこめてゆき、それが長期間にわたるときは、男女というものが「本来的」にそのような存在であると錯覚されるほどになった。ともかく、男女の分類を明確にしておくと、その社会の秩序を維持するのに便利なのである。その当否は別として。

男女の役割を決めるのみではなく、それに優劣とか上下とかの関係を当てはめてしまうことも、多くの文化が行なってきたことである。男尊女卑ということはそのひとつの例である。このような「秩序」を守るために、これらの考えによって、男は……すべし、女は……すべしという「道徳」が確立される。しかし、それらは多分にご都合主義的であったことは、現在明らかにされるとおりである。

ところで、旧約聖書において、女性が男性の一部からつくられたという話があるのは奇妙に感じられないだろうか。あるいは、タイのカレン族では、世界のはじめに仏陀が一人の男をつくり、その男のフクラハギから男女の一対が生まれたと言う[3]。実はこのような神話を基にして、「従って、女性は男性に劣る」などと結論したりする人もあるくらいだから、これについてはよく考えてみる必要がある。そもそも女性が「生む」力をもっていることは、古代人でもすべて知っていたのだから、女から男が生まれるのではなく、その逆のような話が出てくることの根拠を考えてみたいのである。

これは、女がすべてを生み出すので、女(母)こそが最高の存在とすることは、人類にとって長らく自明のことだったのではなかろうか。しかし、人間が「言語」を使用し、「意識」が確立してくるとき、それまでの母優位のイメージに対する反動として、男性優位の神話が生じてきたのではなかろうか。

人類の歴史を約五〇〇万年と考え、その後期、約一万二千年前に農業や牧畜という新しい生業がはじまったと言われる。人間が自然を支配しようとし始めることと、言語の発展とは軌を一にしているのではないかと思われる。新人類という表現があるが、ここからを新人類と考えるとピッタリではないかと筆者は考えている。おそらく、この新人類誕生以前は、母イメージが圧倒的に強く、その逆転として父、あるいは男性を優位とする神話がつくられてきたのではないかと思われる。日本神話でも、イザナミという太母神がすべてのものを生み出すが、「三貴子」と呼ばれる重要な神は、イザナギという父親から生まれるのである。このあたりのことを詳しく分析すると興味深いが、それは他の機会に譲るとして、この日本神話においても、母から父への重点の移行が——それほど強烈でないにしても——認められるのである。

意識のもつ分割力の象徴、言語を「生み出す」力の象徴として、男性イメージが用いられやすく、多くの文化において、二分法的思考と男性イメージが結びつき、その優位性が語られるのである。しかし、既に述べたように、存在そのものは、そのような二分法に従うものではないのだ。

精神と身体

二分法的思考によると、人間は精神と身体とに分けられる。この分類に立って、精神は身体よりも優位であるとか、高尚であるという考えが生まれ、続いて、精神には男性像が、身体には女性像が当てはめられると、男尊女卑の構造ができてくる。

ところで、二分法的思考にとって、もっとも厄介なものが「性」である。それは「切る」ことよりも「つなぐ」ことに力を発揮する。一体感を求める衝動が高まると、あらゆる二分法的秩序に逆らっても、それを遂げたいと願う。それは「肉体」のことだとして完全に蔑視するにしては、精神的なものを感じさせるし、それは「最高のもの」というにしては、あまりにも動物性をひきずっている。二分法が完成すればするほど、人間は分裂に苦しみ、その傷を癒したいと願う。傷を癒す最大の力をもつと考えられる「性」はまた、二分法的秩序の破壊者でもある。「性」というものはこのように不可思議なものであり、父性原理の強いフロイトがこだわり続けたのも、もっとものことと思われる。

人間を精神と身体に二分する思考法は、人間を「研究」したり「操作」したりする上において極めて有効であった。近代医学の急激な進歩もそれを基にしている。人体というものを観察の対象とし、それに薬を与えたり、手術をしたりすることによって病気を治療する。このような方法があまりに有効なので、人間を精神と身体に二分することは、まったく正しいとさえ思われるようになった。しかし、果してそうであろうか。

最近になって増加してきたように思われる心身症は、精神と身体の二分法的思考法に反逆するもののようである。それは精神(心理)的なことが原因で身体に障害が生じている、などというような考え方では解決がつかないのである。人間存在を二分することなく全体として見る必要が感じられるのである。

「全体として見る」と言ったが、これはまず二分法的秩序を一度打ち壊してみることではなかろうか。二分法的な思考法は極めて便利で有効ではあるが、随分と無理をしているものだ。その無理があちこちに出てくるのである。自然科学における二分法に加えて、人間を考えるときも二分法が出てくる。そして、たとえば「男らしい」、「女らしい」などという分類ができる。それによって「秩序」ができる。それは便利であるし、時には、それは正しいとさえ感じられる。しかし、多くの場合、その秩序を支えてゆくための無理が何らかの犠牲を要求する場合が多い。しかし、そのような「秩序」を全員が受けいれているときは、それは犠牲として意識されることさえない。

既成の秩序に対して鋭い疑問を投げかけたり、攻撃をしかけたりするものとして、芸術というものがある。富岡多恵子氏と『とりかへばや』を素材として、往復書簡の試みをしたとき[4]、堅牢な秩序を「カキマゼル」のに芸術の力がある、と指摘され、その表現を面白く感じた。一度カキマゼてみて、それが次にどうなるのかを見る。しかし、このカキマゼル力は相当に強力でなければならない。

男―女の軸が、既に述べたように秩序づけのための柱として随分と強く有効であることを考えると、この軸を揺るがせるのは、実に困難であることが了解される。『とりかへばや』は、そのひとつの試みである、と考えられないだろうか。平安時代の、男と女の役割が――現代のそれとは異なるにしろ――堅く決定されているときに、それを変換してみせる。それは実に思い切った試みであり、人間や世界を見る、新しい視座を提供してくれるものである。

　ユング派の分析家ヒルマンは、「たましい」ということを重視するが、そのたましいについて次のようなことを言っている。[5]「たましいという言葉によって、私はまずひとつの実体《サブスタンス》ではなく、ある展望《パースペクティブ》、つまり、ものごと自身ではなくものごとに対する見方を意味している。」人間を見るときに精神と身体という二分法によって、精神から見るか身体から見るか、ということを考えるのではなく、「たましい」というあいまいな言葉を用いることによって見る。これは言うならば、二分法によって明確にされたため、人間存在のもつ何か大切なものが抜け落ちてしまうと考え、その抜け落ちる側を重視して、「たましい」と呼んでいるとも言える。

　「たましい」をもつ存在として、人間を見る。そうすると、いわゆる「男らしい」、「女らしい」などという分類は、その重要性を一挙に失ってしまう。あるいは、限りなく相対化されてしまうのである。ある社会において、「男らしい」、「女らしい」ということが決められているとき、社会の目から見ると、その区別は非常に大切である。しかし、たましいの目から見れば、そのような区別は無意味になってくる。

　このように考えてくると、『とりかへばや』における性変換の意味が明らかになってくる。そこで、本章においては、これまでの世界の文学のなかで筆者の目に触れた、性変換の物語を素材とし、その意味について考えながら、『とりかへばや』の理解への橋渡しとしたいと思う。

2　男女の変換

前節に述べたように、男女の変換は既成の秩序に対する挑戦として強力な方法である。しかし、それは現実に起こる可能性は極めて少ない。従って、それを主題とする話をつくっても、荒唐無稽なものとして聞き流されてしまうだろうし、文学の主題とすることは実に困難である。次節に紹介するように、トリックスター的な話はたくさんある。この場合、多くは、その主人公が意図的に男装(女)したり、女装(男)したりするわけで、それによって主人公が誰かを騙したりして、自分の意図どおりに状況を支配することになる。

トリックスター的な意図的「変装」の物語は実に多くあって枚挙にいとまがないほどであるが、『とりかへばや』のように、運命的に男女の変換が生じ、それによって主人公が苦悩する話は、世界の文学を探しても、極めて稀と思われる。そのようななかから、筆者の目にとまったものを紹介し、それによって『とりかへばや』を照射してみることにしよう。

イピスとイアンテ

オウィディウスの『変身物語』には、多くの変身の物語が収められているが、そのなかにひとつだけ、女性が男性に変身する話がある。(6) それが「イピスとイアンテ」の物語である。早速、その話の要約を次に示す。

パエストスという地に、リグドスという男が住んでいた。律義な男であった。彼は妻のテレトゥーサの出産が近づいたときに、「男の子が欲しい。もし女の子であれば育てるのをやめにしよう」と言う。妻は女の子でも育てて欲しいと願ったが夫は聞き入れなかった。出産も間近に迫ったとき、夢に女神のイシスが現われ、「夫の言いつけなどに従わず、生まれた子は男でも女でも、安心して育てるように」と告げる。

テレトゥーサは子どもを産んだが、女の子だった。彼女は夫に「男の子だった」とうそをつき育てた。父親は喜んで祖父の名、イピスという名を赤ちゃんにつけた。イピスは男の子として育てられたが、女の子としても、男の子としても、いずれにしても美しいといえそうな子であった。

イピスが十三歳になったとき、父親はイピスを、金髪のイアンテと婚約させた。二人は同年で、美しさにも甲乙はなかった。二人は愛し合った。イアンテは婚礼の日を待ち望んでいる。「しかし、イピスの愛には、愛するひとを自分のものにはできないという絶望がある。そして、このことが、かえっておもいをつのらせる。女の身が、同じ女に心を燃やすのだ。」イピスは自らに話しかける。

「この先、わたしはどうなるのかしら？　誰も知ってはいないような、異様で不思議な恋が、わたしをとらえている。」「心に愛をいだくのは、希望ゆえだし、愛を育てるのも、希望だ。なのに、もともと、おまえからは希望が奪われている。おまえを甘い抱擁から遠ざけるのは、監視の目ではない。……あのひとも、こちらが求めれば、拒みはしないのだ。それでも、お前は、あのひとを自分のものにすることはできない。」「わたしは、水のただなかにいて、渇きに悩むこととなろう。」

テレトゥーサは、仮病や、前兆や夢見などを口実に使って、できる限り婚礼の日を延ばしてきたが、とうとう、うそのたねも尽きてしまって、明日にはどうしても婚礼ということになった。テレトゥーサは、ひたすらイシスの女神に祈った。祭壇をかきいだき、涙を流して祈った。すると「神殿の扉がゆれ動き、月の形をした角がきらめいて、ひびきのよい「がらがら」が鳴った」。これはイシスの顕現を示す吉兆である。

神殿を去るとき、母親は後からついてくるイピスが、大またで歩き、顔も浅黒く、凛々しくなっているのに気づいた。イピスは男になったのだ。二人は献げものを神殿に運び、それには次のような銘文をつけた。

女であったイピスが　この品々を約束し
男となったそのイピスが　いま　これらを奉納する

翌日、男となったイピスはイアンテと目出たく結ばれる。

これが「イピスとイアンテ」の物語である。この物語で印象的な点は、イピスを男性として育てることのはじまりに、父親の願いがあったこと、および、イピスの性変換の奇跡が、イシスという大女神によって成し遂げられていることの二点である。

先に性変換の主題がもつ反秩序性という点を指摘したが、この話では、父親が男の子を欲しがるのは、「父系社会」という秩序のなかで、ひたすらそれを守るために自然に対してそれを押しつけようとした、と考えると、むしろ、秩序を守るために性の変換が望まれたとも考えられる。この話を実に逆説的なものとしているのは、イピスが女である(女であった)という秘密を知り、性変換の秘密にかかわっているのは、イシス女神、テレトゥーサ、イピス、という三人の女性のみである、という事実である。大女神→母→娘、という女性のつながりのなかで奇跡が生じ、彼女たちは、父親を騙し切っている。しかし、その結果は、女であるイピスが男のイピスとなり、父親の願いが(知らぬことと言え)貫徹されるのである。

次項に論じる「菊千代」の場合も、父親の意志が大いにかかわっている。父親は父系社会における社会的規範の体現者である。イピスの場合、父親は社会の要請によって自然の在り様を変えようとする存在として現われている。そのため、女のイピスは限りない苦悩を背負わされる。しかし、大女神イシスがそれを救ってくれるのだが、果して、女神は「女性のために」それをしたのか、「男性(父)のために」それをしたのか、と考えると、簡単には答えられないのである。

これは、母系社会より父系社会に変換するときに生じた物語ではなかろうか。そのためにこのようなパラドックスをもった物語が出てきたのではなかろうか。父系と母系のアンビバレンツのなかで、この物語を、「大女神の力は限りなく強いが、結局それは男性のために役立つのである」と解釈するのか、「男たちは、自分の願いがかなって喜んでいるが、それは大女神の力によっていることを何も知らないのだ」と解釈するのか、そのいずれも正しいのではなかろうか。

菊千代

ギリシャ時代から一足跳びに跳んで、わが国の現代の作家が、舞台を江戸時代に設定して書いた小説を取りあげる。山本周五郎「菊千代抄」(7)の主人公は女でありながら男として育てられる。そのごく要点のみを次に紹介する。

菊千代は八万石の大名、巻野越後守貞良の第一子として生まれた。菊千代は女であったが巻野家の家訓によって、次に世継となる男の子が生まれるまでは、男の子として育てられた。菊千代自身はそのことを知らされず、自分は男だと思って育ち、それに仕える人間のうち、養育責任者の樋口と、乳母の松尾以外はその秘密を知らなかった。菊千代は遊び相手の男の子たちと一緒にわけへだてなく遊びまわっていた。ある時、魚をつかまえるために裾を捲《まく》って池にはいったとき、男の子の誰かが、若様の異常に気づいた。そのとき、その子を突き飛ばし、菊千代をかばうようにしたのが、同じ遊び仲間で菊千代より二つ年上の椙村半三郎であった。菊千代はそのときの事の細部は忘れてしまうが、「そのとき受けた恐怖のような感動は消えなかった、意識のどこかに傷のように遺っていて、ときどき菊千代自身、びっくりすることが起こった」。

菊千代は樋口の禁止を破って、他の子と角力をした。特に、半三郎とするとき、「投げられたときや折重なって倒れる刹那《せつな》には、爽やかな、しかもうっとりするような一種の解放感に満たされる」。

菊千代はそれでも他の子と自分の身体の差を意識するようになる。しかし、樋口や松尾の言葉もあって、自分は彼らと身分が違うのだから、違って当り前だと自らを納得させる。それでも、何か不安や羞恥を感じるときは、その逆にうんと粗暴にふるまった。そんな菊千代をいつも半三郎は守ってくれるのであった。

菊千代の父は菊千代が好きで、会いに来ると人払いをし、楽しげに酒を飲み、菊千代にも飲ませた。しかし、菊千代と母とは随分と疎遠であった。その母が菊千代が十三歳のとき亡くなった。臨終の際に、母は「お可哀そうに、菊さま……お可哀そうに」と泣いた。

菊千代の半三郎に対する感情は絶えず動揺し、一日中側にひきつけておくかと思うと、三日も四日も顔をみたくない、というような気分のむらが続くのだった。

十五歳のとき、菊千代の乗った馬が暴走し、そのときに初潮を経験。それを半三郎に見られてしまう。とうとう松尾より真実を聞かされた菊千代は十日の間、寝間にこもりきりとなった。菊千代の怒りが収まった頃、父が来て家訓のことを説明し、今後はもし世継になる男の子が生まれたら、菊千代は男として生きるか、女として生きるか、自ら選択できると告げる。そして、程なくそれは事実となった。菊千代はためらわず男として生きる方を選んだ。

菊千代は椙村半三郎が「秘密」を知っているらしいことに耐えられず、愛憎の葛藤の果てに、ついに彼を呼び出し「秘密」を知っていることを確かめた後に、短刀で胸を刺す。父は翌日やって来て、なぜ罪もない家臣をせいばいしたかと問い詰める。父は怒りに満ちていた。しかし、「父の怒りを凌《しの》ぐものが自分にはある」。そんな気持で菊千代は父に対した。半三郎は自分を辱しめたから殺した。それはどんなことかは言えない。もしそれで済まないのなら自分を殺してくれ、と菊千代は泰然としていた。

菊千代は男として生きるための精一杯の努力をした。「だが彼女のからだがそうさせなかった。」「からだ全体が菊千代を裏切りはじめたのである。」それでも彼女は未だ戦った。「食事もできるだけ粗末な物をできる限り少量摂った。」父に対して、かねての約束を守らせ、分封されることになり、八千石の領主として父と別れて住むことになった。

自分の屋敷を持ってから約二年ほど菊千代は平静な生活を送った。しかし、二十三歳のとき悪夢に襲われる。「夢だったと思い、起きようとしたが、関節や筋がばらばらにほぐれたようで、身うごきすることもできない。それだけではなかった。夢の中でうけた無法な暴力が、自分のからだの一部にまだ残っていた。その一部分に受けた暴力が現実であるかのように、彼女の意志とは無関係なつよい反応を示している。そしてそれは全身を縛りつけ、痺れさせ、陶酔にまでひきこんでいった。」

この夢が何を意味するかを理解するや否や、激しい自己嫌悪にとらわれ、菊千代は泣きわめく発作に襲われた。それ以後、菊千代の生活は荒れたが、それを脱け出すために、父親の領地内の田舎に移り住んだ。菊千代はそこで平静を取り戻し、領地内の人々とも親しくなった。領地内に馳落ちしてきて住みついている竹次親子の暮らしを楽にするため、努力もしてやった。親子の姿を見ているうちに、菊千代はふと、「——可哀そうな菊さん、可哀そうに……」とつぶやき、自分でも驚いてしまう。

そのころ、領地内に一人の男が住みついた。労咳を病んでいたとか、商人だったとか言っているが、身のこなしから武士であることがすぐわかった。菊千代はその武士に対しても親切に取りはからってやった。菊千代は竹次夫妻の睦まじい姿を見ると、ふとまた「可哀そうな菊さん」とつぶやき、それが母親の臨終の際の言葉と思い当る。

田舎の生活に落ち着いた頃、またあのいまわしい夢がやってきた。菊千代の生活はまた荒れ気味になる。父親は菊千代を慰めるつもりか、芸達者な腰元を五人送りこんできた。二十日ほどは物珍しくもあったが、菊千代は急に嫌気がさし、音曲は無用だと言いつけ、自分は外を歩きまわってきた。疲れて眠っている菊千代のところに、腰元の一人、葦屋が寄り添ってきて「お姫さま」と呼びかけ、同性愛的な行為におよぶ。夢うつつにそれを体験した後、菊千代は怒りのために葦屋を斬ろうとする。そのとき、前に立ち塞がったのが例の武士であった。どかぬと斬ると叫ぶ菊千代の前に「お斬りあそばせ」と坐りこみ、武士は裸の胸を見せた。そこには傷跡があった。

菊千代は半狂乱の発作に襲われたが、三日後に平静を回復し、例の武士を呼んだ。彼は椙村半三郎であった。半三郎は菊千代を恋していたこと、菊千代に刺されたが不思議に命を取りとめたこと。今も彼の菊千代に対する気持は変らず、蔭ながらお護りしたいと思って近くに住みついたことを話す。菊千代はたまらなくなり、半三郎の膝へ身を投げかけてゆく。

秩序の次元

「菊千代抄」の話をながながと紹介したが、これは『とりかへばや』の理解に役立つところが大きい、と思ったからである。それと、心理療法家としての傍白を入れさせていただくと、これは最近わが国にも多く生じてきた思春期拒食症の治癒過程を理解していく上で、非常に参考になる話だとも思う。その点については論じないが、心理療法に関心のある方は、そのような目で見直されると興味深いことを多く見出されることであろう。わざわざ思春期拒食症などと言わなくとも、ひとりの女性の心の成長過程としてみても、教えられるところが多い。

「イピスとイアンテ」も「菊千代抄」も、娘を男として育てるのには、その父親の意志がかかわっている。しかし、だからといって、いずれの場合にしろ、単純に父の意志が貫徹されたとか、父系社会の論理がまかり通ったと言い切れないところに、これらの話の面白さがあると思われる。

「イピスとイアンテ」における、父性と母性の微妙なバランスについては既に述べたので、「菊千代抄」の方について考えてみよう。この場合も、父系社会の論理が強烈に作用している。世継の男子を得ることを至上命令として、自然を無視する「家訓」がつくられている。この「家訓」は父系社会の考えに基づいていながら、その「秩序」を壊すというパラドックスを内包している。つまり、このようなものがなければ、当時の「男は男らしく」、「女は女らしく」という明確な分類に従って菊千代は生きることになったであろう。しかし、このことによって、菊千代は女も男らしく生きることが相当に可能であることを立証するのだ。

父系社会においては図示したように、父の世界と母の世界は明確に区別されている。男は父となり、女は母となって、子どもをつくり、子どもも大人になるとこの分類を厳しく守って、その秩序が維持されてゆく。そこでは「男らしい」、「女らしい」という規範も明確に決められており、個人として自由に生きることは許されていない。そこで、菊千代の家の家訓というのが不思議な力を発揮してくる。「家訓」は父系社会に生き残るための知恵をもちつつ、かつ、社会の秩序に真向から反対する傾向をもっていて、そのため、菊千代は男と女という絶対的な分類の境界を超えて生きることになる。

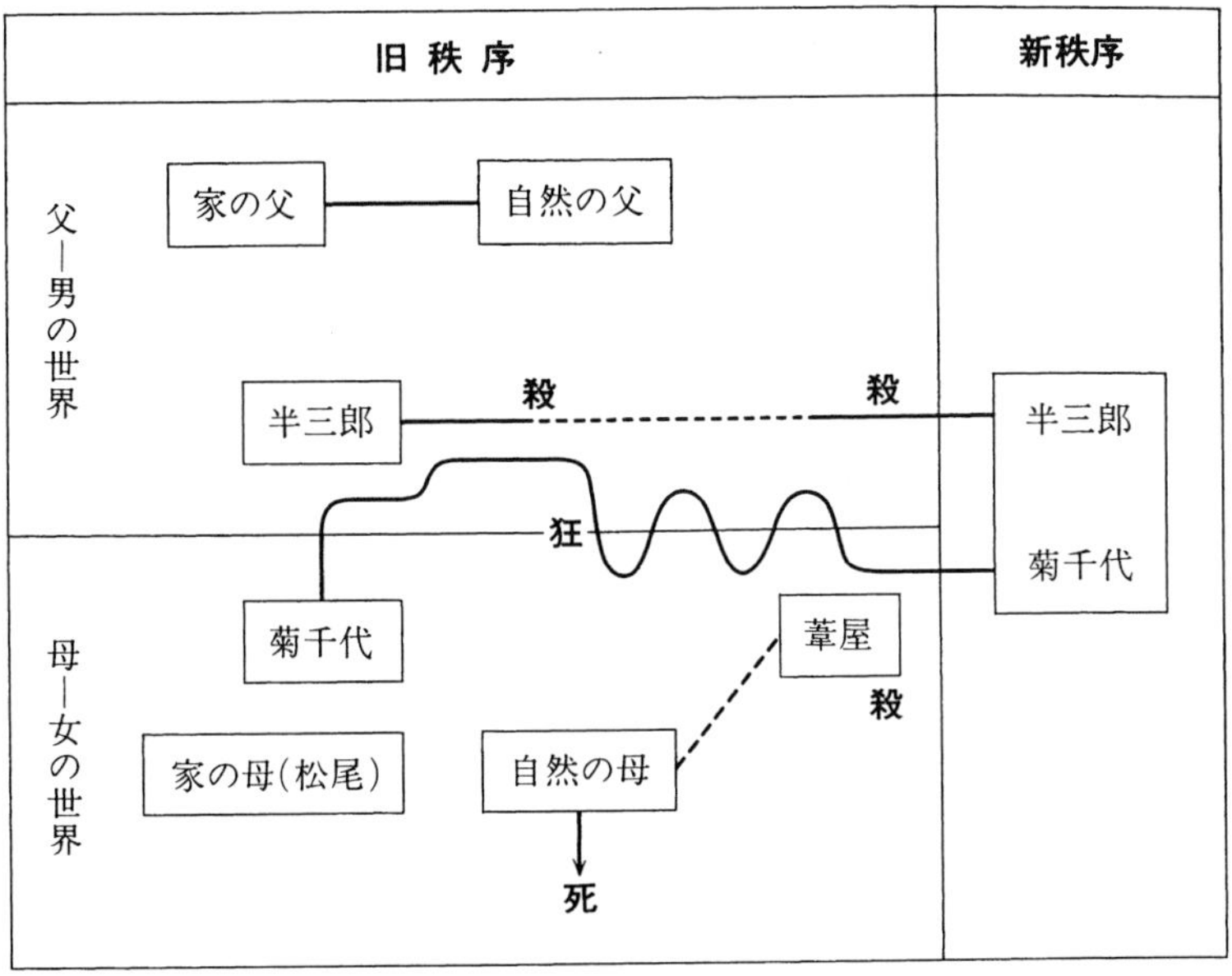

図1　菊千代の軌跡

このとき、父は二つの父に分離してしまう。一般に、父は社会的規範の体現者としての意味をもつが、ここでは「家の規範」の体現者として、菊千代に無理を強いる父と、むしろ、自然に近い父として、できる限り菊千代を女として生かしてやりたいと願う父とに分離する。これに呼応して、家訓を守る母としての松尾、普通一般の母、の二つに母親像も分離してしまう。二つの分離した父の葛藤を背負って、椙村半三郎が現われるが、二人の間に密かに育っていった愛が、二人をこのような一般的秩序の世界を抜け出させるための原動力となる。

母の死によって、菊千代の男性性はますます強められる。しかし、次に菊千代のなすべき仕事は「父親殺し」であった。世継の男子が生まれ、家訓の父も母も消滅した。菊千代が対決すべき一人の人物、父に対して、彼はその「手先」である半三郎を殺すことによって、父親殺しを成し遂げる。

しかし、すべての支えを失って、菊千代は孤独と狂気の世界に突き落とされる。

自然のなかで自らの力によって回復してゆく菊千代に母の言葉が思い出される。いったんは分離した母と再び関係が回復する。父に対しても母に対しても、われわれは関係の切断と回復を何度も繰り返さねばならないのだ。しかし、葦屋との関係が示すように、女だけの世界への完全な埋没を避けるためには、再び「殺」のテーマが必要となる。これも一種の母親殺しと見ていいかも知れない。

このような命がけの仕事の後に、菊千代は女として半三郎という男と会う。しかし、これは「男らしい」、「女らしい」ということが明確に分類されることによって秩序が保たれているのとは別の世界においての、男女の出会いなのである。

『とりかへばや』の場合、これらの物語と明確に異なるところは、性の転換に父親の意志が無関係なことである。そもそも「とりかへばや」とは父親の嘆きの言葉である。このことについては後に論じるとして、一応この点をわれわれはよく銘記しておかねばならない。

「秋の夜がたり」

性変換の話の最後として、岡本かの子の短篇「秋の夜がたり」を取り上げる。(8) これについては脇明子の短い示唆に富んだ評論があるので、(9) それも参考にしつつ述べてみたい。

これは岡本かの子が昭和八(一九三三)年に発表したもので、脇明子も述べているように、『とりかへばや』にヒントを得て作られたものではないかと推察される。短篇ではあるし、岡本かの子がそれほどに力を入れて書いたものとも思われず、『とりかへばや』に比べると大分見劣りがするが、注目すべき点もあるので論じることにした。

この話は中年の夫婦が二十歳前後の息子と娘に、旅の途中のホテルで思い出話をするという枠物語の構造をもっている。しかもその場所は「日本でも外国でも、今でも昔でも関《かかわ》りはないのです」というわけで、要は「昔々、あるところに」というのと同様の設定がなされているのである。つまり、ここに語られる話は、「昔話」のような意味合いをもっていることを作者は示唆している。それは特定の時間、場所、特定の人に生じたことではないにしても、万人に通じる普遍性をその話がそなえている、ということである。

子どもたちに語った両親の話は、まさに想像を絶することであった。子ども時代に、父親は女として、母親は男として育てられたというのである。二人の母親は「仲良しの女友達」だったが、二人ともに妊娠中に夫を失う。そこで二人は共に励まし合って子どもを育てるが、「おとうさんを生んだ母親は男のおとうさんを女に仕立て、おかあさんを生んだ母親は女のおかあさんを男育てに育てる」という合議をする。子どもはそれぞれ性を変えて成長してくるが、男の子として育っている女の子が初潮を迎え、そのときになって両親は事実を子どもたちに教える。子どもたちは、「なぜ」そんなことをしたのかと訊きただすこともなく事実を受けいれた。

ここで岡本かの子は実に興味深い独白を挿入している。「その子供達はともかく作者はその母親達がそんな子供の育てかたを何故したかと読者はあるひは詰問なさりはしませんか。作者は実は、その解釈に苦しみます。さあ、どういふ原因が其処にあつたものか。ともかく女同志の親密な気持ちには時々はかり知れない神秘的なものが介在してゐるかと思へば極々つまらない迷信にも一大権威となつて働きかけられる場合もないではないぢやありませんか。」

さて、話の方は簡単に言えば次のようになる。男装の娘は乗馬に秀でるが、それを知った母親の後見役の老人から「荒馬馴らしの競技」に出場することを要請されて困ってしまう。女装の息子は「建築学を研究したい」など思っているが、富豪の令嬢に見こまれ、そのお相手としてその家に住みこむうちに、その令嬢に恋してしまう。ところが、そのお嬢さんの兄が彼女(女装の息子)に恋するということになり、また絶体絶命の状態になってしまう。どちらもが引くに引けぬ状態になったなかで、二人ともども都を出て(彼らは都に住んでいた)、遠い田舎へと逃避行をするうちに、二人ともに元の性にかえり、二人が愛し合うようになって、都から「百五十里もの遠い田舎」に夫婦として住みついたとのことである。なお、二人が家出をした後の二人の母親たちは「大いに悟るところでもあつたやうに双方とも今までよりより以上頼み合ひ終に同棲迄して一方が一方の死までを見送り、あとまた間もなく一方も別に不自由なしの一生を終つて死に就いた」のである。

この物語に対して、脇明子が「この女装の男の子もやっぱり少女なのではないか」と述べているのは実に卓見である。「これは女性はこうあるべきだという通念に一応は従いながら、それにおさまりきらない心を抱いている少女の姿ではないだろうか」と言われてみると、まさにそのとおりと思わされる。一筋縄では捉えられない「少女」の姿が、男装をした娘、女装をした息子、という二人の姿によって描かれている。そして、それは「女と男を判然と区別するなんて、おかしいのじゃない」と問いかけているのだ。

この物語をこのように見ると、全体の構図が明らかになってくる。脇が言うように、「この二人は実は同一人物。まだ自分がつかめない一人の少女だったのである」と考えると、彼らの母親たちも、もちろん一人の母親になってくる(彼らが同棲までする親密さにそれは示されている)。とすると、ここに現われてくるのは、「イピスとイアンテ」に述べた、大女神・母・娘という構造が、岡本かの子・母(二人の母)・娘(息子と娘)というように、そのまま引き移しになっていることに気づかされる。つまり、ここでは女性の意志が貫徹しているのである。

「イピスとイアンテ」の場合には、男の子を欲しがる父親の願いが背後にあったので、物語の解釈に曖昧さが生じたが、「秋の夜がたり」は相当に明確に女性の意図が認められる。それは「少女」という存在、ひいては女性という存在がいかに両性具有的であるかを語っている。あるいは端的に、女も男と同等のことがたくさんできるのですよ、と主張している。

この話で興味深い点は、性変換の事実を語っている夫婦の話を聞いているのが、他の一組の夫婦ではなく、兄妹である事実である。後述する『十二夜』の物語は二組の男女の対ができあがることによって、全体性を示している。しかし、「秋の夜がたり」では、男女の軸のみでなく、親子、兄妹などの血のつながりも重視されている。この点では『とりかへばや』につながるものを感じさせるのである。

3 トリックスター

トリックスターは神話や伝説中に活躍するいたずらものであるが、その神出鬼没の属性と関連して、変装がお得意であり、男性のトリックスター(トリックスターはほとんどが男性だが)が女装して女になりすましたりすることはよくある。極端な場合、後に紹介するウィネバゴ・インディアンの神話におけるトリックスターのように、女になってしまうことすらある。

トリックスターのもつ意味と機能などについては、これまで山口昌男によって論じつくされている。周知のことと思うので、ここに繰り返すまでもないと思うが、われわれの問題との関連において簡単に言えば、トリックスターのいたずら、ペテン、などは旧秩序に対する破壊力として強力に作用する。その際、これまでに述べてきたような、男—女の軸による秩序を破壊するために、男性が女装するようなことが起こってくるのも当然である。この際、『とりかへばや』と明らかに異なるところは、性の変換をする本人が明確な意図をもって、それをしていることである。トリックスターは破壊的意図をもって自ら変換や変装をしているのだから、これは、性の顚倒と呼ぶ方がふさわしいと思われる。それでは次に、どのような例があるのか、性の顚倒についてみてゆくことにする。

性の顚倒

性の顚倒ということになると、まずあげねばならぬのが、ヨーロッパ中世における愚者の祭の馬鹿騒ぎであろう。ユングはポール・ラディンによるアメリカ・インディアンのトリックスター神話に関する研究へのコメントのなかで、この愚者の祭について言及している。(10)「牧師や聖職者たちでさえ、大司教、司教、または法王(!)などを選んで、それを愚者の法王(fatuorum papa)と名づけた。」「礼拝式の最中に、グロテスクな顔をしたり、女、ライオン、道化役者などに変装した仮装者たちが踊りをおどり、聖歌隊は卑猥な歌をうたい、ミサを行なっている近くの祭壇のすみで、脂っこい食物を食べ、博打までうちはじめ、古靴の皮で作ったいやな臭いの香をたき、教会中を走ったり跳びはねたりする。」

これを見ると、聖—俗、美—醜、清—濁、男—女、などのいろいろな秩序軸がすべて顚倒されていることがわかる。このようなトリックスター像について、ユングは「あらゆる点で未分化な人間の意識の忠実な模写である。それは動物の水準をいまだほとんど出ていない意識水準に相応している」と述べている。中世の厳しい秩序のなかで、ここまでそれを解体する「祭」をもつことが必要だったのである。ここで、ユングが「動物の水準」と述べていることについては、一考を要する。人間は「未分化」な存在を考えたり「反秩序」の存在について考えたりするときに、動物のイメージをよく用いる。「畜生にも劣る」などという表現もある。しかし、動物は人間が勝手に考えるほど無秩序に生きているわけではない。動物で性の顛倒などが行われるだろうか。こんなふうに考えると、人間の行う未分化への希求の行為もやはり相当に人為的なものである、という自覚はいるであろう。話が横道にはいってしまったが、中世の愚者の祭などにおいては、男性が女装することがひとつの大きい要素となっている事実を示したわけである。

愚者の祭における性の顛倒は、「コメディ・イタリエンヌの喜劇役者たちによる一六八二年初演のさる道化芝居の基本概念になっている」ことを、ユング派の分析家で道化についての研究者である、ウィリアム・ウィルフォードが指摘している。(11) この芝居でトリックスターのアルレッキーノは、隣接するリンネル屋とレモネード屋の所有者であり、リンネル屋では彼は女装して女の店主になりすまし、レモネード屋は男として営業している。客のパスクアリェッロが女としてのアルレッキーノに恋してしまい、そのために女としてのアルレッキーノと男としてのアルレッキーノの間に争いが起こるという珍妙なことになる。結局のところは、パスクアリェッロが両者にしたたかに殴られるのだが、このような痛い目に彼が合わされるのも、もとはといえばアルレッキーノによる性の顛倒が基因しているわけである。

アルレッキーノは女装しているのだが、ウィネバゴ・インディアンのトリックスター神話では男が女になってしまうのである。このトリックスターの大活躍のいたずらぶりについては、ラディンによる紹介を見ていただくとして、性転換のところだけを見てみよう。ウィネバゴ族のトリックスターはオオジカの肝臓を取って女陰を作り、オオジカの腎臓を取って乳房を作った。そして女装してすっかり女になり、ある村の酋長の息子と結婚する。

彼は結婚しただけではなく、三人も男の子を産むのである。しかも、この後、トリックスターは男に戻り自分の妻のところに帰って行くのだが、大変な変身ぶりである。ウィネバゴ・インディアンのトリックスターの反秩序性、破壊性、その生命力にはまったく感心させられる。

ヒーローとトリックスター

小説や物語には主人公というものが設定される。主人公を英語ではヒーローと呼ぶが、これは英雄のことでもある。つまり、西洋においては、物語の主人公を英雄とする英雄譚が主流を占めていたのであろう。英雄は困難に打ち勝つ強さをもち、偉大な仕事を成就しなくてはならない。それは正面から正々堂々の戦いを挑み、勝ち抜かねばならないのである。先に示したウィネバゴ・インディアンのトリックスターは、確かに物語(神話)の主人公であるが、西洋流のヒーローではない。

考えてみると、わが国の神話や物語などにも、西洋流のヒーローはあまり登場しないようである。たとえば、ヤマトタケルは確かに強いことは強いのだが、ヒーローよりもむしろトリックスターに近いところがある。興味深いのは熊襲との戦いで、ヤマトタケルが女装することである。彼はこのようなトリックによって熊襲に勝つのであり、正々堂々の戦いを挑んだのではない。従って、ヤマトタケルはヒーローであるにしろ、トリックスター性を十分に持っている。

ウィネバゴ・インディアンの神話やヤマトタケルの物語などから類推して、もともと、物語の主人公としては、ヒーロー・トリックスター融合型のような主人公が多かったのではなかろうか。この融合型から、言わば純粋型ともいえるヒーロー型が抽出されると、残されたトリックスターは正真正銘のイタズラ者、あるいは、ペテン師のようになる。このような分離されたタイプは、芝居の二枚目と三枚目のように区別が明瞭になってくるわけである。

ヒーローは正々堂々と生きる、といっても、人生には時にトリックやごまかしなども必要である。そこで、ヒーローはあくまでヒーローらしく行動するが、それを助けるものとしてのトリックスターが、常にその傍に居る、というような人物配置が、多くの物語に認められることになる。典型的な例をあげると、モーツァルトの歌劇『魔笛』においては、主人公タミーノを助けるトリックスターとして、パパゲーノが登場する。タミーノは確かにヒーローらしく、立派に行動する。しかし、臆病で間抜けのパパゲーノなしでは、彼の仕事は完成しないのである。

ヒーローとトリックスターという分離が、もっと明確な姿をとるのが、王と道化である。王は至高の存在として絶対的な正しさと権力をもつ。これはあくまで建前のことであり、それればかりを主張していたのでは現実にそぐわなくなる。従って、王の影の部分を背負うものが道化として登場することになる。道化のもたらす笑いが、ともすれば平板に固まってしまいそうな王国を開放し、活性化するのである。

豊臣秀吉も、日吉丸の頃はトリックスター・ヒーローとして活躍するが、大閤秀吉となると、「王」としての姿を前面に押し出してくるので、曾呂利新左衛門という道化を必要とするようになる。実際、曾呂利新左衛門は年老いて硬直している大閤に柔軟性を与えるために、いろいろと努力をするのである。しかし、時にそれは命がけの仕事であった。王は道化の必要性を認め、その笑いを喜んだりしつつ、その反秩序性つまり反権力性に対しては、時に命を奪おうとするほどの怒りを誘発されるのである。

誰がトリックスターか

性の変換の問題から、トリックスターの一般的性格の方に話が横すべりしていったが、これも『とりかへばや』のなかのトリックスターについて考えてみたいからのことである。この物語のなかで、いったい誰がヒーローであり、トリックスターなのか、あるいは、そのような考えは通用しないのか、その点について少し考えてみたい。

『とりかへばや』は、男性と女性の入れかえという思い切ったことが行われ、それによる混乱が生じる。このような点から考えると、混乱の基となった姉弟がトリックスターである、ということがまず考えられる。しかし、既に述べたイタリアの喜劇における、アルレッキーノのように、一人の人物が意図的に男女の役を使いわけているために混乱が生まれてくるのとは、大分話が異なってくる。『とりかへばや』における姉弟は、むしろ犠牲者として——特に最初のあたりは——あらわれているように感じられる。

そうすると、宰相中将が主人公であろうか。話全体を通じての彼の活躍ぶりから考えると、彼を主人公と考えてもおかしくないと感じられる。男性としての姉君が四の君と結婚し、何とも不思議な「結婚生活」を送っていたとき、その世界へと侵入し、四の君と結ばれ、次には男装の姉君とも結ばれる。すべての事件は彼によって生じてくると言っていいかも知れない。

『とりかへばや』について、吉本隆明氏と対談したとき[12]、氏は宰相中将が中納言(姉君)に近づいてゆき、女とわかって抱き寄せてゆくところを「一番見事なクライマックス」と言い、この作者は「エロスというか、性についてのデカダンスと言いましょうか、それをよく知っている人だという感じがするんです」、「作者は男であって、宰相中将というのが、まず作者に一番近い、自分に近い男として設定しようとしたんじゃないかというふうに僕には思えます」と述べている。その対談の際に筆者が述べているのは、作者は女性で、むしろ、姉君に一番近いということで、ここで二人の意見は喰い違ったわけである。それ以後、この問題をずっと考え続けてきたが、「ヒーローとトリックスター」という点に関連づけて、今は次のように考えている。

この物語を「小説」として読み、主人公を設定して全体の構造を見ようとすると、中将を主人公として、エロスということを描いた小説と見られ、おそらく作者も男性——といっても多分に女性性もそなえた——ということになろう。一方、姉君を主人公として、女性の運命ということ、あるいは、運命とのつき合い方ということを描いた小説とも見られ、そのときは、作者は女性——といっても多分に男性性をそなえた——ということになる。

この物語をある程度、現代的な小説としてみようとすると、このようになるのだが、当時の「物語」というものは、そのような構造を予想して作られたものではなく、多分に重層的な、あるいは、多中心的な構造をそなえている、と見た方がいいのではなかろうか。つまり、ある特定の主人公についての話である、と思わない方がいいのではなかろうか。つまり、中将を中心とする見方もできるし、姉君を中心とする見方もできる、あるいは、弟君を中心としても見られるのではなかろうか。物語全体を通してみると、中将はヒーロー的でもトリックスター的でもあるし、姉君も同様である。

この多中心的で、下手をすると、まったくまとまりのないものになりそうな物語に、何らかの統一感をもたせるものとして、吉野の隠者が必要だったのではなかろうか、と筆者は考えている。そして、そもそもこの話の原動力となった天狗というのは、この隠者とペアになっている。というよりは、天狗と隠者は、もともとひとつのものの異なる姿と見ていいのではないかとさえ思うのである。天狗の劫が失せるのと、隠者が山奥に姿を消すのとが同時に生じていることに注目していただきたい。

吉本隆明氏は、吉野の隠者について、「この物語の構造として、この人が要るのかな、必要なのかなということが、文学的にいうとたいへん問題だなと思いました」(傍点、引用者)と対談の冒頭に言われ、筆者は驚いたのだが、このことは既に述べたように、「小説」と「物語」の差によるものと思われる。この物語を、宰相中将を主人公とする小説(文学)として読むと、吉野の隠者は不要な存在となり、「物語」として読むときは、吉野の隠者が必要となるのではなかろうか。

それにしても、話の主人公は誰かなどという単純なことで、数百年後に二人の大人を惑わすのだから、この物語の作者こそ、相当なトリックスターだと思われる。事実、この作者を男性と考える人と女性と考える人と、相半ばするのではなかろうか。

4　男装の姫君

『とりかへばや』のなかでは、姉君が男装して男としての役割を十分に成し遂げてゆく。多くの女性がその男性的魅力に心惹かれるところが描かれているが、男装の姫君というのは、男にとっても女にとっても言い難い魅力を感じさせるものである。従って、それは文学作品にも現実にも生じてくる主題である。ジョルジュ・サンドが男装していたのは有名な事実であるし、極端な例としては、ジャンヌ・ダルクのような場合もある。

次に、女性が男装して現われるのを主題とする文学作品を取りあげ、『とりかへばや』のなかの同一の主題の意味について考える手がかりとしたい。

『有明けの別れ』

まず取りあげるのは、『とりかへばや』の影響を受けていることが、つとに指摘されている、わが国の物語『有明けの別れ』[13]である。平安後期に書かれたものであるが、作者は未詳、興味深いことに男性説と女性説の両方があるところも『とりかへばや』と同じである。これはいわゆる孤本で、現在のところ天理図書館蔵の一冊しか写本が発見されていない。しかし、よくぞ一冊でも残っていてくれたものと思う。おかげで、われわれはこの興味深い話を知ることができるのである。

『有明けの別れ』について詳しく論じだすと切りがないし、粗筋の要旨を述べるだけでも大変なので、ここではそれを省略し、われわれに関心のある「男装の姫君」の問題についてのみ論じることにする。詳しく知りたい方は参考文献を参照していただきたい。なお、現代作家の南條範夫が、この話を基にして「有明の別れ」という短篇を書いている[14]。

『有明けの別れ』の一番重要なところは、主人公の女性が男性として生きてゆくことである。左大臣の息子、権中納言として登場してくる人物は、すぐに昇進して右大将となり、作中、右大将と呼ばれるが、実はそれは左大臣の一人娘なのである。もともと子どもがないのを嘆いていたが、神示によって子どもが生まれることになり、それは女の子であるが男装して育てるようにと、これも神のお告げがある。この場合も『とりかへばや』の場合と同様に、本人の意志とは無関係に運命的に事が運ぶのだが、『とりかへばや』のように天狗の祟《たた》りというのではない。

この美貌の貴公子が女性たちに好かれ、しかも「色好み」でないのを不思議がられるところは『とりかへばや』と同様である。ただ両者間に著しい差があるのは、主人公が「隠れ身の術」を使えることで、それによって右大将は左大将(右大将の伯父)の家に忍びこむと、左大将は自分の再婚相手の連れ子、対の上、つまり継娘と不倫な関係を結んでいるところで、それを盗み見てしまう。結局、対の上は妊娠し、その上母親にも不倫の関係を知られてしまい、絶望の状態になる。それを知って、右大将は彼女を誘い出し、自分の家へと連れてくる。彼女(右大将)はすべての事情を両親に話すと、父親(左大臣)は、ともかくお前が妊娠している女性を結婚の対象として選ぶのを待っていたというわけで、右大将と対の上は結婚し、対の上は子どもを産む。

女と女の結婚から子どもが生まれるところは、『とりかへばや』と同じだが、過程は大分違っている。ところで、美貌の右大将に帝が心を動かされ、近く接しているうちにとうとう右大将が女性であることが露見し、二人は結ばれる。同性愛的関係が異性愛へと変るところは同様である。ここで右大将は病いとなり、帝も右大将と会いたいのに会えぬので寝こんでしまう。

右大将の父(左大臣)はかねてからこのようなこともあろうかと、右大将には妹が居るのだが恥かしがりで他人の前には姿を見せない、とかねがね世間に知らせてきていた。それをうまく利用して、右大将は病気によって死亡したと発表。「妹」が帝のところへ女御となって入内することにする。これはなかなか見事な策略である。帝はもちろんこの「妹」(実は右大将)に惹かれ、幸いにも男子が生まれて皇太子となり、妹君は中宮になる。続いて、その皇太子が皇位を継ぎ、彼女は女院となる。つまり、国母の地位についたわけである。

ここまでが実は第一巻で、第二、第三巻と話は続き、女院の運命について語られる。その話も実に興味深いものであるが、今回は省略して、「男装の姫君」という主題にのみ限って少し述べておく。

『有明けの別れ』の場合も、一人の女性が男として生きても、何の不都合もないばかりか、むしろ「立派な男」として社会に通用することが示される。男女の社会的役割の差は相当容易に乗り越えられることが、これによって明らかにされる。それと共に、女性が男性の世界にはいって知る男の姿に対する、「嫌らしい」という感じも共通である。『とりかへばや』では姉君が宰相中将に対してそれを感じているし、『有明けの別れ』では右大将(女)が、「隠れ身」を使って見た、左大将の姿にそれを感じている。

女主人公が男性を「嫌らしい」と思いつつ、結局は結ばれていくのも両者共通であるが、そのきっかけとして男性の同性愛的様相があり、そこに一種の美的な感覚が動かされるように仕組んであることも同じである。外見は男女と見えつつ実は女と女との関係とか、外見は男と男と見えつつ実は男と女との関係とかの場面が美的に語られるのである。

『有明けの別れ』の特徴的なところは、男女のとりかえではなく、男が死んで女がそれにかわるという、言わば死と再生の主題を思わせる話が語られることにある。この死と再生ということは、『とりかへばや』を考える場合にも重要な鍵となってくるであろう。

ヴァイオラとルツィドール

西洋における「男装の姫君」として、シェイクスピアの『十二夜』[15]におけるヴァイオラ、ホフマンスタールの『ルツィドール』[16]を取りあげてみよう。どちらも女性でありながら男装して登場するのである。

『十二夜』は有名だから、あまり詳しく物語を述べる必要もないであろう。セバスチャン(男)とヴァイオラ(女)は双子である。船が難破して別々に助かるが、どちらも一方は死んだものと思っている。ヴァイオラは男装して小姓となりシザーリオと名のって、オーシーノウ公爵に仕える。オーシーノウはオリヴィアを恋するが相手にされない、ところがヴァイオラはオーシーノウに心惹かれるが、彼女が男と思っているオーシーノウはそんなことは露知らず、ヴァイオラ（つまり、シザーリオ）を恋の使いとしてオリヴィアのところに送ると、オリヴィアはシザーリオに一目ぼれしてしまうので、図2のⅠに示したような、片想いの円環構造ができあがる。つまり、オーシーノウ→オリヴィア→シザーリオ（ヴァイオラ）→オーシーノウ、という関係である。これは愛の悪循環ともいうべき形で、何とも身動きがとれない。

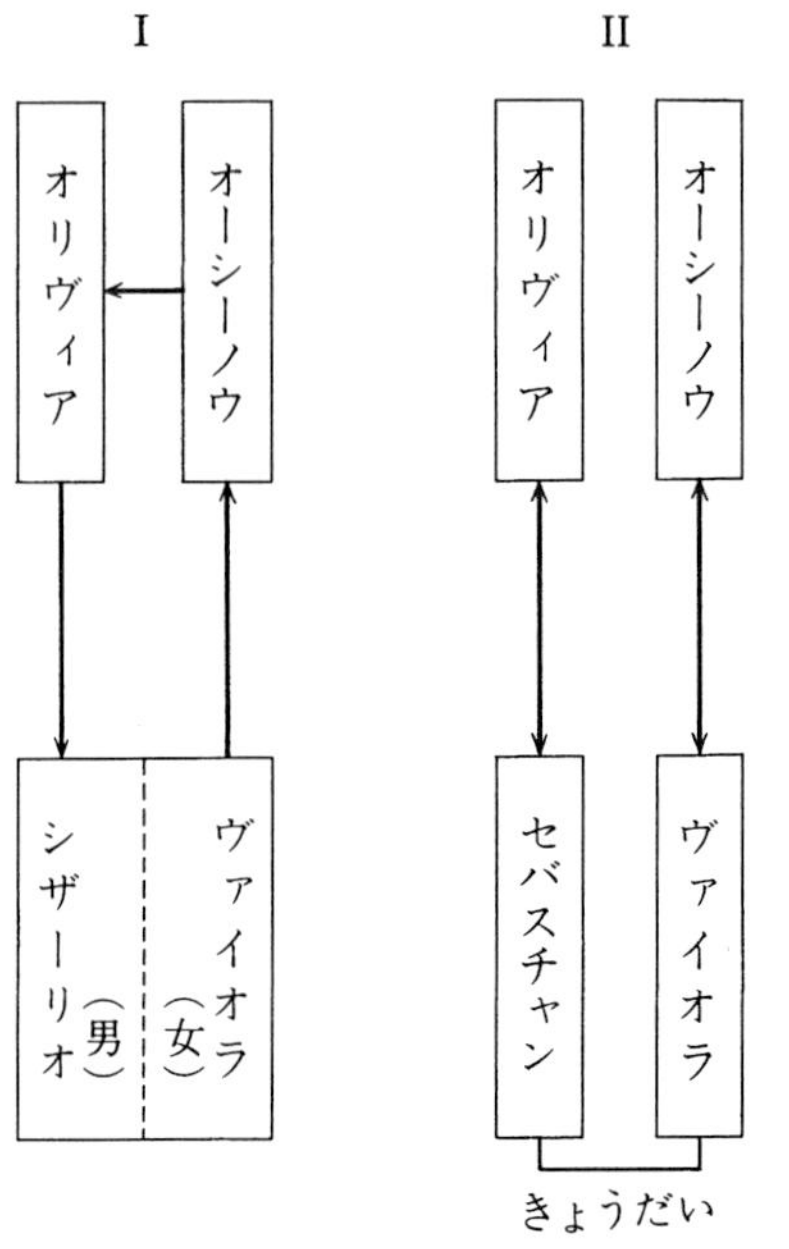

図2 『十二夜』の人間関係

この堅固な悪循環を打ち破る「機械じかけの神」のように、死んだと思われていたセバスチャンが現われ、最終的には、図2のⅡに示したような、オーシーノウ↕ヴァイオラ、オリヴィア↕セバスチャンの愛の二組ができあがり、めでたしめでたしとなる。

この話を「男装の姫君」という主題から見ると、オーシーノウからオリヴィアへの一方的で不毛な恋愛関係に、ヴァイオラ＝シザーリオという男女一体の存在がからむことによって混乱を生ぜしめ、続いて、ヴァイオラ＝シザーリオの一体がヴァイオラ、セバスチャンという男女に明確に分離することによって、新しい秩序としての二組の愛のペアが成立したと考えることができる。

ホフマンスタールの『ルツィドール』は短篇であるが多くを考えさせられる作品である。ルツィドールは男性名で男として生きているが、実は本名はルツィーレで女性である。母のムシュカ夫人、姉のアラベラとウィーンのホテルのアパルトマンに住んでいる。アラベラは結婚の適齢期、そこに訪ねてくるヴラディーミルと結ばれることを、母親は経済的な面での思惑もあって願っている。ルツィドールは十四歳、内気で「大人になりつつある少女」として客間で役割を演じるのが嫌なので、男性として生きることを喜んでいる。

ところが、アラベラはだんだんヴラディーミルをうとましく思いはじめる。そして、ヴラディーミルとルツィドールは男同士の気安さで一緒に馬で遠出をしたりして、だんだん親しくなってゆく。そのうちルツィドールはヴラディーミルを恋するようになり、その燃えるような想いを恋文にしたため、アラベラの名で彼におくる。ルツィドールの筆跡はアラベラとそっくりなので、ヴラディーミルはすっかりそれにだまされてしまう。ルツィドールは「アラベラの手紙」を託されてきたと言って、ヴラディーミルに手渡し、彼がそれを読んでいるときの表情を観察し、彼がアラベラへの愛について話すのに相槌を打ったりして、何とも言えぬ楽しさを味わう。手紙による愛は深まるが、ヴラディーミルは実際に会っているときのアラベラのよそよそしさには苦しむことになる。彼はとうとう焦って、手紙でアラベラに夜の密会を哀願し、それは聞きとどけられ、真暗な部屋のなかで二人は結ばれる。もちろん、このアラベラは、男の子のように短い髪の毛を絹のスカーフで隠したルツィドール、つまり、ルツィーレその人であった。

ヴラディーミルはとうとう昼間のアラベラに求婚し、あっさりはねつけられて茫然としているとき、ルツィドールがアラベラの衣装をまとい、絹のスカーフで髪をかくした姿でとびこんでくる。それこそ、「彼の友であり、親友でありながら、しかもそれと同時に彼の秘められた女友だちであり、彼の恋人であり、彼の妻であったその人」、ルツィーレだったのである。

男女の関係

『ルツィドール』はハッピー・エンドで終っているようだが、最後につけられたホフマンスタールの言葉が、われわれに多くのことを考えさせる。彼は言う。

「ルツィドールがその後、本当にヴラディーミルの妻になったのか、あるいは昼のあいだも、別の国に行っても、彼女がかつて暗い夜にそれであったもの、すなわち彼の幸福な恋人であることだけに止っていたのだろうか、それについても、同様にここでは記さずにおきたい。

はたしてヴラディーミルはこれほどまでの献身をうけるに値する人物だったかどうかも、疑問であるとされるかも知れぬ。だがいずれにしても、こんな奇妙な事情でもなければ、ルツィーレのそれのように無条件に献身する完全なる魂は、おそらくあらわれることもなかったにちがいない。」

男装の姫君が活躍した『十二夜』のハッピー・エンドとは趣きを異にする終結であることを、ホフマンスタールは最後に明言する。『十二夜』の場合、オーシーノウとヴァイオラの結婚について、それがハッピーであることをわれわれは確信して、めでたしめでたしと思うのだが、『ルツィドール』の場合も、同様のめでたしめでたしと思いたがる読者に対して、著者は強力な「待った」をかけることによって話を終るのである。彼は「はたしてヴラディーミルはこれほどまでの献身をうけるに値する人物だったかどうかも、疑問であるとされるかも知れぬ」と言う。いったいこれはどういうことなのだろう。

まず『十二夜』の方を見てみよう。既に述べたように、これはめでたしめでたしの喜劇である。オーシーノウを密かに愛していたヴァイオラは最後に見事に彼と結ばれる。それではなぜこの劇の終りは、この二人の結婚のみではなく、オリヴィア・セバスチャンの組の結婚まで語られねばならないのか。これはおそらく、この劇全体を主人公のヴァイオラの心のなかのこととして考えてみると、女としてのヴァイオラの結婚を支えるものとして、彼女の隠された男性性（シザーリオ＝セバスチャン）も結婚することが必要なのではないだろうか。二人の結婚は内的には四人二組の結婚として成就されるのではなかろうか。

ところで、この劇をそのように見ないときは、ヴァイオラという女性がその男性的な面を生きることによって、硬直していた世界が動き出すが、最後はヴァイオラは自分の男性的側面セバスチャンを明確に分離することによって結婚に至ることになる。そして、男らしい男と女らしい女との結婚が幸福と考えられる、という単純な結論になってくる。事実、そのような誤解に基づいて、男らしい男と女らしい女の結婚を幸福と考える誤解が長らく西洋の社会に続いていたのではなかろうか。それはあまりにも単純な考えである。

ホフマンスタールはそれに対して、ルツィーレという女性のヴラディーミルに対する愛を、ルツィドールという男性と（夜の、あるいは手紙の）アラベラという女性に分け、両者の愛の共存、つまり、男と男との友情や女と男との間の恋などすべてを含むときに、その愛が完成されることを言いたいのではなかろうか。従って、最後に、女としてのルツィーレと男としてのヴラディーミルの関係については留保したものの言い方しか出来ないのである。

男女の関係は思いの外に複雑である。それは二人の関係でありながら、二人であることをはるかにこえている。それを男らしい男と女らしい女の二人の関係に限定してしまうとハッピー・エンドかも知れないが、それは文字どおりの終りで、そこからは何も始まらないのである。『とりかへばや』の場合、結婚がハッピー・エンドになっていないことに気づかれるであろう。たとえば、右大将(姉君)と四の君の結婚はどう考えても幸福なものではなかった。しかし、考えてみるとそれは将来の幸福な結婚のためのはじまりではなかっただろうか。『とりかへばや』における男女関係については後に論じるが、本節においては、シェイクスピアやホフマンスタールの作品を通じて、男女の関係が、男らしい男と女らしい女の関係として単純に見られないことを知ったことにとどめておく。

5 女法王

これまで女性が男装する話を紹介してきたが、そのような話の極めつけが女法王の話であろう。『とりかへばや』についてスイスで講義をしたときに、受講していた筆者の友人の一人が、女法王の伝説について紹介してくれた。なかなか興味深い話であった。帰国後、わが国でそのような話が紹介されているか探したが、現在のところ、塩野七生『愛の年代記』のなかに「女法王ジョヴァンナ」として語られているのを知るのみである。[17] ともかく興味深い話なので、同書によって要約を述べる。

塩野七生はこの文の冒頭に、二十世紀になって、女性にとってやろうとしてやれないことは、何ひとつないほどに思われることを述べている。女の宇宙飛行士、女の首相。しかし、例外としてキリスト教界の首長である、ローマ法王の座がある、と彼女は言う。「二千年このかた、聖ペテロの後継者、神の地上での代理人とされている法王の三重冠を頭上にするのは、男ということになってきた。」

ところが、十三世紀の頃に女法王について書いた文書が残っているのである。女法王のことを教えてくれた友人は、女法王についてはプロテスタントが書いていることが多く、それを歴史的事実のように述べるのに対して、カトリックはそれを「伝説」としていると、愉快そうに語ったが、どうも歴史的事実としての真偽は明確ではないらしい。プロテスタントはこの「事実」をカトリック攻撃の種に使ったらしい。筆者としてはそれが事実であるかどうかよりも、そのような話が存在しているということ自体が大切だと考える。それは何らかの意味で、ヨーロッパ中世の人々の心の真実を伝えるものである、と思われるからである。それでは塩野七生の文を頼りにして、女法王の話を紹介しよう。

女法王の話

女法王ジョヴァンナの母はジュディッタ。領主のアヒル番だった。父親は修道士。二人はイギリスからドイツに移ってきて、西暦八一八年、ドイツでジョヴァンナを生んだ。彼女が八歳のときに母は死に、父は彼女を連れて旅に出て、あちこちでほどこしを受ける生活をする。ジョヴァンナの美しさと賢さのため、あちこちの富豪にたくさんのほどこしを受け、豊かな生活をする。ジョヴァンナ十三歳のとき、父親が死亡。ジョヴァンナは尼僧院にはいる。そこの院長に認められ図書館係りとなり、ジョヴァンナは読書に励み、ますます博識となる。

ジョヴァンナは知識を得るのみではなく、哲学的な人生の根本問題に関心をもつようになるが、適当な話し相手もなく、食欲も減退し、眠りにくく、ノイローゼのようになる。

そんなときに、若い修道士のフルメンツィオが筆写の仕事のためにあらわれ、十七歳の尼僧と十八歳の僧はだんだん互いに恋し合うようになり、仕事が完成する前日に結ばれてしまう。

フルメンツィオは一度は自分の所属する僧院へと帰ったが、ジョヴァンナのことが忘れ難く、とうとう彼女を呼び出し、彼女を男装させて自分の修道院に連れてゆく。そこで、彼女を親戚の男として紹介し、修道院に入れて貰うことに成功。ジョヴァンナはベネディクト派の修道士ジョヴァンニとなり、フルメンツィオの隣の部屋に住むことになる。

彼らはそこに七年間も留まっていたが、古い礼拝堂の廃墟でいつものように二人で抱き合っているところを、とうとう不眠症の修道士に発見され、二人そろって逃避行を開始する。スイス、フランスを経て、船に乗って二人は、ギリシャのアテネまでやってくる。彼らは修道院より世話された庵に住むが、ジョヴァンナの美貌(といっても男性としての、だが)と学識は人々を惹きつけ、多くの人が訪ねてくるようになる。

アテネの聖職界の高位の人や政府の高官までが、修道士ジョヴァンニを訪ねてやってきて、彼らは会話を楽しむが、フルメンツィオはそれほど学識もないのでその中にはいれない。彼はひたすらジョヴァンナへの献身に生きているのだ。彼女はそのうちに彼のそのような態度をうとましくさえ感じはじめ、ある日、彼を棄て去り、一人でローマへと旅立ってしまう。

ローマでもジョヴァンナは大成功を収め、法王レオーネ四世に認められて、聖マルティーノ学院の教授になる。ここでも彼女の講義の素晴らしさは大評判になる。法王はますます彼女を重視して、法王の特別私設秘書にまでする。

とかくするうちに、法王レオーネ四世が病死して、ジョヴァンナは法王に選ばれる。彼女はジョヴァンニ八世という名で呼ばれ、ローマと世界と天を支配するしるしの三重冠をいただくことになる。二年半におよぶジョヴァンニ八世の治世はなかなか良政であったと言われている。しかし、三十五歳の彼女は女性としての生活も欲したのだ。法王の一種の侍従のような役目をしている、二十歳の男性パオロとジョヴァンナは程なく結ばれる。そして、彼女は妊娠してしまったのだ。

聖ジョヴァンニ・イン・ラテラノ寺院で行われる祝祭ミサを司祭するため、法王がヴァチカンを出た頃より陣痛がはじまった。彼女は必死にそれに耐えてミサを行なったが、終りに近づいたとき祭壇の前で倒れ、出血と共に赤ん坊が生まれてくる。

「奇跡だ!」と叫んだ人もあったようだが、そうとはとられなかったようだ。法王は間もなく死に、事実を白状したパオロは赤ん坊を与えられて、法王庁より姿を消した。ローマ教会は、これらすべての事実を闇に葬ってしまった。

父性と母性

女法王ジョヴァンニ八世(ジョヴァンナ)の話を紹介したが、この話の真偽を問題にするのではなく、このような話がキリスト教国の人々の心を捉えたという事実について考えてみたい。ともかく、この話が語りつがれたり、記録にまで残されたりしていることは、キリスト教の信者の人々にとって、何らかの意義をもったからに違いない。

女法王の話を紹介した塩野七生は、次のような重要な事実をつけ加えている。「女であった法王ジョヴァンニ八世が、祝祭日のたびにヴァティカンから聖ジョヴァンニ・イン・ラテラノ寺院へ通った道に、彼ら(民衆)の手で、まもなく、子をいだいた母の像が建てられた。母親の頭上には、法王の三重冠が形づくられていた。このためか、これ以後の法王たちは、ラテラノへ通う道を変えた。」

法王たちは三重冠を頭上にした母子像の前を通るのは耐え難いと感じたのであろう。それでもこれは、それ以後八〇〇年ばかりその場にあったが、「一五八五年になって、時の法王シスト五世の命令で、いずことなく持ち去られ、今ではどうなったのかを知る資料さえもない」。

次に塩野七生の紹介している、もうひとつの重要な事実をあげておきたい。それは「今でもヴァティカンのどこかに残っているはずと言われる、大理石の奇妙な椅子である」。これは一五二七年に起こったドイツ兵によるローマ略奪の時に、ラテラノ寺院から奪われた品を列記した記録の中に、その椅子のことが記されているので、それまでは確実にラテラノ寺院にあったものである。その椅子は普通のものと違って、子ども用のオマルのように中央部がくり抜かれている。「即位式直前の法王はここに坐り、下からのぞく僧によって、立派な男であり、女なんかではないと証明されてからはじめて、即位式にのぞむことができたのであった。」

これらの事実から言えることは、法王における「母性」の強調ということであろう。キリスト教は「天なる父」を上にいただく宗教である。キリスト教の父―息子―聖霊の三位一体が、母性原理をいれこんでいないことを、ユングはしばしば指摘している。それ故に彼はカトリックにおけるマリアの昇天の教義を高く評価している。ところで、女法王の話は、法王も母性性を有するべきである、という考え、あるいは願いをこめた話と見られないだろうか。それを支持する事実として、三重冠をいただく母子像が存在したことをあげることができる。

このことはまた、女法王の話のなかで、彼女が妊娠し、ミサの最中に出産したということがわざわざ語られる意味を知らせてくれる。法王は女性であるというよりも「母」でなくてはならなかったのだ。キリストの「血」が重要視されるように、女法王が祭壇の前で流した「血」も重要視され、尊ばれなければならない、とジョヴァンナの話は強調しているように思われるのである。

次に先に紹介した奇妙な椅子について。はじめに、筆者の友人が女法王のことを紹介してくれたことを述べたが、彼女もこの「奇妙な椅子」のことを話してくれた。彼女の解釈によると、この椅子は母性性の象徴であり、法王は即位式の前にそれに坐ることによって、「すべてのものを受け容れる」母性性を自分の身につけた上で、法王になる、というのである。法王たるものは、父性も母性もそなえた存在でなければならず、そのことの象徴として、このような椅子が用いられていたのだが、後世になるとその意味がわからなくなると共に、既に紹介したような女法王と結びついた奇妙な「解釈」まで出てきたために、ヴァチカンのなかで忘れ去られていった、というのが友人の考えである。

この椅子の解釈の当否については暫くおくとしても、三重冠をいただく母子像が、母性の強調であることには誰も異論はないであろう。法王は両性具有的でなくてはならない。とすると、法王は男性だけである必要はなく、女性がなっても別におかしくはないのではないか、と女法王の話は主張しているように思われる。

注

(1) アルパーズ編、井上英明訳『マオリ神話』サイマル出版会、一九八三年。
(2) 大林太良『神話学入門』中央公論社、一九六六年。
(3) 大林太良、前掲注(2)書。
(4) 富岡多惠子／河合隼雄「往復書簡　文化の現在」、『読売新聞』一九九〇年四月二十六日夕刊。
(5) J. Hillman, Archetypal Psychology, Spring Publications Inc., 1983.
(6) オウィディウス、中村善也訳『変身物語(下)』岩波書店、一九八四年。
(7) 山本周五郎「菊千代抄」、『あんちゃん』新潮社、一九八一年、所収。
(8) 岡本かの子「秋の夜がたり」、『岡本かの子全集 第一巻』冬樹社、一九七四年、所収。
(9) 脇明子「少女の見取図――『秋の夜がたり』と『とりかへばや』」、東大由良ゼミ準備委員会編『文化のモザイック』緑書房、一九八九年、所収。

(10) ラディン／ケレーニィ／ユング、皆河／高橋／河合訳『トリックスター』晶文社、一九七四年。
(11) ウィリアム・ウィルフォード、高山宏訳『道化と笏杖』晶文社、一九八三年。
(12) 吉本隆明／河合隼雄「『とりかへばや物語』の謎」、『吉本隆明「五つの対話」』新潮社、一九九〇年、所収。
(13) 大槻修訳・注『有明けの別れ』創英社、一九七九年。
(14) 南條範夫「有明の別れ」、『小説新潮』一九七一年一月号。この短篇では南條が、活躍する人物にそれぞれ、尚教とか輔家とか名前をつけて語る工夫をしている。
(15) シェイクスピア、小津次郎訳『十二夜』岩波書店、一九六〇年。
(16) ホフマンスタール、高橋英夫他訳「ルツィドール」、『ホフマンスタール選集2』河出書房新社、一九七二年、所収。
(17) 塩野七生「女法王ジョヴァンナ」、『愛の年代記』新潮社、一九七五年、所収。

第四章　内なる異性

人間は男または女として生まれてきて、余程のことがない限り、性が変ることはない。また半陰陽というケースもないことはないが、極めて稀である。このため、男・女という分類が人間にとっては相当に確かな分類規準ということになり、従って、男―女の軸を秩序の維持に用いることになり、男と女という類別が本来的なものをはるかにこえて固定化する傾向があることは、既に前章に指摘したとおりである。

以上のようなわけで、男である、女である、ということが非常に大切になってきて、自分のアイデンティティの核として性アイデンティティ――つまり、男である、女であるという自己認識――が存在するとさえ考えられる。このことは、一歩誤ると、自分のアイデンティティを強化するため、男性の場合は「男らしく」、女であれば「女らしく」しようと無理をし過ぎるようなことさえ生じてくる。

ところが、人間存在というものはそんなに単純なものではなく、男性も彼が女性的と思っているものを多分に持っているし、女性も彼女が男性的と思っているものを多分にそなえている。このような点について、ユングは自分の内界に住む異性のイメージ、という観点から論じたのである。そして、それは単に内的な異性像ということにとどまらず、彼の考えている「たましい」のイメージということにまで発展して、非常に重要な問題となってきた。

本章ではユングの考えた「内なる異性」の問題を追求してゆくが、ここで大切なことは、ユングはそのようなことを思弁的に考え出したのではなく、あくまで彼自身の自己分析や患者の分析、特に夢分析の経験を通じて考えたことである。従って本章においても、まず夢に現われる異性像の現象を取りあげることからはじめてゆきたい。

1 夢のなかの異性像

誰でも夢のなかにはいろいろな人物がでてくるものだが、ユングは夢を見る人と同性の人物がでてくるか異性の人物がでてくるかで問題の次元が異なると主張する。彼の考えをそのまま述べると、同性の人物の夢によって明らかになってくることよりも、異性の人物の夢によって把握するべき心的内容の方が、はるかに深く、仕事は困難となる。

次に、三十歳代の男性の見た夢をあげる。

夢1　私は高校に通学している。今日が始業式で、その後すぐに剣道の授業が始まる。私は模範試合をすることになり、相手はかわいい女性である。

なぜ女性なんかと試合をしなければならないのか、しかも勝つのが当たり前なのにと思う。いざ道場で試合が始まる。私がかなり優勢だが審判は何を思ったのか、その女性が打った小手を当たりもしないのに一本とってしまう。私は審判に抗議するが取り合ってくれない。二本目が始まり、私は猛烈に反撃するがなかなか決まらない。やっと私の打った面が決まる。
いつしか場面は、神社の広い庭にかわり、三本目の勝負が始まる。

この夢において、夢を見た男性は高校生の年齢に戻り「始業式」ということで、何か新しいことが始まる状況にあることがわかる。剣道の相手に女性が登場し、自分が勝つのが当たり前だと不満に思っている。ところがその相手に一本とられてしまう。といってもどうも審判の判断がおかしいのである。というよりは、ここでの「判断」は日常の常識とは異なることになっているのだ。そのためもあってか、案に相違してなかなか勝てない。やっと同点となり、最後の勝負は「神社の庭」で行われることになる。つまり、その次元は宗教的な次元にかかわってくるのである。

この夢では、女性の相手が本人の通常に思っているのとはまったく異なる規準の世界、そして、聖なる世界へと誘ってくれる。といっても、それは単に導くというのではなく、対決を通じて導いてくれるわけである。

自然児としての女性像

次にもうひとつ、四十歳代の男性の見た夢を示す。

夢2　一人の少女が教師に反抗し(高校か?)ガラスを割ったりなどしたとのことである。テニスをしていて、その少女の教師に会う約束があったらしく、待っているが時間が過ぎても来ないので困っている。少女の割ったガラス窓の光景が見える。そこへ突然にその少女がやってくる。いたずらっぽい様子で、茶色と草色のまじったワンピース、それもボロ着ではだしのようだった。そのとき、僕はそうするのがもっともいいことだと決心して彼女と手をつなぎ親しく一緒に歩きまわる。他人が見て何とか言うだろうが、この際、これが一番いいことなのだと感じている。

この夢に出てくる少女は、「自然児」のような感じである。教師のコントロールに服さず、茶色とか草色という着物の色も「自然」を思わせるし、その上はだしである。この少女に対して、夢を見た男性は手をつないで一緒に歩くことを決心する。「他人が見て何とか言うだろう」と思うが、この際、世間的な考えに従うと、そのようなことをすべきではないのだ。夢に出てくる異性は、しばしば世間の常識と異なる世界へ誘いこんだり、常識を破る決意と関係してくることが多い。

われわれがこの世に生きてゆくためには、その社会の一般的規約に従ったり、常識を身につけることが必要だ。しかし、まったくそのとおりになってしまうと、個性が失われてしまって面白くない。さりとて、まったくの常識破りも危険である。夢のなかの少女がガラスを割ったりするのは、その規約破りの側面をよく示している。この夢を見た男性は、このような「自然児」との関係をもつ決意をすることによって、得るところも大きいが、危険性も高い状態になるわけである。

夢のなかの異性との関係をもつことによって、それまでとは異なる次元の世界がひろがるが、危険性もまた高いことを示した。このような危険性があるためか、夢のなかの異性との関係が絶たれている人も多い。あるいは、男性の見る夢で、女性が何らかの意味で瀕死の状態にあるのを必死で救う、という主題がよく出てくる。あるいは、ある謹厳な大学教授が、夢のなかで自分の研究室にグラマーな女性が居るのを見て逃げ出してしまった、などのように、このような女性から逃げ出す夢を見る人もある。

あるいは、夢のなかの女性が魔女や幽霊など、恐ろしい存在として出てくることもある。夢のなかで、ある女性の姿を見ただけで、恐ろしくてたまらずに目が覚める、などということもある。

よく見られる夢としては、女性と親しくしようとした途端に母親が現われて、何らかの意味で関係を妨害される、というのもある。女性といっても、ここでは男性対女性としての女性を取りあげているので、そのような関係は、夢のなかでも母—息子の関係とは競合的になることが多い。

女性の夢のなかの男性

次に、女性の夢のなかの男性像について見てみよう。これも例をあげることからはじめたい。次に示すのは二十歳代の女性で同性愛に悩み、自殺未遂をした人の夢である。

夢3　姉のかつての恋人で、「兄さん」と呼んでいた人に会い、話をしている。「好きな人ができたのよ。しかし、その人は女なの」と言っているうちに涙がでてくる。

短い夢だが、本人にとっては大切な夢であった。ここに出てくる「兄さん」は彼女にとって非常に大切な人で、高校生の彼女に対して、「社会の矛盾やその解決」のことなどを教えてくれ、彼女は彼の影響を受け、向学の精神に燃えて入学してきたものの、大学の実態は彼女の期待に応えるものではなかった。失望を味わっているなかで、彼女は同性愛の世界へとはいりこんでいったのである。

自分の生き方、生きる方向を与えてくれるものとしての「兄」という存在は、女性の精神的発達において重要である。本当の兄がその役割を担うときもあるが、本例のように、姉の恋人、あるいは「近所のお兄さん」、クラブの指導者などがその役割をもつ。その底流において、兄妹の近親相姦の主題が存在しており、一般的な発達のルールによると、この次に同性愛の段階があり、続いて、異性愛に至る(このような発達的観点から考えない方がよい同性愛もあるが、それについては第四節に述べるであろう)。

この夢では、かつて彼女に方向を与えてくれた男性、「兄さん」が出現し、彼に向かって彼女は自分の同性愛の現状を報告している。好きな人ができたけれど、「その人は女なの」と言って泣いているのは、現状を悲しみ、何とかそれを変えようとする意志が感じられる。その相手として出て来た「兄さん」は、かつての兄妹相姦の段階の兄であると共に、あらたに異性愛に向かってゆく際の相手としての男性の存在を予示しているところがある。彼女は、彼女に「方向を与えてくれる」男性を、あらたに見出してゆかねばならない。この夢から見ても、彼女が発達段階的に了解できる同性愛の状態にあり、しかも、それを抜け出す方向にすすみはじめていることが認められるのである。

女性に対して、「方向を与える」あるいは「支えとなる」男性像は、女性の夢に出現してくるが、それは分析家が男性の場合には、分析家の姿を借りて登場することもある。次に四十歳代の女性の夢を示す。

夢4　私はニクソン大統領との和平の交渉のために出発しようとしている。重大責任なのにひとりぼっちで心細いが、だれかが「K先生(分析家)があなたにぴったりくっついて居られるし心配いらないわ」と言う。私は別人みたいにそれを後から見て、「ほんと、あんまりそば過ぎて全然わからなかったのだわ」と思った。

この夢を見た人は、ニクソン大統領を相手に和平の交渉をしようと、大きいことを思いつくが不安である。そのとき、自分にぴったりと分析家がついていてくれるので心配ないということを知る。しかし、ここで非常に興味深いことに、自分が二つに分かれ、その状況を見て、「あんまりそば過ぎて全然わからなかったのだわ」と反省する、もう一人の自分が現われる。つまり、分析家の姿をした男性が自分の支えとなってくれていることを知りつつ、他方では、あまりにも同一化することは問題であることを意識しているのである。

このような後者に示された自覚を伴わないときは、女性が自分の尊敬する男性と、まったく同じ意見を強く主張したりするような現象としてあらわれる。そのとき、その女性はその男性との間に適切な距離をとって眺めることができないのである。

侵入者

女性にとって、夢のなかの「男性」は、はっきりとした人間の姿をとらず、圧倒的な「力」として（といっても、男性の力であることは感じているのだが）体験されることがある。それは思春期に体験することが多く、その様相は、前章に紹介した、「菊千代抄」のなかに述べられている。菊千代は女になることに精一杯抵抗して生きる。しかし、二十三歳のときに悪夢に襲われる（七六頁）。彼女は夢の中で関節や筋がばらばらにほぐれたのかと思うほどの「無法な暴力」に襲われるのである。この際、侵入してくる相手は男性の姿をとっていない。しかし、その「力」の主体が男性であることは容易に推察されるのである。菊千代の場合は、女になることの抵抗が強かったので、夢を見る年齢が遅く、それだけに侵入する力の性的な感じが強くなっている。思春期に見る夢のときは、単なる恐ろしい力の侵入、あるいは圧迫として体験され、性的な感覚は背後に押しやられていることが多い。

このような侵入は、肯定的、否定的の両面がある。時には極めて破壊的で不幸をもたらすときもあるし、時にはそれが肯定的な関係へと変容するときがある。

男性の侵入という主題について言えば、『とりかへばや』における、四の君の部屋に侵入してきた宰相中将など、その典型で、四の君にすればこれは現実の体験だが、それこそ「悪夢」の体験だったと言えるのではなかろうか。そして、この物語全体を通じて眺めると、この中将の侵入も四の君にとって、必ずしも不幸な出来事とは言えないのである。四の君の成長のために必要だったこととも言えるのである。

夢の中で「侵入者」が否定的な像から肯定的な像に変るときもある。泥棒が侵入してきて、仕方がないと観念し、何が欲しいのかと問いかけると、泥棒が好青年であり、別に盗みに侵入してきたのではないことがわかり、喜んで話し合う、という類の夢もある。この侵入者に対して、夢の中でどのように対応するかが、その後の発展の決め手になるようなときもある。グリムの昔話の、「蛙の王子様」などは、そのようなテーマの典型的なものである。

以上、夢の中の異性像について例をあげて示してきた。紙数のことも考えて、なるべく短い例をあげたが、重要な異性像の生じる夢は、時に相当に長くなり物語のようなものになるときもある。ユングはそれらの夢をよく観察し、その夢によって伝えられることが、夢を見た人の日常の意識とは次元の異なる深さをもっていることに注目し、特に夢のなかの異性像の問題を取りあげ、次節に示すようなアニマ・アニムスの考えを発展させていったのである。

2　アニマ・アニムス

ユングは夢のなかの異性像に注目し、男性の内界には女性が存在し、女性の内界には男性が存在すると考えた。そして、男性の場合は、そのような内的な女性像の元型をアニマ、女性の場合は、そのような男性の元型をアニムス(アニマの男性形)と呼んだ。ユングのアニマ・アニムスの考えは興味深く、また納得のいくところもあって、ひろく知られるようになった。しかし、理論的につきつめて考えはじめると不明な点や疑問点が生じてくるし、ユング自身の考えもそれほど明確ではない、と感じられる。筆者もつっこんで考えはじめるとわからなくなるのだが、現在において一応考えていることを、次に述べてみたい。

アニマ元型とアニマイメージ

ユングは元型という考えを提唱した。しかし、特に初期の頃は元型と元型的イメージを混同して語っている部分があり、そのためにますます彼の考えを解りにくいものとしている。彼はアニマという考えが経験的に生じてきたことを強調するが、それは彼自身の内的体験、患者の夢分析などを通じて、男性にとってその夢に生じてくる女性像が大きい意味をもち、そのイメージを古来からの神話や伝説などと比較すると著しい類似性を示すことがわかってきた。そこで、彼はこのようなイメージの「元型」が無意識に存在するものと考えたのである。彼は元型について説明するとき「表象可能性」という表現を用いるが、それは「可能性」であって、元型そのものについては、人間は知ることができない。ただ、それが意識にあらわれたときの、元型的イメージを通じて類推できるのみなのである。

アニマ元型についても同様のことが言える。夢やファンタジーに出て来る女性はあくまでアニマイメージであって、アニマではない。アニマはしばしば現実の女性に投影され、そのときには烈しい恋愛感情がはたらくことをユングは指摘しているが、その際は、その女性はアニマイメージのキャリアーなのである。しかし、そのようにいちいち断ることなく、ユング派の人々は——ユングも含めて——夢に「アニマが出て来た」とか、「彼女こそ彼のアニマである」などという表現をする。これは、いちいちイメージであると断るのも面倒であるだけではなく、「君こそわがいのち」という表現と同様に、主観的体験を表現するのにぴったりだということもある。

恋人に対して、「あなたは私のアニマ元型の投影のキャリアーであります」というよりは「あなたこそわたしのアニマ(たましい)です」という方がぴったりではなかろうか。しかし、理論的に考えるときは、元型そのものと元型的イメージの区別は明確にしておかねばならない。このことは後に述べるようにアニマの元型について考えるときに非常に大切なこととなってくる。

ユングはアニマを説明する上で、ペルソナとの対比を行なっている。ペルソナはギリシャ劇に用いられる仮面のことであるが、それを借りて、ユングの主張する点は、人間が社会に適応してゆくためには、それに適合するペルソナを身につける必要がある、ということである。個人の属する社会や文化、その集団内での役割などを考えて、それぞれの個人はペルソナを身につける。といっても、「仮面」という語より連想して、日本人が考えるような「自由に取りはずせる」ことを強調しているのではなく、一般的な意味での「人格」と呼んでいるものに近い感じで、ユングはペルソナという語を用いている。従って、一般的に考えると、ペルソナの完成ということで、その人の人生の仕事は終っていると考える人があっても不思議ではない。つまり、立身出世をしたり、生き甲斐のある仕事をやり抜いたり、ということである。

ユングはペルソナの形成だけでは十分ではなく、そのような人格が自分の内的な無意識の世界とどう関係をもつかが、人生の後半の課題であるという。内的世界というと誤解が生じて、反省したり感じたりするような世界と思われるが、それを突き抜けてしまった、次元の異なる深さであり、そこに生じてくるファンタジーは自我が生み出したり、簡単に取り扱えたりできるものではない。夢やファンタジーによって、このことを解明していくのは非常に困難であるが、一般に人々が体験するのは、中年期を過ぎてからの恋愛であろう。アニマが外界の人物に投影されると、自我の力ではコントロールできない力がそこにはたらく。それに簡単に動かされて「転落」する人もある。

人はしばしばペルソナかアニマか、という二者択一の状況に追いこまれるのを感じるときがある。片方は生命力を感じさせる道かも知れぬが、社会的地位を喪失することになる。他方は、社会的地位は守られ、あるいは上昇するかも知れぬが、極端に言えば、たましいは死んでしまう。そのようななかで、真に自分の進むべき道を見出してゆくところに、個性化の過程がある、とユングは主張するのである。

ペルソナとアニマとの対比を考えるとき、ユングの生きている時代と現代の差、ヨーロッパ文化圏と日本との差などを考慮しなくてはならない。ここに難しい課題が生じてくる。このことは後にもう一度詳しく論じるが、ユングの時代においては、男の役割、女の役割が現代よりも相当に明確に分類されており、その上、西洋においては、男性原理優位の傾向が強かったことを忘れてはならない。ユングは経験的にアニマの重要性に気づいたのであるが、彼の経験のほとんどは、当時の欧米の人たち、つまり、先に述べたような特徴をもっていたわけである。そこで、アニマ元型そのものは人類に普遍であるにしろ、彼らの見たアニマイメージは当時の社会・文化の影響を受けているのである。従って、このようなことを考慮しつつ、アニマについて考えることが——特にわが国においては——必要である。一応このような疑問をそのままにしておいて、アニムスについて述べるが、ここでも同様の疑問が存在するわけである。

アニムス

ユングはアニマについて論じるとき、アニマイメージが、男性にとっての「たましいのイメージ」であると言う。この際の「たましい」(Seele, soul)とは何かについては後で考えるとして、ユングによると、女性にとっては、そのたましいのイメージが男性像で現われるとし、それをアニムスと名づけた。つまり、女性が女らしいペルソナを身につけるとき、そのたましいは男性像をとって現われる、というのである。

確かに女性の夢分析をすると、夢に男性が登場し、それらは意味深いものである。それらの一部は既に紹介した(一〇九・一一〇頁)。このようなアニムス像が実在の男性に投影されることは、しばしば生じることである。ユング夫人のエンマ・ユングはアニムスを四段階に分けて、(1)力、(2)行為、(3)言葉、(4)意味、としている。[1]確かに女性が男性に魅力を感じるとき、その力強さ、アクション、あるいは、その素晴らしい意見などが魅力の源泉となる。また、ある男性の存在が自分の生きてゆくための「意味」を与えてくれる、と感じるときもある。

ユングは「アニムスに取りつかれた女性」について語っている。そうなると女性は「意見」を述べるのが好きになり、あちこちの名言を引用したりして、一般的にいえば正しいのだが、その場合にはどうもぴったりこないような意見を開陳する。ユングは、女性がアニムスに取りつかれると、その相手の男性はアニマに取りつかれやすいことを、しばしば語っているが、確かに、このようなときには、男性は妙に感情的になって、「そんなことを言うと可哀そうだ」と誰かにやたらに同情的になってみたり、怒り出したりする。ユングは「アニムスは意見を、アニマはムードをもたらす」と言っているが、こんなときの男女の対話はアニマとアニムスの対話となり、極めて非生産的なものになる。

男性と女性について考えるとき、それぞれが内なる異性をもっており、男女の関係が、内なる異性もいれて男女四人の関係になる、という考えは非常に示唆的である。図3に示したように、普通は、男―女の会話では1の関係が意識されているのだが、実は2の関係になっていることが多い、というのがユングの指摘である。しかし、考えてみると、3、4、などの同性関係もあるし、二人で会話しているようでありながら、内的な会話、5、6、が起こっていることもあろう。

このあたりのことが意識されてくると、男女の会話は豊かになってくるし面白くもなってくる。そして、非生産的な袋小路にはいりこんでゆくのを避けることができる。先にあげた『ルツィドール』の例でいえば、女性のルツィーレは、内なる男性を前面に出して、ルツィドールとして、会話3を楽しみつつ、実は1の関係も強く意識しているのだから、彼女と男性との関係は深くなってくるのも当然である。『とりかへばや』の場合は、何しろ性を逆転させて生きているので、ここに示したような潜在的関係が顕在化されることが多く、そこに男女関係について考えるためのヒントを与えてくれるのである。

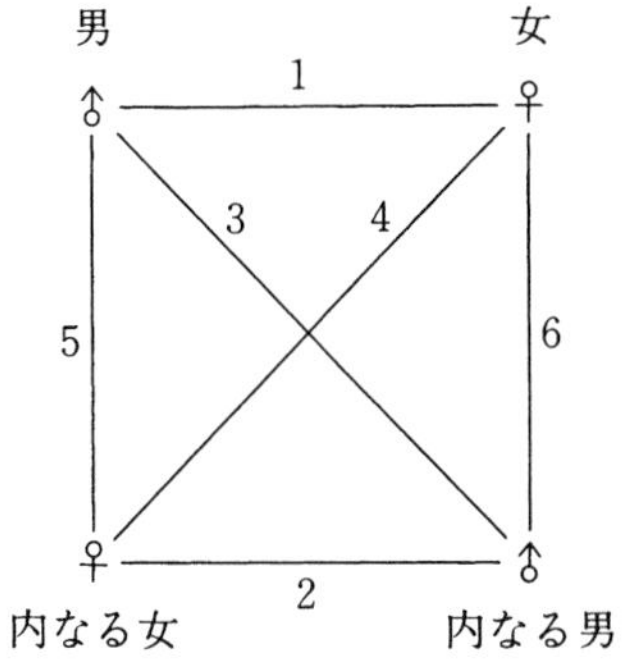

図3　男・女の関係

ユングの書いたものを見ると、「アニムスに取りつかれた女性」を攻撃し、男性に対しては「アニマとの関係」の回復を強調するようなところが見られ、何となくアニマ重視の感じがする。それに、女性はアニムスの像を男性がアニマを「永遠の女性像」としてとらえるようにはとらえられ難いという事実を指摘し、「私は、女性がアニムスの人格について、はっきりした報告ができるような例は見たことがない(2)」とさえ言っている。

男性・女性、アニマ・アニムスを対称的に語ってきながら、既に示したように、ユングの言葉にはどこか男性優位の感じがする。このためにフェミニストの攻撃を受けたりもしたようだが、これはやはり、ユングの生きた時代の影響を無視できないと思うのである。彼が「経験的」にアニマ・アニムスの考えを見出したということは、当時の主としてキリスト教圏の人たちの夢を通じて見出していったということであり、その当時のキリスト教圏の人々の自我＝意識の在り方と関連して、それが生じてきたことを意味している。もちろん、ユングはそれらを通して、より普遍的なものを見出そうと努めたのであり、それ故にこそ彼の考えに対しては、現代の日本においても通用するところが多々あるのだが、やはり、それだけに満足せずに、もう少し細部にわたって検討する必要があると思われる。

たましいの元型

ユングが経験に基づいて、その心理学を築いていったことは大きい強味であり、それ故にこそ彼の提出した概念——厳密に概念と言えるかどうか問題だが——が心理療法の際に有効に使えるのであるが、つっこんで考えはじめるとわからなくなってくることがある。アニマ・アニムスがそのなかでも、特にわかりにくいものである。この点について、筆者は次のように考えてみた。

いかなる元型もそれ自身はわかるはずはなく、元型的イメージを通して類推されるだけである。今、元型Xがあるとしても、元型的イメージというのは自我によって把握されるものであるから、イメージの方に相当の自律性があるにしろ、自我の在り様によって、そのイメージは変ってくるはずである。そこでたましいの元型というものの存在を仮定すると、それを把握する自我が男性的である場合は、女性のイメージとしてその元型的イメージが生じ、自我が女性的である場合は、男性のイメージとして生じると考えればどうであろう。つまり、アニマの元型、アニムスの元型が存在するのではなく、あるのはたましいの元型というひとつの元型で、それがイメージとして顕現してくるときに姿を変えると考えてみるのである。しかし、それらは、もっと深いところにおいては、両性具有的なイメージとなり、その中間に男女の対のイメージがあるのではなかろうか。

ここで、たましいとは何かということになるが、まず具体的な表現で言えば、人間存在を心と体に二分してそれですべてとは言い切れず、人間存在を全体として捉えるために導入せざるを得ないもの、ということになる。これを得て、はじめて人間が人間存在たり得るのである。もちろん、たましいは実体的ではないので、これは一応の説明で、ヒルマンの言うように、「たましいという言葉によって、私はまずひとつの実体ではなく、ある展望、つまり、ものごと自身ではなくものごとに対する見方、を意味している(3)」という方が妥当であろう。つまり、それはデカルト的切断に反対の態度をとるのであり、物と心、自と他などの明確な分割によって見失われたものを尊重しようとする

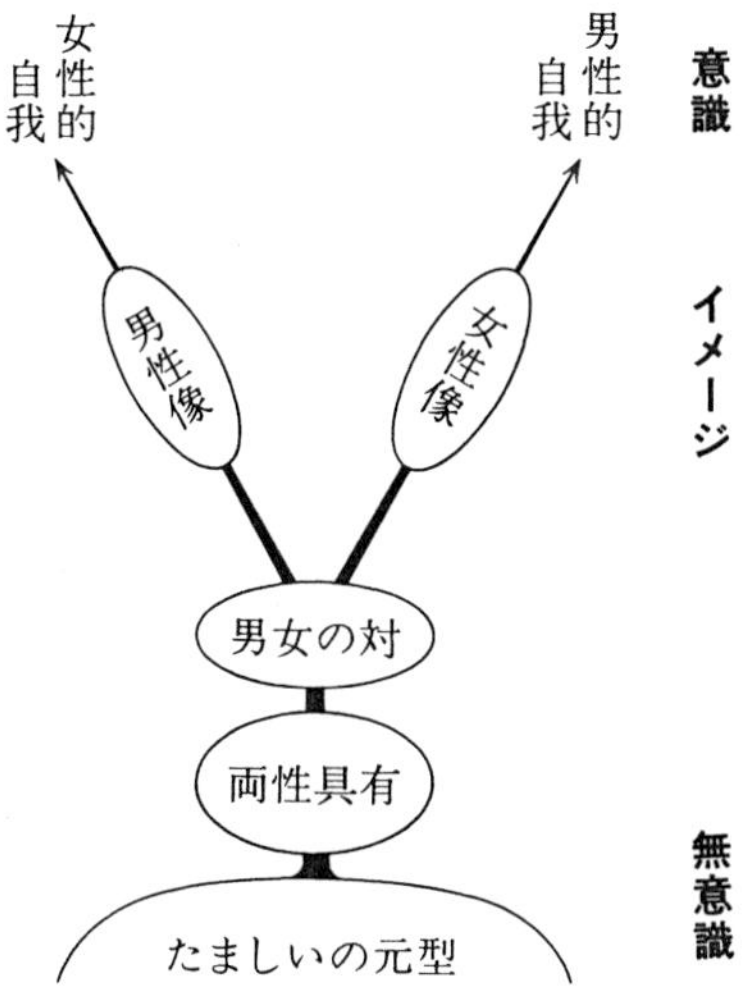

図4　たましいの元型とイメージ

のである。そのような態度の主観的体験は、たましい元型が存在するという表現によって示される。

すべての分割に反対するたましいのイメージとしては、男女の結合、両性具有などが極めて適切なものとなる。既に述べたように、男と女という分割は自然に存在しており、その上、両者の結合が新しいものを生み出してくるからである。しかし、これも既に述べたように、男と女という明確な差につけ加えて、社会的、文化的な分類体系がそれに押しつけられ、いわゆるジェンダーとしての男・女イメージがそれに加わってくる。このため、人間が自我をつくりあげるときに、その社会・文化内でつくられているジェンダーに従って、「男らしい」自我や「女らしい」自我をつくりあげると、それはどうしても一面的にならざるを得ない。その一面化された自我に対してはたらきかけるイメージをたましいが送りこんでくるとき、それは自我とは異なる性の像となるのである。

ところが、ここでの大きい問題は、原理としての男性・女性ということと、人間としての男性・女性ということの関係である。ある男性なり、女性なりが原理としては男性原理、女性原理、あるいはその双方を選ぶことができるわけである。従って、ある女性が「男性的自我」をもつことはもちろん可能であり、そのときは、たましいのイメージとしては女性イメージがでてくるのだろうか、という問題が生じてくる。

実のところ、先に示した図4は男性が男性的自我をもち、女性が女性的自我をもったと仮定すると説明しやすいのであるが、女性が男性的自我をもつと、それほど簡単には言い難くなる。ユングがアニマ元型という考え方で夢のなかの女性像を重視したことは、ユングが男性的自我をもった男性について、もっとも説明しやすい場合を述べ、アニマすなわちたましいと考えたことがよくわかるのである。そして、女性の場合は特にヨーロッパにおいて、既に多くの女性が男性的自我をもちはじめていたので、「アニムス像」がユングの言うとおり「はっきりした」ものにならなかったのではないかと思われる。そのような女性にとっては、たましい(アニマ)は、男性であらわされたり、女性であらわされたりしたのではなかろうか。

対イメージの夢

以上述べてきたことを裏づけるように感じられた夢を次に示す。四十歳代の女性の見た夢である。

夢5　男の人と女の人がいる。女の人が踊りのしなを作っていて扇子を開く。その扇子は私のものだが開いたら骨がなく、折目がついただけで、手のひらに紙がのっているようだ。それには金粉を散りばめた赤い四角い紙が張ってあり、横に墨絵で何か曲線のようなものが書いてあった。端に名がはいっているのを見て女の人は「芝鶴と書いてある」という。横に坐っていた男の人は「芝鶴さんか、芝鶴さんが後ろについているなら、ふたりで心配しなくても、もうあの人は大丈夫だ」と話していた。

この夢には夢を見た人が登場しない。最後のところで、男女のペアが会話している、「もうあの人は大丈夫」というところの「あの人」が、夢の見手である。一般的に言って、夢を見た本人が登場しない夢は、その人の自我から遠い夢である。ここで注目すべきことは、自我から遠い層に一対の男女が存在し、その二人が夢の見手について語っており、「芝鶴」という後だてを得て、彼女も大丈夫であろうと言っているのである。ここに「芝鶴」という人物がどのような人なのか、連想が湧いて来なかったが、ともかくしっかりとした芸をもっていて、後だてになってくれる男性であることは確かである。

この夢は分析も終り近くになったときの夢であるが、このように本人を支えてくれるイメージが出現してくると、治療者から離れてゆくことが可能となる。つまり、その人は自分の心の深い層からの支えを獲得している。あるいは、たましいとの接触を回復したとも言える。もっとも、扇子の「骨がない」という点で、何かの謎をしかけている気もするが、今回はここではその点には触れない。ここで強調したいのは、先の図4に示したように、深い層に男女の対イメージがあり、そこから生じたイメージとしての男性像が、自我(女性)の支え、あるいは仲介として機能している、ということである。

アニマに関するユングの論を調べてみると、後になるほど、アニマとして語るよりは、対元型(syzygy)として提示し、それによってアニマを語っていることが多いのに気づく。一九五四年の論文においては、対(syzygy)のモチーフの意義がわからないと、アニマの概念はわからないとさえ言っている。つまり、たましいについてのイメージは、対イメージこそふさわしいのである。ところが、ヒルマンが指摘しているように、西洋の近代自我があまりにも男性原理を強調したものになったので、たましいのイメージとしては女性像が強調されることになり、それがたましいのイメージであると考えるようになったのではなかろうか。

何だかややこしいことにこだわってゆくようだが、このようなことに深くこだわることの一因として、筆者の夢分析の体験が存在している。日本人の夢分析を行なってみると、ユングが主張しているような、アニマの発展段階がなかなか生じないのである。人によっては、女性イメージ(男性の被分析者の場合)が大きい意味をもって現われることが、ほとんどないこともある。かといって、その分析が深まってゆかないと言うのではない。

このことは、日本の昔話において、結婚によるハッピー・エンドがグリムなどと比較して極端に少ないことにも通じるものがある。このような日本の昔話の特徴について、どうしてなのかと疑問を持ち続けていたが、その回答としては、既に他に論じたように、日本人の自我は女性像で示す方が適切ではないか、ということであった。(4)

このような点から考えても、たましいのイメージを女性像によって示すことが、日本では生じ難いことが了解されるであろう。

ところで、このような考えで『とりかへばや』を見るとどうであろうか。姉・弟の対が重要な人物として登場し、しかも彼らの間で「とりかへ」が行われるというところは、たましいの元型についての図に照らして言えば、「両性具有」と「男女の対」のイメージの中間点くらいに存在していると言えるイメージであろうか。彼らの結合力は非常に強いが、恋人や夫婦の結合とは異なる。男女の対というときに、西洋ではどうしても後者の方が強調されるのだが、『とりかへばや』では、姉弟の対として現われている。この、たましいの顕現としての一対が、この世にいろいろな事件を巻き起こしている物語として、『とりかへばや』を見ることも一興ではなかろうか。

3　夢のなかの性変換

夢の中の異性像が大きい意味をもち、そこからユングがアニマ・アニムスの概念をもつようになったことを既に述べた。日本人の場合はこの点が微妙であり、日本人も相当に西洋化されているので、彼の言うアニマ・アニムスの考えがそのまま日本人の夢分析に通用する面と、そのままでは通用し難く、たましいのイメージとしては慎重に考えねばならない点とがあることも、先に述べたとおりである。

ただ、日本人としても性《セックス》としての男女は画然と分れているのだから、男、女としてのセックス・アイデンティティは明確に持っている。このことが崩れると、なかなか社会生活を普通にすることが難しい。しかし、夢の中では男性が女性になったり、女性が男性になったりすることが、通常の人にとっても起こり得るのである。これは、例としては極めて稀であるが、筆者の印象としては、男性が女性になった夢を見るよりも、女性が男性になった夢を見る方が多いように思われる。既に述べたように、西洋近代の自我が男性原理によって成り立っているので、女性が男性に変化することを夢見ることが多いのかも知れない。

性変換の夢

次に示すのは三十歳代のある女性の夢である。

夢6　女性には二種類あるということがわかった。ひとつはペニスのある女性で、他はペニスのない女性である。ペニスのある女性の場合も性交のときは、普通の女性と同じようなのか、と誰かに訊こうとしている。人類には三種類あり、男と二種類の女性とがあると私は思っている。

これは自分の性が変換した夢ではないが、ペニスのある女性というイメージがでてくるのが興味深いので示した。このような考え方だと、ペニスの無い男性もいれて四種類とすべきように思われるが、この夢を見た人にとっては、ペニスのある女性、つまり相当に男性化された女性の存在を認めることに意味があったので、こんな夢を見たのであろう。

次に示すのは二十歳前半の女性の夢である。少し要約して示す。

夢7　洋画を見ているうちに、私がその映画の中に入っている。外人の悪い仲間の一人になっていて、ダイナマイトを運ぶ。古い工場の地下室のようなところへ行き、みんなでダイナマイトの投げ合いをして遊ぶ。私は恐いのでやめようとする。私の恋人の男が、あと二分だけやれと命令する。恋人はその間に他の二人の男女と一緒にエレベーターに乗って、私をおいて逃げようとする。私はそれに気づいて驚き、エレベーターのドアが閉まったとき、ボタンを押してドアを開けて乗る。そして、恋人に「お願いだから私をおいていかないで、これからはあなたを追いかけるようなことをしないから」と懇願する。するともう一人の女の人が「彼女はあなたを愛してるのよ、連れてってあげなさいよ」と私の恋人に言う。私は「いいえ、もう愛することもやめる。愛することはできない」と言うと、恋人は「やっぱり愛して欲しい」と言う。その時、恋人はとても美しい女の人に変っている。

これは夢を見た本人の性変換ではなく、男性の恋人が「とても美しい女の人に変っている」夢である。そして、夢が覚めるときに、そうすると自分は男性なのか、という感じをもち、自分の性変換の夢の一歩手前の感じだったのである。この夢では自分が映画の中に入った感じ、というので自我からは遠いものになっている。外国のことのようであるし、ますますその感が強い。ダイナマイトの投げ合いをして遊んだりしているので、相当に危険な「遊び」をしていると推察される。さすがに怖くなってやめようとするが、恋人はやめさせてくれず、しかも彼は彼女を置いて逃げてゆこうとする。

ここでも、夢の見手とその恋人以外に、もう一組のカップルが登場しているところが興味深い（一二一頁の夢5参照）。彼女は恋人に対して「愛することはできない」と言うが、恋人は「やっぱり愛して欲しい」と言い、そのときは女性に変っている。危険で冷たいアニムスに取りすがろうとし、やっぱり彼を愛することはやめようと決意した途端に、関係は回復するが男女関係は逆転する。この際の「美しい女の人」は、既に一一八―一一九頁に論じた線で言えば、彼女のたましいの像と考えた方がよいように思われる。彼女の自我はこの際、以前よりは男性的な強さをそなえたものとなっていると考えられる。

夢ではないが類似の現象として、多重人格の例で、女性のなかから男性人格が出現したものがあることにも触れておきたい。十九世紀の終りから今世紀のはじめにかけて、多くの二重人格の例が発表されたが、第二人格として顕われるのはすべて第一人格と同性であった。しかし一九七三年に発表された「シビル」の例は十六重人格という女性の多重人格であって、そのなかに二人の男性人格が含まれているのである。

詳細は『シビル』(5)を読んでいただくとして、簡単に紹介すると次のようなことである。シビルは二十二歳のときに精神科医を訪れ、以後十年をこえる長期の治療期間中に、つぎつぎと異なる人格を出現させ、全部で十六重人格に及んだが、そのなかの二人が、マイクとシドと名づけられる男の子なのである。シビルの父と祖父が大工だったこともあってか、彼らも自分は大工であると主張する。治療者が彼らに向かって、いくら男だと言っても、その体は女ではないかと言うのだが、そのうちに男の子のような体になるとか、自分は女性と結婚して子どもを生ませたい、などと言う。治療者は非常に興味深く感じるが、このような男性を、シビルの新しい女性としての人格のなかに統合されてゆくように努力する。

『シビル』によれば、「すでに知られている男の多重人格のどれも女性の自我を発生させたことはなかった。シビル・ドーセットは、代りの自我のなかに男性がふくまれている唯一の女の多重人格だった」とのことである。その後、アメリカでは多重人格の例が増えてきたと聞いているので、あるいは、その後には同様の報告が出されているかも知れないが、今のところ、筆者は知らない。ともかく、このシビルの例は貴重な例である。

性変換の次元

女性が夢のなかで男性となる例はあるが、筆者の記録にあるのは、現在継続中のものであったりなどして、公表し得るものが見つからないので、今回は割愛する。

次に男性が夢の中で女性となった例を示す。既に他に発表した例であるが、重要な夢であるので再録する。三十歳代の男性の夢である。

夢8　一人の女性がいた。彼女の二人の姉は、ある強い男に強奪されたか、殺されたかということである。そして、その男が彼女をも犯そうとやってきた(何か昔話のようで、人身御供のようであった)。わたしと誰か(兄らしい)は二人で彼女を守ろうとしていた。しかし、男が来たとき、われわれはそいつが強すぎて戦っても無駄だと知った。そこでわたしは(男性だが)、彼女の身代りになろうと思った。わたしは身体を横たえながら、女であることのかなしさを感じた。

この夢も男性が完全に女性になったというのではない。しかし、夢の中で最初から異性になって登場するのに比べると、この夢によってもたらされる感情は、より深いものがある。先に示した夢7において、自我から遠い、という表現をしたが、それも言ってみれば「深い」と言えるのだが、その夢によって深い感情体験がもたらされたとは言い難いところがある。

これは、夢の最初から異性となって登場するときは、シビルの例によって示したように、覚醒時の自我が内なる異性によって乗取られているようなもので、その体験を自我が統合してゆくのが難しいのである。

ここで夢について少し考えてみると、三人姉妹の上二人が怪物にやられ、今度は三人目の妹であるというのは、昔話によく出て来る設定である。ここで西洋の典型的な昔話なら、「英雄」がでてきて怪物を退治することになるのだが、この夢の場合は、主人公(夢の見手)は、戦うのではなく屈服することによって、女性を守ろうとしている。しかも、その際に男性でありながら女性の役割をとろうとし、その「かなしみ」を共感しているところが印象的である。

この夢は、有名な親鸞の夢を想起させる。親鸞の夢については他に論じた(6)ので、ここでは簡単に述べる。親鸞は性欲にいかに対処すべきかに悩み、六角堂に百日間の参籠をする。もちろん、戒は女性との接触を厳しく禁じているが、親鸞は女性への愛欲を断ち切ることが出来ないのである。当時の僧が平気で戒を破り女犯《にょぼん》していたとき、親鸞はそのことに正面から取り組んだのである。参籠して九十五日目の夢に救世大菩薩が顕われ、

行者宿報にて設《たと》ひ女犯すとも
我れ玉女の身と成りて犯せられむ
一生の間、能《よ》く荘厳して
臨終に引導して極楽に生ぜしめむ

と親鸞に告げたのである。

たとい親鸞が女犯することがあっても、救世観音自身が女性となって犯され、しかも、臨終の際には極楽に導いてやろう、というのである。ここにおいて極めて母性原理を強調する仏教の解釈が日本に生まれてくるのであるが、先にあげた男性の夢は、この親鸞の夢と呼応するところがあるのに気づかれることであろう。

仏教においては、もともと男性は成仏し得ても、女性は五障のため成仏し得ないという考えがあった。そこで変成男子《へんじょうなんし》という考えが出てきて、女性も男子に変ずることによって成仏できると『法華経』に説かれたりするようになった。つまり、女性の男性への性変換ということが宗教的次元で問題とされたわけであるが、親鸞の夢に出てきた、救世観音が男性像であることを考えると、ここでは男性から女性への変換が、深い宗教的意味をもつことになるので、その対照が興味深いのである。

ここに示したように、性変換ということは宗教的な次元とも大きくかかわってくるのである。

4　両性具有

これまで述べてきたことから類推されるように、両性具有ということが大きい意味をもってくる。ただこの言葉は意味するところが広く、誤解も招きやすい。ユング派の分析家で、両性具有についての書物を書いたジューン・シンガーは、両性具有《アンドロジニー》は半陰陽《ハーマフロディズム》とも両性愛《バイセクシャル》とも異なると明言している[7]。半陰陽は一個人が男女両性の性特徴を具有する生理学上の状態であるし、両性愛は成人してからもなお、男女両性に性的魅力を感じる人である。これに対して、両性具有はむしろ個人の心の内部の在り方についてのことである、としている。あるいは、古代において雌雄同体などの彫刻があるにしろ、それはあくまでシンボルとしての意味であることを、エリアーデも強調している。両性具有のシンボルについて深い研究を行なったエリアーデは、「古代において雌雄同体は儀礼に代って精神的に実現しようとした理想的状況を表現したもの」であることを強調している。(8) このようなことを考慮にいれながら、両性具有について考えてみたい。

両性具有の神話

両性具有に関する世界中の神話については、既に述べたエリアーデやシンガーの著書に詳細が語られている。それらすべてを紹介することは到底できないので、ここでは両性具有神話のもつ意味について、ある程度の例を取りあげながら論じてみたい。

エリアーデが両性具有について論じる際に、悪魔のことを共に取りあげ、「悪魔と両性具有」として論じていることは意義深いことである。そして、その論文の冒頭において、バルザックの『セラフィタ』とゲーテの『ファウスト』の間にある「一種の相称性」について語っているのは、実に本質をついた発言であると思う。つまり、それらに共通に存在するテーマは、「反対の一致と全体性の神秘」なのである。

両性具有の神話というと誰しも想起するのは、プラトンの『饗宴』に語られる話ではなかろうか。その中でアリストファネスは愛について語り、それがいかに人間の根源的性質とかかわるかを示して次のような話をする。人間の性には昔は三種あって、男、女だけではなく、両者の結合した第三種があった。当時の人間は球状で四本の手、四本の脚、顔を二つ持っていて、前後いずれの方向に向かっても歩くことができるだけではなく、急ぎのときは回転して移動することさえ出来た。かくて、あまりにも恐ろしい強さを持つことになり、神々に挑戦するほどになった。そこで、神々は会議を召集し、人間の高慢さをたしなめ、態度を改めさせるために、彼らを二つに切断してしまった。

人間はそこで切断された相手の半身にあこがれて再び合体しようとして、腕をからみ合って相抱いたが、彼らはついに飢えと活動不能のために死に絶える。そこで、ゼウスは別の手段を考え、男、女の性器をお互いが抱擁し合ったときに結合できるようにして、お互いが他を求めて抱き合ったときに生産し得るように改めた。こんなわけであるから、人間の相互の愛は昔から人間に植えつけられているのである。

『饗宴』に語られるこの話は、両性具有ということが、かつて存在していた「全一」を表わすものであることを示している。

エリアーデは、グノーシス派やキリスト教の外典などに語られる両性具有の神話を多く紹介している。「アダムとイヴは背中合せで肩はひっついていた。そこで神は斧の一撃のもとに彼らを切断した」とか、「最初の人間(アダム)は右側に男、左側に女であったが、神はアダムを半分に裂いた」とかの話が語られている。あるいは外典のひとつ『トマス福音書』には、イエスが弟子に向かって、「もし汝らが二《存在》を一にするなら、汝らが内を外とし、外を内とし、上を下とするなら、そしてもし男がもはや男でなく、女がもはや女でなくなるように、汝らが男と女を一つの性にするならば、その時汝らは〈王国〉に入るであろう」と語ったという。

このような考えは、神自身が両性具有であるという考えにつながってゆく。エリアーデは次のように述べている。

「あらゆる存在の規範と原理としての神の両性という観念の必然的帰結である万物の両性という観念がわれわれの研究に光を投げかけてくれる。なぜなら基本的にはこのような概念が示唆しているのは、完全、それゆえ「存在」は結局のところ「全・一」のなかに存するという観念なのである。……(中略)このことは、両性具有の神々や象徴的両性具有化儀礼においてのみならず、「世界」は宇宙開闢の「卵」、あるいは球形をした原初の全体性《トタリテ》から発すると説明する宇宙開闢説においても等しく確かめられる。」

ギリシャ神話の「渾沌《カオス》」のように中性的ではあるが、そこからつぎつぎと子どもが生まれるのは、その存在が両性具有的であることを示唆している。わが国の神話でも、イザナギ・イザナミの対が生まれるまでは、すべて「ひとり神」である。エリアーデは世界の国々における例を多くあげているが、それらについては省略しておこう。

エリアーデは多くの神々が「父と母」と呼ばれたことを指摘し、「いくつかの《対となった神》は原初の両性具有の神の後になってからの苦心作であるか、あるいはその属性の人格化である」と述べ、原初の人間、人類の神話的祖先は両性具有と考えられていることが多いが、「ある伝承においては両性具有の神話的祖先は、一対の双生児——例えばインドにおいてはヤマとその妹ヤミーに、イランにおいてはイマとイメーのように——におきかわってしまった」と指摘している。この最後の部分は、われわれが『とりかへばや』の二人の姉弟のイメージを考えるときに、参考となりそうな事実である。実際、この二人は双生児として考えた方がぴったりのところがある。

セラフィタ

エリアーデがバルザックの『セラフィタ』(9)を高く評価し、ゲーテの『ファウスト』との間に「一種の相称性」があると述べていることは既に紹介したとおりである。エリアーデはまた次のように述べている。

「『セラフィタ』は疑いもなくバルザックの空想的な小説の中で最も魅力的なものである。それは、スウェーデンボリの理論が染み亙っているためではなく、バルザックがアルカイックな人間学の基本的テーマ、すなわち完全なる人間という範例的イメージとしての両性具有に類いなき光を与えることができたからに他ならない。」

舞台はノルウェーの海岸沿いのストロムフィヨルドという架空の湾沿いの村である。フィヨルドのいっぱいある何か神秘的な感じのするこのノルウェーの湾の風景をバルザックの筆は巧みに記述する。ストロムフィヨルドの湾の背後のファルベルク山の頂上に向かって、「二本の矢」のように速く登って行く一組の男女が登場するところから話が展開する。女性の方は牧師ベッケルの娘ミンナである。男の方はセラフィトゥスと呼ばれ、「ミンナにとっては堂々として男性的なこの人物、しかし、男が見れば、女性的なやさしさによって、ラファエロの描いた最も美しい肖像も影が薄くなるようなこの人物は、今まで知られたタイプのどれにも当てはまらないであろう」。種を明かすと、この人物はスウェーデンボリの弟子だった両親から生まれ、ミンナの前では今、セラフィトゥスという男性として現われているが、山から降りてくると女性となり、その村ではセラフィタと呼ばれて女性として暮らしている両性具有の人物なのである。

女性としてのセラフィタも魅力的で、ミンナの恋人ウィルフリッドが彼女に惹かれてゆくので、ここに不思議な男女の組、セラフィトゥスとミンナ、セラフィタとウィルフリッドができあがり、しかも、ミンナとウィルフリッドも恋人関係ということになる。

しかし、ここで通俗的な三角関係のような話が展開されるのではなく、スウェーデンボリの「天界では二人の配偶者は二人の天使とは呼ばれないで、一人の天使と呼ばれている」などの考えをもとにして、天使セラフィトゥス＝セラフィタが昇天するまでの過程が、スウェーデンボリの教義によって描かれるのである。

スウェーデンボリによると天使ははじめ地上に人間として生まれ、それは天使霊と呼ばれるが、自己愛、世界愛、天上愛の段階を経て天使になってゆく。しかし愛だけでは十分ではなく「知恵」の変容が必要である。「《愛の霊》と《知恵の霊》との結合は人間を魂が女であり、肉体が男であるような神聖な状態に移します」ということになる。天使霊のもつ知恵は「世界と天界とが符合する相応《コレスポンダンス》を学んで」ゆくことが必要である。

このような考えに基づいて、バルザックは両性具有の存在であるセラフィタ＝セラフィトゥスの性格やその孤独、瞑想の姿などを記述してゆく。それについては『セラフィタ』を読んでいただくとして、このようにして示されるセラフィタ＝セラフィトゥスの姿は、図4（一一九頁）に示したように、たましいのイメージが両性具有的で、それは男性には女性像として、女性には男性像として認知される、と述べたことを、うまく示してくれているように思えるのである。

『セラフィタ』はバルザックによって、彼の愛人で後に彼の夫人となったハンスカ伯爵夫人に献呈されるが、そこでバルザックは「美しく、透明なわがフランス語によって、光まばゆい東洋の詩を歌おうというこの本を、神秘の深みから持ち帰ろうと努めた」という表現をしている。「東洋の詩」と彼が言っているのは、キリスト教的でありつつ、なお、異教的なところのあるこの本の性格を意識してのことであろうか。

両性具有的意識

これまで述べてきたことから明らかなように、ここに取りあげてきた両性具有は、あくまで象徴的次元における全体性とのかかわりで論じてきたものであり、ジューン・シンガーも言うとおり、半陰陽や両性愛とは異なるものである。

これに関連して、エリアーデは『セラフィタ』と比較して十九世紀の他の作家たちの同様のテーマを取りあげたものに言及し、『セラフィタ』を「両性具有の神話を中心的モティーフとしているヨーロッパ文学の中で、最後の偉大な作品」とする一方で、他の作品は「ひどく低劣なものといえないまでも、凡庸なものである」としている。彼の取りあげている作品について筆者は未見であるが、彼はそれらの作品について、それらの主人公は「官能性において《完全な》のである。《完全なる人間》の形而上学的な意味は堕落し、十九世紀の後半には消滅してしまうのだ」と述べている。

ラシルドの『ヴィーナス氏』(10)は、両性具有のテーマを扱っている。これは貴族の女主人公が貧しい男と結婚するのだが、女性は男性として、男性は女性として役割を交換する、という思い切った筋書である。この作品の文学的価値について判定する資格は筆者にはないが、エリアーデの言う「シンボルの荒廃」という感じを受ける。彼はフランスとイギリスのデカダンティスムについて、「精神がシンボルの形而上学的意味を認識できなくなると、シンボルは次第に粗雑な次元で理解されるようになる。頽廃的な作家にあっては、両性具有は、解剖学的かつ生理学的に両性が共存する雌雄同体としてのみ理解される。そこでは、性の融合による完全性が問題とされるのではなく、過剰なエロティックな可能性が問題とされる」と述べている。

両性具有に関する同様の意見を、シンガーはもっと具体的に次のように述べている。

「新たな男女両性具有的なるものは、男や女の性的同一性に関する混乱状態ではない。男女両性具有的な男性は、自然であり、強いられたものではなく、抑圧されない男の性活動を示すのに対して、男女両性具有的女性は、性活動において全面的に女性的であろう。しかしいずれも極端へ向かうことはない。男はマチスモを発揮する必要はないし、女はナイーブなしぐさをしたり、人に依存したりするふりをわざと行なう必要はない。」

すっと読むとなるほどと思われるが、男性の性活動が「自然であり」とか、女性は「性活動において全面的に女性的」とかいうのはどんなことを意味しているのか、「全面的に女性的」でかつ両性具有であり得るのか、などと疑問をもつ人もあろう。これはそもそも両性具有ということが、ある個人の内的態度を問題として出発していることを考えてみると了解されることであろう。エリアーデやシンガーが言うとおり、両性具有は「全体性の象徴」として意味をもち、それはまた、内的結婚の成就としても表現される。シンボルは内界に抱き続ける、あるいは、方向性を示すものとして意味をもち、それをすぐに外在的に具体化しようとすると破壊されてしまう性質をもっている。その点を危惧するのでシンガーのような発言になってくると思われる。

実際に、両性具有ということはひと頃アメリカでよく聞かされたが、最近ではあまり聞かなくなった感じがする。これは両性具有ということが流行のようになり、それを誤解する人が、男が「女らしさ」を身につけ、女が「男らしさ」を身につけることと考えて、せっかちに行動しようとしてその無意味さを実感したためと思われる。そのような短絡的な行動化は、最初から一般的規範としての「男らしさ」、「女らしさ」にこだわっているわけであり、そのようなことから出発するのではなく、自分の内面の声に耳を傾けることからはじめるのがよいように思われる。

このような点をも考慮してのことであろう。シンガーは「訓戒がひとつ必要であろう」と断って、「個体内部の象徴的な性的合一を養い育む覚醒の状態は、ユダヤ＝キリスト教的伝統を支持する人々によって破門を受けてきた」事実を指摘し、これらのことを成し遂げたのは西洋文化の主流外の、錬金術師、カバラ学者、神秘主義者たちであったが、彼らは「沈黙すべき時と所とをわきまえていた」。それに対して、知りそこなった人は過剰な表現をすることになってしまって、嘲笑されたり、追放されたりの憂き目をみることになった。そこでシンガーは次のような訓戒をたれる、「われわれの生きる社会は、いまだ個人的、あるいは政治的な男女両性具有の価値を認めるには、はるか手前であることに注意せよ」と。

それではわが国ではどうであろうか。都会であれば世界中の料理がほとんど何でも食べられると思うほどに、何でもかんでもある国だから、両性具有など別に警戒も訓戒もいらない、と言うことができそうだが、事態はそれほど簡単ではない。わが国の社会の途方もない寛容性と、途方もない不寛容性とを考えると、シンガーの言っているのとはニュアンスは異なるにしろ、「沈黙すべき時と所をわきまえる」ことは、わが国においても必要と思われる。

5　境界への挑戦

人間は二分法によって思考するのが得意であることは、既に述べてきたとおりである。明確に二分された素材によって思考が構築されてゆく。それが出来あがってしまうとそれなりの効力を発揮するが、それを再編成あるいは再構築する必要が生じてきたときは、その二分法の境界について考え直すことを要請される。そこで、境界の設定について考え直してみるわけであるが、そもそも二分法ということそれ自体について反省すべきこともあると思われる。そうなると、あんがい二分法で割り切っていたものが、三分法によるべきだと思われたり、一本の線としての境界が、ある程度の幅をもった領域として認識されてきたりする。このようなことも、両性具有と関連してくるのである。

両性具有化の儀礼

エリアーデは両性具有が多くの儀礼において象徴的に再現されることを指摘し、特に、成人式のイニシエーション(加入儀礼)においてそれが示されるとして例をあげている。たとえば、オーストラリアのある部族では、イニシエーションにおいて下部切開を行うが、それは男性新参者に女性生殖器を象徴的に付与するものである。これについてエリアーデは、「この儀礼の深い意味は次のように言えるだろう。両性の共存、両性具有を知らずには性的に成人の男になることはできない。換言すれば全体的存在の様式を知らずには、特定の、はっきり限定された存在様式に達することはできないということである」。

イニシエーションの両性具有化は、少年と少女との衣装交換によって暗示される、と言う。あるいは、イニシエーションに見出される同性愛の行法も、おそらく類似の考え方によるものであろう、とエリアーデは述べている。婚礼における風習として衣装交換をするところもある。エリアーデはこれについて、「自己自身からの離脱、特定の強く歴史化された自己の状況を超越すること、そして始源の超人間的、超歴史的な状況、それゆえ人間社会の形成に先立つ状況を取戻すこと、すなわち俗なる時間、歴史的時間の中では維持することが不可能な逆説的状況、始源の充溢、聖と力の手つかずの源泉を、一瞬間といえども回復させるためには、周期的に再統合することが重要である逆説的状況を取戻すことが問題なのである」と述べている。

『とりかへばや』の時代には、男女が逢った後にそれぞれの下着を交換する風習のあったことはよく知られるとおりである。このことをエリアーデの語る「衣装交換」の意味に結びつけて考えてみることも出来るのではなかろうか。平安時代の男女の逢瀬は「自己自身からの離脱」に主眼があり、「始源の超人間的、超歴史的な状況……を取戻すこと」にあったのではなかろうか。もちろん、そうは言っても、別れた後ではすぐに歴史的・社会的な関係のなかに組み込まれてしまうし、逢瀬を重ねたい、あるいは永続化したいとも思うであろう。この二つの状況を結ぶものとして「和歌」が手紙に用いられたと考えてみることもできる。二人の体験した超人間的、超歴史的な世界と俗なる世界を「結ぶ」には、通常の散文は適しないのである。

男女の愛といえば、次章に取りあげるロマンチック・ラブのみを考える人があるが、それはあまりにも狭く、その考え方で平安時代の恋愛を理解することは困難であろうと思われる。

シャーマニズムにおいても両性具有のテーマが表われることを、エリアーデは語っている。シャーマンは象徴的には男女両性を具えもつことができる、と考えられている。あるいは、男性のシャーマンが女装して、女のようなふるまいをし、時には夫を迎えるときもあると言う。このようなシャーマンの両性具有は、結局はシャーマンがそのなかに男女の結合をなし遂げており、天と地の統合や神と人の間の交わりを確かなものとすることを示している。

このような事実を知ると、現在における心理療法家としては、「境界例」のことを考えさせられる。境界例(borderline case)について詳しいことは専門書に譲るとして、簡単に言ってしまえば、精神分裂病と神経症の境界に存在するケースである。往時の精神病理学においては、精神分裂病と神経症との間には明確な一線が引かれ、両者を鑑別診断することが大変重要なことと思われてきたが、そのいずれとも診断し難い症例が、最近になって増加してきたのである。つまり、一本の線と思っていたところが領域であり、そこに人間が存在し得ることを認めざるを得なくなったのである。

現在の心理療法家や精神科医は「境界例」の対処に大いに悩まされている。それについては詳述を避けるが[11]、ともかく二つに分類して考えているときに、その分類を破って中間的存在が出てきたのだから、対応に困るのも当然である。ただ、ここでは「境界例」の治療について述べる気はなく、そこで「両性具有」のテーマがよく生じることを指摘しておきたいのである。

既に前節に述べたごとく、境界例の人の夢には「性変換の夢」がよく生じるように思う。また実際行動の上でも、女性が男言葉を使ったり、男性がなよなよと女らしくふるまったりということがある。これらの現象を、境界例は病理が深いから性同一性の混乱が見られる、と単純に見るのではなく、これまで論じてきたこととの関連から、もう少し深い次元で見ることができるのではなかろうか。

現代人は言うならば、二分法の病いを病んでいる。心と体、自と他、善と悪などを明確に分離することによって、多くの成果(特に自然科学の)を得て来たが、それに対する自然からの反動として境界例が生じてきている。従ってそれの癒しとしての全体性の回復のために両性具有のテーマが生じる、と考えてみてはどうであろうか。境界例の人々は現代における境界への挑戦の尖兵として行動しているが、それは極めて危険に満ちた世界であり、それとかかわる人間もその危険にさらされることになる。あまりにも高い危険性とエネルギーの消耗度の強さに、治療者も仕事を放棄したくなるほどであるが、その文化史的な意義を考えることによって、また継続への意志を高められるのである。

第三因子

イニシエーションの儀礼において、両性具有のテーマが生じることを述べたが、たとえば成人式の場合などを考えると、それは大人と子どもの境界という場で生じるわけであり、大人と子どもという二分された世界と異なる中間領域の重要性が認識される。そして、それは単に、子どもから大人というように直線的に変化してゆく領域ではなく、既にエリアーデの言葉で示したように、「超人間的、超歴史的」な空間であり、そのような異次元での体験をすることが、子どもから成人になるときには必要なのである。言うなればその中間領域は、子どもと大人の中間にあるのではなく、子どもも大人も包みこむような異次元空間でなくてはならないのである。

人間は二分法によって考えるのが好きであり、特にそれは近代になって明確になった。心と体(精神と物質)とを二分するデカルト主義を基礎として、近代科学が成立した。この二元的な世界の分裂から逃げようとすると、どうしても以前の渾沌の世界への逆もどりが生じてくる。全体性の回復を単なる退行や頽廃に移行させないためには、むしろ、二分割の境界に割り込んでくる「第三因子」の存在を想定する方が得策のように思われる。

心と体の分割に対して第三因子としての、たましいを考えることができる。実のところ第三の因子などあるのかないのかわからないのであるが、二分法だけではどうしても現実が捉まえられない、といって、一元論に戻ろうとすると渾沌になってしまう。そこで、心と体の間に割り込んできたり、両者を包むものであったりする、たましいの存在を仮定するのである。

たましいはイメージを人間の意識に送りこんでくる。実は体の方にも信号を送り込んでくるのであり、それは体感や病気その他になるので、それを「イメージ」として捉えることが必要であろう。ところで、たましいの送り込んでくるイメージとしては両性具有がもっとも根源的であることは、既に述べた。

たましいからの呼びかけは、従って、人間がご都合主義的につくったジェンダーによる二分法を破るようなことが多い。ただ、それを現実に生き抜くことには相当な強さや的確な判断力が必要なことを心得ておくべきであろう。さもなければ二分法を唯一の「規範」とする人たちからの手痛い反撃に会うであろうし、あるいは、まったくの混乱状態への転落ということにもなろう。

ラシルドの『ヴィーナス氏』の女性として生きようとした男性は最後のところで決闘にまきこまれ、あえなく殺されてしまう。それも華々しく戦ったのではなく、少し傷ついてもやめるはずだったのに、手違いにあったようにして殺されるのである。『十二夜』の主人公も危うく決闘に巻きこまれそうなところがあった。弱い両性具有傾向者は、雌雄を決する戦いでは、必ず敗れると言っていいだろう。

注

（1） エンマ・ユング、笠原嘉／吉本千鶴子訳『内なる異性 アニマとアニムス』海鳴社、一九七六年。

（2） C. G. Jung, Mind and Earth, in The Collected Works of C. G. Jung, vol. 10, Pantheon Books Inc., 1964.

（3） J. Hillman, Archetypal Psychology, Spring Publications Inc., 1983.

（4） 河合隼雄『昔話と日本人の心』岩波書店、一九八二年。〔本著作集第八巻所収〕

（5） F・R・シュライバー、巻正平訳『失われた私』（「シビル」改題）、早川書房、一九七八年。

（6） 河合隼雄『明恵 夢を生きる』京都松柏社、一九八七年。〔本著作集第九巻所収〕

（7） ジューン・シンガー、藤瀬恭子訳『男女両性具有』ⅠⅡ、人文書院、一九八一年。以下シンガーの引用は同書による。

（8） ミルチャ・エリアーデ、宮治昭訳『エリアーデ著作集 第六巻 悪魔と両性具有』せりか書房、一九七三年。以下エリアーデの引用は同書による。

（9） バルザック、沢崎浩平訳『セラフィタ』国書刊行会、一九七六年。角川文庫（蛯原徳夫訳）が一九九〇年に復刊された。

（10） ラシルド、高橋たか子／鈴木晶訳『ヴィーナス氏』人文書院、一九八〇年。

（11） 河合隼雄『生と死の接点』岩波書店、一九八九年、参照。〔おもに本著作集第十三巻所収〕

第五章　美と愛

『とりかへばや』においては、幾組かの男女の間の恋愛関係について語られる。特に、姉君の方は最終的には帝と結婚することになって、幸福な結末と言える。しかし、これはロマンチックな恋愛小説のように、恋愛を至上のこととして、二人の恋人が多くの難関を乗りこえて目的を達する、というのとは趣きを異にしている。『とりかへばや』における、愛をどのように考えるかは、あんがい難しい問題である。

『とりかへばや』について綿密な研究を行なった鈴木弘道は、そこに語られる愛情を二つに分類して、「頽廃的な愛情と倫理的な愛情」に分けている。「前者には、恋愛(異性愛)・同性愛、後者には、肉親の愛(親子の愛・兄妹愛・姉妹愛・その他)・夫婦愛・仇敵その他に対する愛などが含まれている」としている。筆者は、このような分類にあまり賛成しかねるが、確かに『とりかへばや』には、いろいろな愛情関係の在り方が描かれているのは事実である。それらのなかで、この章においては、もっぱら男女の愛に焦点をあてて考えてみたい。

1　男女の愛

男女の愛は永遠のテーマであるだろう。筆者が若い頃は、小説の大半は恋愛小説であったと言っていいほどであった。特に敗戦後は西洋の文化の影響を受けて、愛による男女の結合ということが至上のことのように感じられたりした。ロマンチック・ラブについての誤解や幻想などによって、夢はふくらむばかりであったが、最近の若者たちは、昔ほどには夢にだまされず、恋愛至上と感じる人の数も随分と減少してきた。今の若者はもっと冷静に異性を見ている、とも言えるが、少々のところ冷静になっても、男女の関係がそれほどわかるわけでもない。それは永遠の謎であろう。

そもそも男女の愛という「愛」とは何か、という大きい問題がそこには存在している。愛ということは西洋の思想を範として考えると、今道友信の「愛は、たとえば師弟愛や宗教で明らかなように、人格と人格とが、相互に認め合う価値に向かって扶助し合う関係として、けっして感情の問題ではない、という古典的ヒューマニズムとキリスト教との一致した考え方は、日本では多くの人々にいまだに会得されているとは言えない[1]」との言は、確かにそのとおりであると言わねばならない。しかし、だからといってすぐに日本は駄目と言うわけにはいかない。むしろ、それでは、どんな愛が日本にあるのか、ということになるが、それを考えるまでに、少し、西洋の愛の物語について見てみることにしたい。

トリスタンとイズー

ユング派の分析家で、『トリスタン・イズー物語[2]』の分析を通じてロマンチック・ラブの問題を論じたロバート・ジョンソンは、この物語が「世界の叙事詩的物語のなかでも最も感動的な、最も美しい、そして最も悲劇的なものの一つです。これはまた、西洋文学のなかでロマンチック・ラブを扱った最初の物語でもあります」と述べている[3]。もっとも、この物語も、先ほどの鈴木弘道の「愛情の分類」によると、「頽廃的な愛情」になるわけである。というのは、トリスタンの恋人イズーは、トリスタンの伯父マルク王の妃なのである。どうも愛を論じようとすると、「頽廃的な愛情」に関する物語を取りあげねばならぬことが多い、という事実は、どこかで愛の本質とかかわっているのだろう。

『トリスタン・イズー物語』は、あまりにもよく知られているので、ここに繰り返すまでもないことだろう。この物語で特に取りあげたいことのひとつは、トリスタンとイズーが相愛の関係になる原因としての「愛の妙薬」である。トリスタンが自分の仕える伯父のマルク王の命令によって、その王妃となるイズーをアイルランドの国から船に乗って連れてくるときに、二人は誤ってこの愛の妙薬を飲んでしまう。そこで二人は結ばれてしまうが、帰国後は、イズーは王妃としてマルク王と結婚しなくてはならない。何とも悲劇的なことが起こったのだが、このことが二人の意志と関係なく運命的に決定してしまうのである。

二人は相思相愛となり、その後のさまざまの困難を克服しながら、逢引きを続けるのである。何しろイズーが王妃なのだから、それには危険が伴うのも当然で、王に見つかりそうになったり、とうとう見つかったり。命を賭けて二人が逢瀬を重ねてゆくところに、読者は心を惹かれてゆく。ほとんど不可能と思える状況のなかで、トリスタンとイズーが、ともかくひたすら逢いたいと願い、それを実行してゆくところが凄いのだが、この二人を結びつけているものは、愛の妙薬なのである。ここが面白いところだ。

二人が逢うのには、二人の意志、それも強力な意志が必要である。しかし、その意志を支えている力は、不可解なもの、つまり愛の妙薬なのである。要は愛の根本は運命的であり、不可解なのである。

トリスタンとイズーの物語を読んで感心させられるのは、社会的規範や、周囲の目に抗って、あくまでもともかく二人で共に居たいという願いを成就するために、ひたすらに努力するところである。『とりかへばや』で言えば、宰相中将が四の君に対して強引に接近し、その後も世間の目を忍んで、ひたすらに通い続ける行動が、トリスタンの行為と類似の感じを受ける。ただし、宰相中将はトリスタンと異なり、四の君以外の女性にも心を通わせるのだから、これはトリスタンとまったく異なってくる。とはいっても、トリスタンも、最後のところでは、金髪のイズーと異なる、「白い手のイズー」という女性と結婚するのだから、ここは少し考えなくてはならぬところである。もっとも、トリスタンは白い手のイズーと結婚したけれど、その身体にはまったく触れなかったのではあるが。

トリスタンは白い手のイズーと結婚しても、金髪のイズーが忘れられない。トリスタンは戦いで重傷を負い、金髪のイズーに会いたいと密使を送り、彼女はすぐさま馳せつける。といっても、遠い道程を船で来るわけで、瀕死のトリスタンは、やってくる船にイズーが乗っているときは白帆を、彼女が来てくれぬときは黒い帆をかかげるように頼んでおく。ところがトリスタンを介抱している白い手のイズーは嫉妬にかられ、白帆の船が近づくのを見て、「黒い帆」であると偽ってトリスタンに告げる。トリスタンは絶望のあまり死に、駆けつけた金髪のイズーも彼を抱いたまま死んでゆく。ここに、「死によって結ばれる」という、ロマンチック・ラブにとって非常に重要なテーマが認められる。愛と死とは極めて類縁性が高いのである。

『とりかへばや』においては、姉君は何度も自殺や出家の念に駆られるが、それは恋愛の成就のためではない。こちらの方はハッピー・エンドに終るのだが、それでも愛の背後に死が存在しているという事実は、変らないということができよう。

こうして、『トリスタン・イズー物語』を読んで比較すると、『とりかへばや』に描かれているのはロマンチック・ラブでないことは明瞭である。しかし、ロマンチック・ラブということは、日本人にとっても相当な影響を受けたことではあるので、その点について少し考えておきたい。

ロマンチック・ラブの変遷

先にあげたロバート・ジョンソンは『トリスタン・イズー物語』を素材としてロマンチック・ラブについて論じている。その点を紹介しつつ、この問題を考えてみたい。まず、ジョンソンの序文の冒頭部分を引用してみよう。

「ロマンチック・ラブは、西洋人の心のなかの唯一最大のエネルギー体系です。私たち西洋の文化においては、ロマンチック・ラブは今や宗教に代わるものとして、男性も女性もそのなかに意味を求め、超越を求め、完全と歓喜とを求めています。」(傍点引用者)

ジョンソンがロマンチック・ラブをトリスタンの話で説明するに当たって、トリスタンの母の死と、彼の英雄的な戦いとを取りあげ、ロマンチック・ラブの前提として、母性との深い結びつきを切った強力な自我の英雄的な確立、をあげているのは妥当なことである。このことがわからないとロマンチック・ラブはわからないし、日本人が若い時に少しだけロマンチック・ラブの真似ごとをして、後はなし崩しに忘れてしまうのも、このためである。

ロマンチック・ラブのはじまりは、十二世紀、つまりトリスタンの頃、西洋にはじまった「宮廷風恋愛」である。この特徴はジョンソンによると、(1)恋愛している騎士と貴婦人は性関係をもってはならない。(2)もちろん、二人の結婚は禁じられる。(3)恋人たちは常に情熱の焔に焼かれ、お互い同士を求め合う激しい欲望に苦しまねばならない。

このように、ロマンチック・ラブは結婚の枠の外にあり、それは極めて霊的な関係であったのだ。後の経過は簡単に端折るが、そのようなラブが結婚と結びついてくるのは、西洋人が教会のもつ宗教的な力から離れてゆくことと関連していると、ジョンソンは考えている。再び引用してみよう。「西洋の男性は宗教を月並みなものにしてしまっているか、あるいは、まったく無視するかしています。彼は宗教にも、霊的な経験にも、内なる生活にも魂を求めるようなことはせず、あの超越、あの神秘、あの啓示をもっぱら女性のなかに求めています。そこで彼は常に恋を求めます。」

本来なら宗教的経験としてもつべきことを、公式の宗教に魅力を感じなくなったために、日常生活のなかでの恋愛に求める。その動機は素晴らしいが、そこで途方もない聖と俗との混淆が生じてしまう。

時代が下ると共に、人間はかつての人間の多くの夢を現実と化した。空を飛ぶことができるようになった。夏でも氷を手に入れ、冬でもいちごを手に入れることができる。これと同様に、ロマンチック・ラブも現実化し、結婚という日常生活にそれを取り入れようとした。ところが、ロマンチック・ラブにおいては、二人は常に愛し合っており、常に超越に触れている緊張感にさらされていなくてはならない。そんなことを生身の人間ができるはずがない。ロマンチック・ラブと結婚の両立をしようとする限り、残された方法は結婚・離婚を繰り返すことしかない。それもやりたければそれでいいようなものだが、それによって、親子、友人などの他の愛情にどれほど傷を負わせることになるかを、やっと欧米の人たちは自覚しはじめたようである。

ロマンチック・ラブの象徴的意義を認めて、象徴的実現をはかるのではなく、無意識に現実化しようとすると、欧米においては、男性は家父長的地位を守ったままで、前章に述べた、たましいの像としてのアニマの役割を、女性がそのまま背負うことを要求する。それは、女性を尊重しているように見えながら、途方もない押しつけによって、女性の自由を奪っていることにもなるのである。

男性が女性に対してアニマ像の押しつけをせずに愛するとはどういうことなのか。まず、そのことをするためには、自分の内なる異性の存在をよく知らなくてはならないであろう。その関係をつくりあげる努力をしつつ、自分の前に居る一人の人間としての女性を、そのままの姿で肯定的に見る。ジョンソンはどうもそういうことをすすめているらしい。聖なる世界と俗なる世界をごちゃまぜにするのをやめて、なすべきことを分けてちゃんとやるべきである、と彼は主張する。

ロマンチック・ラブと人間的な愛は異なるとジョンソンは言う。このことを示すために彼は「オートミールをかきまぜる」ような愛について語る。「オートミールをかきまぜるという行為は、別に胸のときめく行為でもなければ、胸をわくわくさせる行為でもありません。いたって慎ましやかな行為です。しかしこの行為は、ややもすれば舞い上がりがちな愛を現実に引き戻してくれる関係性の象徴となり得ます」と述べる。

彼の序文をはじめに引用したが、もう少しその続きを紹介すると、彼はロマンチック・ラブだけが結婚や愛情関係が成立する唯一の形というのは、欧米人の思いこみであるとした後に、「これに関しては東洋からずいぶんと学ぶことが多いようです。インドや日本といった東洋の諸文化に生きる人々のなかに、私たちは仲睦まじい夫婦の姿を数多く目撃します。しかもその人たちは、私たちが我が身を振り返って恥かしいと思うほど安定し、互いに献身を捧げあう夫婦たちです」と続けている。

こんなのを見ると、ジョンソンが「安定し」ていると思っている日本の老夫婦は、二人ともボケているので安定して見えたのじゃないかなと冗談を言いたくなるほど、日本の実情を知る日本人としては尻こそばゆくなる。しかし、ジョンソンの言っていることは一理があるわけで、そこのところをわれわれは理解すべきであろう。彼もロマンチック・ラブを否定しているのではなく、それだけを唯一と考えて結婚の基礎とすることに反対しているのである。

エロス

男女の愛には性が関連してくる。心だけではなく身体が文字どおり一体となり、しかも、それは快感につながるのだから、愛し合う男女が性的結合を願うのも当然と言えば当然である。しかし、既に示したようにロマンチック・ラブの原型においては、性的関係は禁じられていた。あるいは、キリスト教、仏教においては聖職者の禁欲が厳しく定められている。つまり、ここでは性関係は価値が低いもの、あるいは性ということが、もっと積極的に高いものを汚すものとして受けとめられている。性は宗教的にいつも低くみられていたとは限らない。古代の大地母神崇拝と結びついて聖娼の習慣が存在したように、性ということが宗教的に高い価値をもつこともある。人間の性に関するこのような両価値《アンビバレント》な態度が存在することは、エロスということが人間にとってどれほど把握し難いものであるかを示している。エロスはギリシャ神話においては、いろいろな話が伝えられているが、ヘーシオドスによると、エロスは大地とともにカオスより生まれた原初の力とされている。あるいは、一説によると原初の卵が割れて、エロスが生まれ、卵の一部は天、一部は地となったと言う。こんなことを見ると、エロスが「原初の力」として、どれほど偉大な存在と考えられていたかがわかる。

当初は恐るべき神であったエロスも、時代と共に、恋の戯れの方が強調されてくると、気まぐれな美青年の姿の神に変貌してくる。興味深いことに、エロスの姿は年が経つにつれて若くなり、ついには弓と矢をもつ子ども、キューピッドの姿になってしまう。これは人間が「性」に対して、それを恐ろしい存在として意識していたが、気まぐれにしろ、ともかく自分の意のままになるものと考えはじめたことを意味している。それでも、エロスの戯れの矢に射られた者は、神も人も苦しむという点で、まだその力を認識していたのだが、近代になって、それが「キューピー」人形にまでなり下ってしまうと、子どもの玩具と見なされるようになった。

キリスト教の性道徳によって、性は家庭内に閉じこめられ、偉大な神を背景とする人間の力によって、エロスの神も家庭内の安全な玩具にまでなった、とキリスト教国の人たちは思いたかったのであろう。しかし、現状を見ると、スキャンダルによって政治家の進退が決定されたりするように、エロスの神は結構弱体化せずに猛威をふるっているようである。

筆者が臨床の場で体験することから考えても、エロスの神は現代においても恐るべき存在であることを変えていない。現代においては、性のことを心から切り離して、生理的次元において処理しようとする人もある。性の行為は、物を扱うのに似てくるので、それによって心が傷ついたりはしないのである。確かにそのような行為は成功し、心は何ら傷を負っていないことも多い。しかし、多くの場合、本人の知らぬところで、たましいが傷ついたり、腐敗したりしているのである。

人間の心が性にかかわらなくとも、エロスの神は人間の全存在にかかわってくるのである。

エロスの神の恐ろしさを思うと、人間の精神の自律性を守るために、性を禁止しようとする考えが生じてくるのも当然である。父性的宗教はエロスを好まない。一体感のなかに個が埋没してしまうことを恐れるのである。仏教はもともと父性原理が強かったが、だんだんと母性原理がそれに加わってくる。既に示した親鸞の夢(一二八頁)は、母性原理が強い宗教へとそれが変化するのを如実に示している。エロスの存在を肯定することから、その宗教ははじまるのである。

さまざまの愛

西洋の中世に生じてきたロマンチック・ラブは「西洋人の心のなかの唯一最大のエネルギー体系」とまでジョンソンは言っている。その力は文学や芸術を通じて、日本人にも強い影響を与えてきた。しかし、ジョンソンも言うように、それが唯一の愛でもなく、結婚のための唯一の基礎とすることの危険性、という点についても、納得のいくことが多い。それではどのような愛があるのか、という点について少し考えてみたい。

男女の愛を考える際も、父性原理・母性原理ということはひとつの指標になる。ロマンチック・ラブの前提は、強力な父性原理である。このことは、トリスタンがイズーに会う以前の状態として、母の死の体験、凄まじい戦いの体験が語られることによって象徴的に示されている。つまり、ロマンチック・ラブをする男性は、まず強力な自我を確立していなくてはならない。そのために彼は内的には母性と切り離されたものとなっている。そのような孤独な自立性に耐えることが前提となり、既に第四章に論じたような内なる異性を求めての行為が、外在する女性に対する情熱的な愛になる。この際、その父性原理をもっと貫徹させ、精神性を高める方に向かうと、女性との身体的結合を避け、ひたすら精神的な愛を大切にすることになる。

男・女が互いに求め合うことは、動物でも同じであり、別に人間固有ということはない。ロマンチック・ラブの場合、いったん引き離された者が再び結び合うという力がそこに加わるので、その牽引力は倍加するのである。

母性原理に基づく愛の場合は、個人が個人を愛するというよりは、愛という場に、二人が共に包まれている状態である。と言っても、やはり相手を選ぶわけだから、当人たちの人格が関係してくるのだが、ロマンチック・ラブの前提となるような自我があって、その自我が相手を選ぶという感じではない。この場合は異性の結合ではあるが、同じ母の子としての同類感情が強くなる。あるいは、男性が相手に母親像を期待したり、女性の方も無意識に母親役割をとってしまったりすることもある。同類感や母子関係の感情に狎《な》れてくると、愛情抜きの安定へと固まってゆくことになる。母性原理を基礎とする愛は、深くなると両性具有的になり、性的な一体感が宇宙との合一、存在の根源への下降といった宗教的感情につながってゆく。

いずれにしろエロスは恐ろしい神であるから、それとのつき合いは難しい。父性原理を強くもって拒絶していても、下手をすると化石のような存在になってゆくし、母性原理によって一体化に埋没し過ぎると、泥を吸った海綿のようになる。どこかに何らかの工夫がいるのである。

男女の愛について、もう少しつけ加えておきたいことがある。それは前章の図3（一一七頁）を見ていただくとわかることだが、男と女との関係は、内的なことも考えはじめると非常に複雑になる。男女の関係でも、そこに作用しているのは、むしろ男性同士、女性同士の心情であったりもする。たとえば、『とりかへばや』の姉君が、麗景殿の女性を訪ねてゆくところは、女性同士でも男女関係に似た心情——同性愛——を体験することがあることを示しているが、これも、男性が女性に対する愛を感じるとき、性的な力をおさえて、むしろ同性的に美を楽しんだりできることを示しているとも受けとめることも出来る。

内なる異性の存在をもっと拡大して考えてゆくと、内なる父や内なる母も存在することになる。このように考えてゆくと、一人の男と一人の女の関係は極めて複雑になってくる。それは母・息子関係になったり、父・娘関係になったり、時に姉妹の関係にさえなったりするのではなかろうか。男と女とだから姉妹にはなれないと考えるのは、狭量すぎる。自分の心の中の何がはたらき、相手の心の中の何がはたらいているかを注意深く見ているると、男・女の関係に思いがけない多様性があることが認められる。男女の役割交代が起こることは、既に述べたとおりである。

男女の愛の多様性に気づき、それを楽しむことができるようになると、一人の人間を相手として夫婦が一生の間、共にすごしてゆくことの意義がわかってくる。いくら長い間つき合っても相手のことをわかりつくすことはできない――つまり、死ぬまで自分自身のことはわかりつくすことができない――のであり、常に新しい可能性がひらけてくるのである。

『とりかへばや』の四の君の場合を例にとってみよう。彼女の接した三人の相手、姉君、宰相中将、弟君、この三人を同一人物の三つの相、あるいは姿として考えてみると、よくわかるであろう。四の君の成長と相呼応して、彼女の相手も変容していったのである。一人の人間は相当な変化――時に性の変換まで――をするのである。従って、男女の愛の様相もさまざまに変化し、お互いの絆が多様化してゆくため、その永続性も高まるものと考えられる。

2 愛の倫理

愛するのには「工夫」がいるなどということを前節に書いたが、確かに愛することはなかなか大変なことである。愛するということは、まったくのバラ色と勝手に思いこんでいる人が恋愛をして、いろいろと苦しいことが生じてくると、こんなはずではないとか、時には自分の恋愛は本ものではないのではないかとか、相手が悪いとか、思う人があるが、それはまったくの見当違いである。次節に述べることになるが、もともとのロマンチック・ラブは苦しみを求めてしているようなところがあるほどである。

「工夫」といってもいろいろあるが、まず考えねばならぬことは、愛することに倫理はあるのか、あるとすればどんなことか、という点である。『トリスタン・イズー物語』の二人は、一般的な意味における人倫を破っている。しかし、これも恋愛至上主義という新しい倫理を貫徹しようとしている、とも言うことができる。もっとも最後は二人共に死んでゆくので、それを恋愛至上主義の倫理の挫折とみる人もあるだろう。

『とりかへばや』が極めて不道徳な書である、という非難を受けた事実については、既に紹介した。いったいそのときに言われる「道徳」とは、どんなことであろう。平安時代であれば、男性が女性のところに夜に逢引きに行くのは別に不道徳ではない。ただエロチックな描写が多いことから、そのように感じたのであろう。現代においても一夫多妻の認められている社会や、婚外性交の認められている社会もある。道徳というものは時代や社会によって相当に変化するものである。

それでもなおかつ愛の倫理について考えてみるべきであろうか。その点について考えるための素材として、ゲーテの『親和力』(4)を取りあげることにした。これは既に述べたように、ドイツの友人にすすめられたのであるが、確かに『とりかへばや』について、その倫理を考える上でも適切な書と思われた。

親和力

ゲーテの『親和力』は、一八〇八年に完成されたが、それ以後相当な書き加えを行い、一八〇九年に現在われわれが読むことのできる形のものになった。訳者の解説によると、「『親和力』が発表されると、ある人々はこれを激賞し、ある人々はきわめて不道徳な作品であると非難した」とのことである。筆者にとっては、極めて倫理性の高い作品であると感じられたが、「きわめて不道徳」と感じる人もあるのは興味深いことである。

『親和力』も素晴らしい作品であるので、いくらでも言いたいことがあるが、作品全体について知りたい方は原作をお読みいただくとして、ここではわれわれの問題と関係のあることのみに限定して話をすすめることにする。

「親和力」というのは化学の用語であり、それをゲーテは題名に用いているのである。重要な登場人物は、エードアルトという、金持の壮年の男爵とその夫人のシャルロッテである。その邸にエードアルトの友人の大尉が招かれて住むことになるが、この三人の会話のなかで「親和力」の説明がでてくるので、それに基づいて説明しよう。大尉は次のようにシャルロッテに説明する。

「ふれ合うとたちまちに結びあい影響しあう自然物を、わたしたちは同族とか類縁とか呼んでいます。アルカリと酸の場合は、この類縁性は驚くばかりはっきりとしています。この二つは性質がまったく反対であるのに、または、性質がまったく反対であるために、実に烈しく求めあい、結びあい、影響しあい、結合してあたらしい物質を形成します。」

賢明な読者はすぐに推察しておられるだろうが、ゲーテはこの物質間の「親和力」を、人間関係のアナロジーとして使おうとしているのである。そして、この三人の登場人物も人間関係のことを想定しつつ、「親和力」に関する会話を続けている。

「石灰岩の一片を稀硫酸のなかへ入れると、稀硫酸は石灰と結合して石膏を形成します。そして、弱い気体の酸は逃げ去ります。一方では分離がおこなわれ、他方ではあたらしい結合がおこなわれるのです。このように、ある関係が他の関係よりもこのまれ、甲のほうが乙よりも選ばれるかのようにみえるのですから、僕たちは親和力という言葉を用いても差支えないと考えるのです」という大尉の説明に対するシャルロッテの感想が面白い。

「わたしの考えでは、それは選択などではなく、むしろ、必然ではないかと思いますの。必然とさえもいえないのではないでしょうか。結局それは機会の問題にすぎないとさえ考えられますから。機会は盗人をつくるように、関係を結ばせます。」これにつけ加えて、シャルロッテは石灰岩の場合では、気体の酸が果しない空をさまよい歩かなくてはならないので不愍だと、女性らしい感想を述べる。

これに対しては、夫のエードアルトがすぐに反応して、それは、エードアルトが石灰で硫酸の大尉のとりこになりシャルロッテから離れてしまって、御し難い石膏になってしまうという皮肉ではないかと言う。

エードアルトとシャルロッテは若い時に恋人同士だったが、政略的なことや両親の考えなどによって、それぞれが別の人と結婚してしまう。ところが幸いにもそれぞれの相手が死に、独身にかえってから二人は結婚したのである。そんなわけで二人は極めて仲睦まじく暮らしてきた。そこへ、エードアルトの友人の大尉が来てから、二人の男性はあまりにも意気投合し、最近ではエードアルトが大尉の意見に従ってシャルロッテの考えを批判したりすることも出てきたので、「親和力」の話のなかで、シャルロッテとエードアルトの会話のようなことが出て来たのである。

「親和力」の話はまだ続いて、大尉は先ほどの話に対して、酸がさまよわないように、酸は他の何かと結合するとよいと言い、そこからヒントを得て、エードアルトは、シャルロッテが前から呼び寄せたがっていた姪のオティーリエを迎えいれることに同意する。つまり、エードアルトが大尉と結合したとしても、シャルロッテはオティーリエという「同族」と結びつくので、孤独ではなくなり平等になると考えたのである。

人間たちが「うまく」計画しても、結果は思いがけない方に発展することは多い。神々の意志は人間の計画と必ずしも一致しないのである。この際もエロスの神は思いがけないはたらきを及ぼした。エードアルトとオティーリエ、シャルロッテと大尉の間にそれぞれ愛が芽生えてくるのである。人間の「親和力」は思わぬところにはたらくのだ。しかし、考えてみると、この組合せは好都合なことに、誰もが「ひとりでさまよう」必要がないのだ。エードアルトとシャルロッテが離婚して、それぞれがその配偶者を「とりかへ」ればいいのである。確かにそのとおりであるが、それはうまくいったであろうか。

『親和力』のなかの男女

『親和力』の話は、先に紹介した四人の男女の関係をめぐって展開する。どちらかというと、男性たちの性格よりも女性たちの性格の方が魅力的である。シャルロッテについては次のような記述がある。「シャルロッテの聡明さは、多人数のあつまりでも小人数のあつまりでも、どんな不快な言葉、烈しい言葉、いや、強すぎる言葉をもぬぐいとり、長くなりすぎそうな談話を切り上げさせ、とぎれがちな談話をいきいきとさせる才能となってとくにあらわれた。」この一事だけで、シャルロッテの静かだが芯の強い感じがよく伝わってくる。

エードアルトはシャルロッテと話をしていると、だいたい言い負かされ、「女には勝てない」理由として、「初めは筋道のとおったことをいうので反対のしようがない。愛らしい話し方をするので譲りたくなる。感情が繊細だから傷つけたくない。予感ずきだから、こちらもはっとして口をつぐまざるをえないんだよ」と言っている。確かにまったくお手あげである。

オティーリエは、内向的女性の典型のような姿を見せる。「彼女の落ちついた注意力は、その落ちついたまめまめしさと同じく、いつも変らなかった。彼女が坐ったり立ち上がったり、行ったり来たり、運んだり持ってきたり、ふたたび坐ったりする様子には、露ほどのいらだたしさもみとめられず、常に変らない変化であり、絶えまない優美な運動であった。それに、だれも彼女の歩く足音をきかなかった。それほど物静かにふるまった。」

このような二人の女性に、大尉とエードアルトが惹かれてゆく。と言っても、それぞれが他人のことを考えたり、倫理観に従ったりして抑制しつつ、しかもそれを突き破ってくる情熱との葛藤のなかで、徐々に話が進展してゆくのである。特にシャルロッテは、結婚をした上はそれを守ってゆきたい気持が強いので、このような動きに対して一番抵抗を示している。それに対してエードアルトが一番情熱型で、行動も直線的である。

この四人に他の人物もからんだりして話が展開していくが、残念ながらその経過については割愛する。ともかく四人のそれぞれの想いが明白となってきたとき、主としてシャルロッテの考えによるものだが、来るべき危険を避け、元の安定に収まるようにと、大尉は他に職を得て去り、オティーリエは元の学生寮に戻ることになる。大尉は去ったが、オティーリエの去るのに耐えられないエードアルトは自分が「家出」をし、その代りにオティーリエはシャルロッテと共に邸に残ることになり、ここにある種の安定がもたらされる。この安定は、四人がそれなりに努力して得たものである。

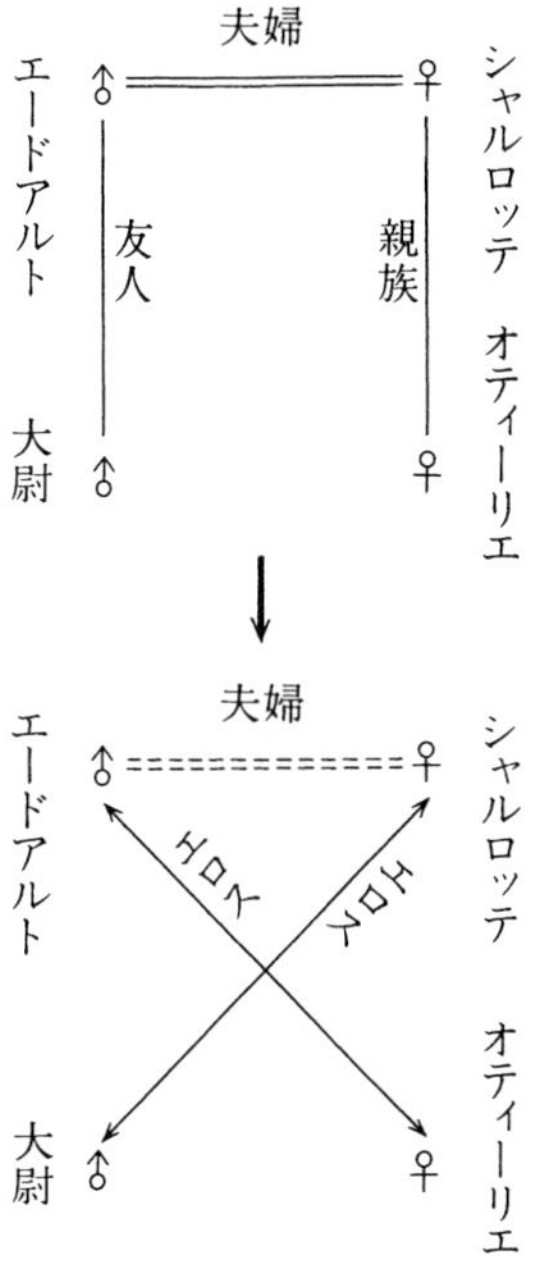

図5 『親和力』の関係

オティーリエの日記に、「愚かな者と賢い者とはどちらも害にならない。なまじ愚かな者となまじ賢い者とがもっとも危険な存在である」というのがある。そんな点で言えば、この四人はなまじ愚かな者となまじ賢い者との集りだった――だから共感しやすいのだが――のであろう。暫くの「安定」もすぐに壊れて、ついには、エードアルトの強い情熱が牽引力となって、シャルロッテとエードアルトは離婚し、シャルロッテと大尉、エードアルトとオティーリエの二組の夫婦が誕生するところまで話が漕ぎつけられてくる。

しかし、そこにさまざまの偶然が作用して、その動きを封じてくる。この偶然ということの意味に関しては、次章に論じることにして、そのような一連の事件のうちで、もっとも決定的なことが生じる。それは、オティーリエが誤って、シャルロッテの子どもを水死させてしまったことである。この子どもは、長らく性関係のなかったエードアルトとシャルロッテの間に、他の人間との関係に影響され、突発的に情熱が燃えて抱き合ったときにシャルロッテが身籠った子である。しかも、二人は抱き合ったとき、「想像力が眼のまえの現実の姿に打ち克った。エードアルトは彼の腕にオティーリエのみを抱擁していたし、シャルロッテの心には大尉の姿が遠く近く浮かんでいた。こうして、まことに不思議にも、眼に見えない姿と眼に見える姿とが、心を魅惑し陶酔させながらからみあった」のだった。そして、この赤ちゃんは不思議に大尉にもオティーリエにも似ているという子だった。

子どもの死によって、オティーリエの心は決まった。彼女は「すっかりあきらめるという条件によってのみ心のふかみで自分の罪を許したのであった」。彼女はシャルロッテにすべてを話し、学生寮に戻ろうとする。それを知って、エードアルトは最後の手段として彼女の旅の途中に待ち伏せるが、またもや偶然も作用して、彼の想いは遂げられず、二人はシャルロッテの邸に戻ってくる。そして、また外見的には平和が回復したかに見えたのだが、オティーリエは密かに食を断っており、衰弱死する。暫くしてエードアルトも死ぬ。自殺かと思うほどの突然死だったが、そうではなかった。彼はオティーリエの思い出の品のかずかずをひろげ、それを見ているときに死んだのである。シャルロッテは彼をオティーリエのかたわらに葬った。

「こうして、愛しあった二人は、いまもならんで眠りつづけている。二人の臥床《ふしど》の上には平和がただよい、二人に似た明かるい天使たちの姿が、円い天井から二人を見おろしている。二人がいつかともどもに眼をさます日がきたら、それはどんなに楽しい瞬間になることだろう。」

愛の座標軸

『親和力』という偉大な文学作品の、ほんの筋のみを紹介しているため、全貌が伝わるはずがなく申し訳ないが、筆者が読んだときに感じたことは、これは「愛の倫理」について述べている、ということであった。これを「不道徳」と決めつけた人は、おそらく夫婦は結婚した上は、どんなことがあってもその他の人を愛してはならないという「道徳観」の上に立っている人なのであろう。

ゲーテはそのような考えに目を閉じているのではない。事実、『親和力』のなかには、ミットラーという牧師が登場し、結婚の神聖さを訴え、どんな事情があっても離婚は許されないと主張するのである。しかし、他方では、エードアルト家にやってきたある客人の伯爵が、結婚生活によって繊細な人間関係がいかに窒息させられるかを論じるところもある。つまり、ゲーテはこれらの両極端の考えに対して、ある程度の正当性を認め、それを十分に開陳させているのである。

これらの考えは、言うなればどちらも正しいのである。どちらも正しいと言えそうな相反する考えのなかで、どちらに片寄ることもなく、葛藤に耐えながら、自分にふさわしい足場をつくりあげてゆく、その姿勢を筆者は倫理的と言いたいのである。

倫理が特定の宗教と結びつき、その信ずる神の言うことを善と規定してゆく生き方を選んでいる人は、あまり問題がないかも知れない。しかし、宗教的に規定されていなくとも、ある社会や文化の維持に適切な規範というものが、「道徳」として与えられている。その道徳的規範と男女の愛は衝突することが多いのである。「愛する人」であったゲーテは、しばしばその葛藤を体験したのである。

愛の葛藤のなかで、「愛一筋」に生きるトリスタンのような生き方がある。それはそれで素晴らしい。しかし、何事も一本の線によっては定位できないのではないか。平面上に何かを定位するときでさえ、縦軸と横軸の二本の直交する座標軸がいるのだ。ひとつの軸をひたすら直進するときは、美しいかも知れぬが、まず死が待っていると言っていいだろう。愛の倫理を考える上で、一本は情熱の命じるままに進む道として設定するとして、他の一本を何にとるべきであろうか。

エードアルトとシャルロッテは二度目の結婚である。エードアルトは最初は「有利な結婚をするように両親に口説きおとされて」結婚して、相手の死亡後、シャルロッテに対しては、「辛抱づよい、ロマンチックともいえる愛によって」結婚したのである。彼は、実利という軸と、ロマンチックな愛の軸とを経験しており、この両軸の上で適当な位置をみつけて生きていると幸福なはずであった。しかし、オティーリエはこれらの軸では定位できなかったのだ。ゲーテが、エードアルトがオティーリエに会うまでに二度の結婚を体験させているところは注目すべきである。彼は、エードアルトとオティーリエの愛を通常のロマンチック・ラブを超えたものとして描きたかったのではなかろうか。彼らは二人とも「親和力」の魔術のなかにあった。これはトリスタンの愛の妙薬の場合と似ている。しかし、「親和力」か、あるいはそれをアレンジしたXとも言えるものは、その他にもさまざまの「偶然」を用意し、二人の関係を促進的にあるいは妨害的に動かそうとしたのである。

シャルロッテは情熱の軸に対して、一般的な道徳の軸を一方に立て、両者の間にあってすっきりと比較的安定して生きてゆくことのできる女性である。ゲーテが若い時に強い影響を受けたシュタイン夫人がモデルと言われているこの女性像は、ゲーテにとっても魅力ある存在であったろうが、彼はここにオティーリエという新たな女性像を提出して、その先へ行こうとする。オティーリエも情熱の火を感じていた。彼女もエードアルトを愛し、はじめはシャルロッテと同様の一般的道徳律の軸によって拘束されている感もあったが、だんだんとそれを脱け出し、エードアルトと結ばれる方向に進もうとしたとき、子どもの死という事件が生じた。そのとき、彼女の行動を規定する軸が一変してしまった。彼女は自分を動かしているものは、自分の意志を超えていることをはっきりと認識したのであろう。

その後の彼女の行動についてでは、われわれは単純な判断を控えたい。一番わかりやすいのは、彼女が自分の情熱と倫理との間での葛藤に力つきて死んでいった、という考えであろう。しかし、筆者としては、そのような判断を留保したい気持が強い。それではどうなのかと言われると困ってしまうのだが、彼女の進むべき道は、彼女としてはあのような決定以外はなかったのだとしか言いようがない。

3　たましいの美

『親和力』における倫理性ということを考えた上で『とりかへばや』を見るとどうだろうか。『親和力』においては、エードアルトとオティーリエ、シャルロッテと大尉は烈しく愛し合っていた。二組の男女は接吻を交わしたことはあったが、とうとう結ばれずに終った。そこには性的結合に対する強い抑制が認められた。それに反して『とりかへばや』の場合、男女の性関係があまりに容易に生じることは対照的と言えるのではなかろうか。中将と四の君、中将と姉君、弟君と東宮、などの関係をみると、その性関係が成立するのが、『親和力』と比較して問題なく早いのである。彼らは性関係の前提としてどれほど親しくなったかを問題にするのではなく、親しくなることの前提として性関係をもっているとさえ思われるのである。

このような状態だから、『とりかへばや』においては倫理ということは問題にならないのだろうか。そのようなことは最初から不問にして物語ができているのだろうか。このようなことについても考慮しつつ、『とりかへばや』における、美と愛の問題について考えてみたい。

死と愛

これまでにあげてきた『トリスタン・イズー物語』、『親和力』のどちらにおいても、最後には主人公の死があった。愛することと死とは思いのほかに近い関係をもっている。考えてみると、一番強い愛の表現は「命を賭けて愛する」ということである。自分の全存在、つまり、生命がそこにかかっているのである。あるいは、命のかかってない愛は本ものでない、とさえ言えるかも知れない。

もっとも、エードアルトとオティーリエは直接的に「愛のために」死んだのではないが、彼らが愛に命を賭けていたことは、その言動から窺い知れるところである。トリスタンとイズーの場合は言うまでもない。

日本の場合はどうであろうか。これを考える上で、「絆」という語を取りあげてみよう。現代ではこれは「親子の絆《きずな》」というような用い方をされて、人間の結びつきを肯定的に見る見方を示すときに使用される。「親子の絆を断ち切ろう」などという標語を見ることはあまりない。しかし、これは平安時代には「ほだし」と読まれ、古語辞典を見ると、①馬の足にからませて歩けないようにする綱、②手枷・足枷、③人の身の自由を束縛するもの、と明確に否定的な意味合いの語になっている。それに、現代の、たとえば『広辞苑』を見ても、①馬・犬・

鷹など、動物をつなぎとめる綱、②断つにしのびない恩愛、となっていて、古語に比較して②が生じてきているものの、まったく肯定的な意味合いの語ではない。

まず、「ほだし」であるが、平安時代であれば、だんだん浄土思想が強くなるに従って、人々の最大の関心は浄土に生まれ変ることであり、それの準備としての「出家」が重要なことであったが、その出家の意志を弱めるのが、人間関係の絆、つまり「ほだし」と考えられていたのである。家族、つまり親子・夫婦、それに友人など「現世の人間関係」は「出家」への障害物と知りつつ、心情的には切っても切れぬ「絆」として意識されていたのである。

西洋において、自我の確立が重視されるようになると、親子の関係は子どもにとって、まさに「ほだし」であった。その「ほだし」を断ち切って自我を確立するのだ。ここで平安時代の日本と(現代の日本人も一皮むけばほとんど同じだが)比較すると、西洋では、生き抜くための「絆」の切断であるのに対して、日本では死にゆくための「絆」の切断になっていることに注目したい。

西洋の場合、いったん切断を果して自立した自我が再び世界との関係を回復するものとして、血によらずに自我の意志によって(と彼らは確信している)、新しい「絆」を獲得するのが愛である。それは本当は神につながるはずであったが、そのあたりがあいまいになるにつれ、ロマンチック・ラブが無意識的宗教となったことは既に述べたとおりである。しかし、このような愛に生命を賭けることは、当然のことと考えられる。これがなければ、たましいが死ぬのだ。

これに対して、平安時代の日本の人々のたましいは、もっと死に密着している。自我の確立などというわずらわしいことを、この世でしているよりは、早く「あの世」とつながりたいのだ。ここでも興味深いことに、親子のつながりと夫婦あるいは恋人とのつながりの差が生じてくる。親子のつながりは歴然とこの世との「ほだし」であるが、恋人とのつながりは、時に「あの世」への手引きとなった。つまり、そこで体験されるエクスタシー——語源的に「外に出て立つ」こと——が、彼らをして、「この世」の外に立つ体験を得しめたからである。それは最早「ほだし」ではなく、死への手引きであった。とは言うものの、人間と人間の関係であるために、それは、ほだしと手引きの両面を体験させることになったのだ。従って、恋人との関係も、もっぱら「ほだし」として感じた人もあったことだろう。

洋の東西を問わず、愛の背後には死があり、両者は時に思いがけない接近をする。しかし、その関係の在り方は随分違っていることを知っておかねばならない。

道行

死と愛について考えると、日本人なら誰しも「心中」を想起し、たとえば近松の『曾根崎心中』の道行を念頭に浮かべるのではなかろうか。既に第二章において『とりかへばや』の、中将と姉君の道行の特異性を少し指摘しておいたが、ここではそれについて詳細に検討してみたい。

『日本古典文学大辞典』を見ると、道行の項目の最初のあたりに、「「みちゆき」という語は、上古の記録時代以前に、「たび」という語とならんで旅行の意味で成立したと思われる。「たび」は、柳田国男の「賜(たま)び」語原説に従えば物々交換の旅行目的に即した語である。それに比して「みちゆき」は旅行過程に即した語である」という重要な指摘がある。つまり、いわゆる旅というか、人間の空間移動について考えるときに、その目的に重きをおくのと、その過程に重きをおくのと二つの考えがあり、道行は後者の方であると言うのである。

既に述べてきたように、西洋の近代自我はすぐれて目的志向的である。設定された目標にいかにして効率よく到達するか、それによって自我の強さが測られる。このような生き方に対して、目的よりは過程を楽しむ生き方がある。道行は後者の場合であり、おそらくこのことは、わが国の文学・芸術の世界において、西洋に比してはるかに「道行」の多いことを説明する要因のひとつではないかと思われる。

西洋人にとって、人生の目的とは何か、いかにしてそれに到達してゆくのか、という問題を考え、論理的に構築した筋道に従って、それを明確に伝えることが大切であるとすれば、日本人にとっては、人生の目的は自明のことで――つまり来世における成仏――、どちらにしろ、この世の人生はそれまでの過程――つまり道行――なのだから、過程そのものを楽しもうという考えも強くなるのであろう。『曾根崎心中』にしても、その目的は大したことではなく、そこに至る道行を鑑賞することが大切なのである。

河竹登志夫の「「道行」にみる日本美の特質」(5)は、道行を日本独自のものと安易に断定せず、ひろく西洋演劇を、その源流としてのギリシャの劇から見直しつつ、日本の道行の特性を論じていて教えられるところが大であった。河竹は西洋との比較によって、日本の特性を明らかにしているが、そのなかで特にわれわれの論議に関連するのは、日本人の「視聴覚的感覚的嗜好性」とでも言うべきものの優位性の指摘である。「これは日本人が本性的に、ことばによる抽象や知的過程を通じての内容の論理的段階的把握という、いわば生物としては二次的なまだるっこいプロセスを好まないという、民族性に由来すると考えるほかはあるまい」と河竹は述べている。かくして、日本の芸術においては、道行ということが非常に大切となった。このことを踏まえて、『とりかへばや』の道行を見てみよう。

宰相中将はかねての打合せ通り、妊娠した右大将(姉君)を網代車に乗せて、こっそりと宇治に向かう。

「宇治へおはする道すがらも、「こはいかにしつるわが身ぞ」とかきくらさるるに、月澄みのぼりて、道のほどもをかしきに、木幡《こばた》のほど、何のあやめも知るまじき山賤《やまがつ》のあたりをうちとけ、幼くより手ならし給ひし横笛ばかりぞ、吹き別れむ悲しさ、いづれの思ひにも劣らぬ心地《ここち》して。」

短い文だがこの中に実に多くのことがこめられている。河竹登志夫は前述の論文で、日本の道行の特徴のひとつとして、「人間と自然ないし地誌との密接微妙な有機的関係」をあげている。ここではほんの少しの描写ながら、右大将の心の中は闇に等しいのに、「月澄みのぼりて」というところに、将来の展望がひらけることを予示させている。そこで右大将は幼時より吹いていた横笛と「吹き別れよう」とする。つまり、横笛は男性の楽器なので、今日を限り女になろうとしている右大将にとっては、今生の思い出となる演奏なのである。

ところで、同行する中将の方は、想いを遂げてこんなに嬉しいことはない。右大将の笛の音に合わせ、「扇うち鳴らして、「豊浦《とよら》の寺」と謡《うた》ひおはす」調子の良さである。しかし考えてみると、これは何とも不思議な道行である。事情を知らずに見る人は、二人の男が笛と謡に打ち興じているとしか見えないだろう。それはそれで美しい情景である。しかし、実はこれは男と女の微行なのである。そして、男の方は最愛の人を手に入れて喜びでいっぱいなのに比し、女性の方は自分の運命を悲しみ複雑な心境である。

河竹登志夫の言う日本人の「視聴覚的感覚的嗜好性」に訴えた道行の描写である。見る人の立場によって、それは幾重にも変化する状況であり、美しさの中に滑稽味さえまじってくる。このような道行と、トリスタンとイズーがマルク王の怒りを買い、危うく命を失いそうになりながら、何とか脱出してモロアの森へと向かう経過とを比較すると、その差はあまりにも歴然としている。

日本のこの道行にも背後には死が存在している。明らかなことは右大将という男性の命はここで絶えるのである。だからこそ、今を限りと吹く横笛の音も哀切に響くのである。しかし、外見は二人の男ののんびりとした旅とさえ見えるかも知れない。ここで二人の男の姿に同性愛を連想し、にわかにグロテスクと感じる人があるかも知れない。確かに、たましいの美は普通の美よりも、はるかにグロテスクに接近する。しかし、その一歩手前のあたりで、これはとどまっているように筆者には感じられる。

『とりかへばや』の倫理

『とりかへばや』の男女関係はあまりにも無節操に見える。男女が簡単に結びつくのみならず、その間には同性愛的と言えるような状況が出現するし、だからこそ「醜穢読むに堪えざるところ」などという批評がほとんど定評にもなりかかっていたわけである。果して『とりかへばや』は、何の倫理性もない読物であろうか。まず、これを考える上において、われわれが身につけている道徳的判断の枠組をまずはずすことが必要である。たとえば、現在のわれわれの採用している一夫一妻の道徳観に基づいて、平安時代の男女の行為を無節操などと裁いてみても何の意味もない。それよりは、われわれの今もっている枠組をはずして、できる限り平安時代の男女に接近し、できれば同一化することによって、そのなかから何らかの倫理観を探し出すことを試みる方が面白いであろう。

　平安時代の人々の生き方を考える上で、非常に大切なことは、彼らがわれわれよりもっと死に近接した生を生きていたということであろう。死というのは段階的に到達し得る目的ではなく、いついかなるときに訪れてくるか知れぬものなのだ。彼らにとって、真の目標はこの世にはなくて、死んだ後の生にあるのだから、生と死が近接した生を生きつつ、常に想いをあちらに馳せることが必要であった。

そのような意味で、死に極めて近い体験として性《セックス》ということがあったのではなかろうか。最近の臨死《ニア・デス・》体験《エクスピアリアンス》の研究によると、臨死の状態にある人は、よく体外に遊離した意識体験をしている。それはまことに奇妙な状態で、ともかく体外の一点(多くは右上方)から、自分の瀕死の身体およびそれを取りまくすべての状況を「見る」ことができるのである。(6) 既に述べたように、性体験はエクスタシー(外に立つ)に導かれる。男女の限りない一体化と、それらの外に立って見る、次元の異なる意識体験は、生と死とが限りなく近接した体験を得さしめることになったのではなかろうか。それは自我と他の自我との関係の成立ではなく、自我の溶解の状態であり、それは当時の人間関係の基盤となるものではなかったろうか。

ただ、そのような溶解は堕落や破滅につながるものであることも彼らはよく知っていた。それを防ぐための、ひとつの座標軸として、「美」ということがあったのではなかろうか。従って、美ということが倫理的規範となったのである。美しいものは善なのである。従って彼らにとって和歌をつくることは必須の条件であった。両者の会った体験は、何らかの意味で「自然」と結びついた形で美しく謳う必要があった。二人の自我が溶解すること、それは自然の流れのなかへ同一化することであった。ここにいう「自然」は西洋の近代でいう、自我と対立する自然《ネイチャー》ではなく、東洋的な自然《じねん》のことである。

ロマンチック・ラブはもともとは精神的超越を目指すものとして、性関係を拒否したが、既にジョンソンの説によって示したとおり、それは世俗化された無意識的な宗教的欲求の顕われとして、性関係を伴うと共に、一神教の影響を受けて、相手を一人に限定することが必要であった。それに対して、日本の自然的な溶解体験の方は、相手を一人に限定する必要はなかった、というよりは、それも一種の宗教体験に類することであるだけに、それ相応の時、場所、人、を選ぶものではあっただろうし、そのうち個人と個人の関係が深くなってくると、相手が一人に限定されることもあったろうが、それはロマンチック・ラブのように一人でなければならない、というのではなかった。

このように考えると、「色好み」ということが当時は非難されるよりも、むしろ称賛されることだったことも理解できる。あるいは中村真一郎の説くように『伊勢物語』の業平像が「貴族の理想像としての、位置を獲得していくようになり」、鎌倉時代になると「ほとんど神話的人物にまで上昇する」ことも了解できるのである。(7)

美ということが最も重要指標となるが、その次元が深くなり、たましいの次元にかかわってくると、それは既に論じたように両性具有的なイメージに強く作用してくる。従って、それはグロテスクとすれすれになってきて、『とりかへばや』の同性愛的なシーンにもつながることになる。それは表層の意識によって判断すれば「醜穢」かも知れないが、たましいの次元においては「美」となるのである。

ロマンチック・ラブが愛一筋とするならば、ゲーテの『親和力』は、愛と直交する座標軸としての倫理ということがあったが、『とりかへばや』の場合は、性と美ということが直交する座標軸として取りあげられているように思われる。もちろん、この際、性についても美についても、現代人のわれわれが日常的に経験したり、それについて考えたりしているのとは、既に論じたように非常に異なるものであることを前提としている。

コシ・ファン・トゥッテ

「たましいの美」などと言うと、いい加減なことを言って、作品のもつ不道徳性をうまくごまかしてしまう、と叱られるかも知れない。ここで、「不道徳」な筋書ながら「たましいの美」を描き出した作品として、モーツァルトの歌劇『コシ・ファン・トゥッテ(女はみんなこうしたもの)』を取りあげて、論じてみたい。

こんなところにモーツァルトの歌劇が顔を出すのは、お門違いと受けとられそうだが、筆者にとっては類似の点が強く見えるのである。礒山雅による「コシ・ファン・トゥッテ」論が、そのために大いに役立ったので、彼の言葉を引用しつつ、筆者の考えを述べることにしよう(8)。

礒山によると、コシ・ファン・トゥッテは最近になって人気があがり、『ドン・ジョヴァンニ』を上回るようになった。「にもかかわらず、研究者・識者のこの作品に対する位置づけは、いまだ曖昧なままであるようにみえる。この作品のもつ一見きわめて「不道徳」なストーリーが多くの《コシ》論の歯切れを悪くさせており、表現こそさまざまでも、結局は、「台本は悪いが音楽はすばらしい」と考えるものが多くなっている」とのことである。もうひとつつけ加えるべき興味あることは、ベートーヴェンが『コシ』の内容に怒り、『コシ』のようなオペラは作曲できないとして、「こうしたものには嫌悪感を感じるのです。……私には軽薄すぎます」と述べたという。大先生が嫌悪感を感じるところが、何やら『とりかへばや』と似てくるのである。

ところで、「不道徳」と言われる『コシ』の内容をごく簡単に紹介しておこう。台本作者はダ・ポンテで、オウィディウスの『変身物語』を参考にしたといわれているので、このあたりから「とりかへ」の技法のヒントを得たかも知れない。

場面は、イタリアのナポリ。グリエルモ、フェルランドの二人の士官はそれぞれ、フィオルディリージ、ドラベッラ姉妹と婚約している。この二人の士官と老哲学者との間の、女性の愛に関する口論から、女性の永遠の愛を信じる二人の士官が、戦場に召集されたとうそをつき、その後にアルバニア貴族に変装して現われ、フェルランドはフィオルディリージに、グリエルモはドラベッラに、相手をとりかえて猛烈な愛のアタックを試みる。二人の必死の愛の表現に、はじめはかたくなだった姉妹もついに折れる。さあ結婚というとき士官たちが戻ってきて現場をとりおさえ、「女はみんなこうしたもの」(コシ・ファン・トゥッテ)であることが証明される。

この話のなかで、女性の愛を侮辱している点が「不道徳」と非難されるわけである。しかし、モーツァルトの本当に言いたかったのは何なのだろうか。アルバニア貴族に変装したフェルランドはフィオルディリージに愛を訴えるが、彼女は冷たく突き放す。そこで、フェルランドは「この剣で胸を突き刺して下さい」と迫り、とうとうその愛の力に動かされたフィオルディリージは「神々よ、助けたまえ」と叫び、続いて二人の愛の二重唱になる。礒山はそこで、「このすばらしい二重唱を通じてモーツァルトが表現しようとしたことは、いつわりの愛のおかしみではもちろんありえない。またそれは、女性はかくも誘惑されやすいもの、という卑俗な認識でもないと思う。モーツァルトはここで、愛のすばらしさをたたえているのである。たしかに出発点においては、フェルランドの求愛はいつわりのものと設定されていた。しかしモーツァルトの音楽とともに、それはいつしか純粋でひたむきな訴えへと高まっている」という。この礒山の意見を納得させるものは、モーツァルトの音楽そのものである。それは「たましいの美」に達し、表層の道徳や秩序を破壊してしまう。「婚約」ということを基礎にした愛と、命を賭けた愛と、どちらが本ものなのだろうか。

姉の婚約者グリエルモ、妹の婚約者フェルランド、このカップルは、不変と考える二分法的秩序を破り、「とりかへ」は起こり得るのだ、とモーツァルトは言いたいのである。二人の男たちは自分たちが女性に対して、愛とは何かを教えてやるつもりでだましていたのに、本当のところは、女性のたましいを動かす愛とはどういうものであるかを、教えられたのだ。礒山は「みじめなのはだましたはずの男の方であり、彼らはいまや女たちによって、愛とはなにかに目を開かれる。副題「恋人たちの学校」の構想に、ここでは深い逆転が起こっている」と指摘している。たましいがかかわってくると、このような「深い逆転」がよく生じるようである。

礒山は、『コシ』の内容に怒るのは、彼の知るかぎり、すべて男性(ベートーヴェン大先生をはじめ)であって、女性ファンの方が、今まで述べてきたような『コシ』の本質を直観的に理解し、楽しんでいるようだ、と述べている。このことは、筆者が『とりかへばや』の作者が、女性ではないかと思っていることにつながることと思っている。もっとも、モーツァルトは男性ですよ、と言われるとさっぱりではあるが。

モーツァルトの『コシ・ファン・トゥッテ』という「たましいの美」を感じさせるオペラによって、一般的道徳というものが、たましいの美によって超えられる、あるいは、それとは無縁のものになることを示したが、次に、そのような愛に伴う苦悩ということについて述べることにしたい。

苦悩

『とりかへばや』のもつ重要な主題のひとつは苦悩ということである。男女の性変換がトリックスターのように自分の意志によってなされ、自分がイニシアティブをとって全体をかきまわしていくのではなく、まったく運命的に天狗の力によってなされたものであるだけに、主人公の苦悩は深い。特に姉君の方は、外見的には華やかな宮廷生活のなかで、官位があがり、恵まれた結婚をして……というわけで、もっとも幸福に見えながら、自分の妻が妊娠し、それは自分の子でないことを知りつつ嬉しい顔をして対応していかねばならぬあたりは、苦悩の絶頂と言っていいだろう。それにまた、彼女自身が妊娠してしまうのだから、苦悩は深まるばかりである。

『とりかへばや』を筋道だけ追ってゆくと、姉君の出世物語のように見える。当時の女性の望む最高位である皇后となり、自分の息子が天皇になったのだから、めでたしめでたしである。しかし、この物語を読むと、そのあたりはまるでつけ足しのように最後のところで、バタバタと店仕舞のようなあわただしさで語られる。物語全体のバランスで言えば、苦悩の部分の方がはるかに長いのである。

『とりかへばや』のこのような傾向をもっと鮮明に打ち出しているのが、『寝覚』である。この物語についてはここでは取りあげて論じないが、主人公たちの「出世」の経過と、その間に常に存在し続け解決されることのない「苦悩」との併存がまことに印象的なのである。

王朝文学について早くから注目すべき論を発表し続けてきた中村真一郎も、『とりかへばや』も含めて、王朝文学における「苦悩」の意義を強調している。[9] 中村は「現代の生活の規格化は、人間の個人的なもの、内面的なもの、魂というものへの関心を薄くさせている」と述べ、それに比して王朝文学に語られる苦悩が、「真の魂の苦悩」であることを『源氏物語』を例として示している。『とりかへばや』や『寝覚』の場合にしろ、その苦悩の特徴が「どうしようもない」ところにあり、その「どうしようもない」苦しみを受けながら、主人公が主人公なりの努力を続けるなかで、その苦悩の色合が微妙に変化してゆくのである。

中村は「苦悩というものの表現をとおして、魂そのものの存在に思い当ることになる」と言い、「この見地から改めて見直すと、王朝物語の系列の持つ、新たな文学史的価値が、浮び上って来るだろう。『狭衣』『寝覚』『とりかへばや』、そして、散逸してしまった多くの同時代の物語は、ことごとく、人間の苦しむ能力の極限の研究だといえる」として、これらは「ほとんど宗教的小説なのである」と結論している。

死への近接感は、たましいの存在に気づかせる。たましいへの重要な通路として、性ということを選び、それに必然的に伴う苦悩の大切さを知りつつ、それらに「形」を与えるものとして「美」を用いていた。これら王朝時代の生き方は、宗教・芸術・哲学が渾然一体となったものなのであった。

「性」を通路とするのではなく、逆に禁欲によって精神の高みに達しようとした、本来のロマンチック・ラブにおいても、苦悩は重要な要素であった。ジョンソンは、次のようなルージュモンの言葉を引用している。[10]

「われわれがとりわけ実現不可能な愛の物語を喜ぶのは何故であろうか。それは、われわれが火傷を渇望しているからであり、われわれが内に燃えているものを意識したいからである。苦悩と理解とは深いところで相互につながり、死と自己認識は同盟している。西欧のロマンティシズムはこの意味で、苦悩、とりわけ愛の苦悩が理解のための特権的な様式となっている人間の場合と同じである。」

ルージュモンは「苦悩と理解とは深いところで相互につながり」と述べており、ジョンソンはこれを受けて、苦悩によってこそ人間が「意識化」できると強調している。この苦悩を通じての意識化を行わない限り、安手のロマンスは「しばしば無意味なくり返し」をするだけである、とジョンソンは言う。

ところで、『トリスタン・イズー物語』における苦悩と『とりかへばや』における苦悩は、どこか異なるものとして感じられないだろうか。

ジョンソンは苦悩のロマンチック・ラブにおける意義について論じるに当り、中世の吟遊詩人《トルバドール》のクレティアン・ド・トロアの詩を引用している。ここにその一部を紹介すると、

「私の苦悩は／私の意志したもの／私の意志が／私の苦悩となるのだから。／このように願望することに／私は大きな喜びを見出すのだから／私は／心地よく苦しもう。」

とある。つまり、その苦悩は当人の「意志したもの」なのである。トリスタンは苦悩と戦い、苦悩を求め、そこには常に彼の強い意志を感じさせる。といっても、そのそもそもの起点に、愛の妙薬という存在があることを忘れてはならないが。トリスタンと比較するなら『寝覚』はまさに好対照である。主人公たちの苦悩は主人公たちの意志をこえて送られてくる。それにトリスタンの苦悩が愛を求めての苦悩とするなら、『寝覚』の主人公は、

愛を避けることによる苦悩を味わっているのだ。それは積極的な戦いの姿勢ではなく、ひたすら苦しみを受けいれることによって苦悩を深めてゆくのである。

西洋と日本とその方法は異なるにしろ、たましいに至る道に苦悩が伴うことは共通のように感じられる。

知の抑制

『とりかへばや』の男性の行動を見ていると、女性に対して好きと言えばすぐに会いに行くところなど、まったく抑制心を欠いているように思われる。しかし、このことは既に述べたように現代とは倫理観が異なるのだから、そのことによって単純に善悪をあげつらうのは見当違いのことである。そのことよりも、彼らが見事な抑制を示したところがあるので、それに注目してみたい。

話も終りに近づいたところで、帝が、中宮が自分と接する前に子どもを生んでいて、それが宰相中将(そのときは大納言になっているが)の育てている若君であることを、中宮と若君との会話を盗み聴きして知るところがある(五九頁参照)。帝はその点を詳しく直接に中宮から聞きたいと思い、あれこれと話をしかけるが、中宮は顔を赤くしてそむけたままである。原文を見ると、「御顔いと赤くなりてうち背き給ひぬるうつくしげさぞ、類《たぐひ》なき」とある。その姿が何ともいえず美しかったのだ。そこで帝はどうしたのか。

「いみじき咎《とが》・過失《あやまち》ありとも、うち見む人ばかりだに何の咎も消え失せぬべき御有様を、まして年月重なるままに、同じ腹にのみ御子《みこ》たちなり行き給へば、御心はいかなるにつけても、いよいよ御志深くのみこそなりまさらせ給ふめれ。何事にかは御心劣りせさせ給はむ。うち重ねて御殿籠《おんとのごも》りぬ。」

あまりの美しさに、それを見るだけでどんな罪も消えてしまう。それに中宮からばかり子どもが生まれたのだから帝の愛は深まるばかりで、その夜も抱き合って眠られたのである。つまり、帝はそれ以上、事実を知ろうとしなかったのである。

ここにはっきりと「知ることの抑制」が認められる。愛し合う二人はともかく「一体」となることを願う。しかし別々の人間が完全に一体となることはない。性急な一体化の実現はしばしば死につながることになる。この世で、異なる人間としてしかも愛し合うとき、どこかで一体化への抑制を必要とする。従って、そこには愛し合うが故に性関係を断念するなどという考え方も生じてくるのである。

平安時代の男性は性関係についてはは抑制がないとしても、知ることに対する抑制があった。それはやはり一種の美的感覚によるものだった、と考えられないだろうか。帝が知ることを思い止まるところでは、中宮の類のない美しさの描写があった。抑制を壊すと美が崩れるのである。美にはバランスの感覚が重要なのである。

ところで、中宮と別れた方の若君のその後の態度も立派なものである。彼は直観的に中宮が自分の母であることを悟り、乳母に対して、「母と思われる人に会った」と報告するが、それ以上のことを聞きたがる乳母に何も洩らさないし、父親の宰相中将には、母に会ったということさえ言わないと決心する。子どものときから既に、秘密をどの程度、誰に対して守るべきかを彼は心得ているのである。

このことは、現代においても、母親が子どものことをすべて知ろうとし、親に対して子どもが秘密を持つのは悪であると思っている人がいるのと好対照を示している。何によらず、人間は「すべて」を望むと破滅する。ただ何を抑制し、何を抑制しないかという点は個々人にまかされているのだ。

注

（1）　今道友信『愛について』講談社、一九七二年。

(2) ベディエ編、佐藤輝夫訳『トリスタン・イズー物語』岩波書店、一九八五年。
(3) ロバート・ジョンソン、長田光展訳『現代人と愛』新水社、一九八九年。
(4) ゲーテ、望月市恵訳「親和力」、『ゲーテ全集 第七巻』人文書院、一九六〇年、所収。
(5) 河竹登志夫「「道行」にみる日本美の特質」、『国文学論攷 鈴木知太郎博士古稀記念』桜楓社、一九七五年、所収。
(6) レイモンド・ムーディ、中山善之訳『かいまみた死後の世界』評論社、一九七七年。
(7) 中村真一郎『日本古典にみる性と愛』新潮社、一九七五年。
(8) 礒山雅『モーツァルト あるいは翼を得た時間』東京書籍、一九八九年。
(9) 中村真一郎「王朝文学の世界」、『王朝文学論』新潮社、一九七一年、所収。
(10) ルージュモン『西欧と愛』、ジョンソンの前掲注(3)書に引用されている。

第六章　物語の構造

『とりかへばや』を理解する上において、やや脱線とも思えるほどに、西洋の作品を取りあげ、それとの類比を軸として論議を展開してきた。今まで述べたことによって、筆者の『とりかへばや』理解の大筋は示されたことになるが、本章は最終章として、それらのまとめとすると共に、ある程度、物語の筋の流れにも沿って、物語全体の構造をみるような形で、話を進めてゆきたい。

1　運　命

運命があるか無いか、などということは問題にならない。それを、木星にも月があるか、などという問題と同列に扱おうとするのは、一層馬鹿げている。運命というのは、人間の内的体験の在り方に対するひとつの命名で、ある個人がそのような体験の在り方を容認するかしないかは、その人の判断にまかされているし、そもそも運命というものをどのように考えるか、自分の人生観、世界観のなかにどう位置づけるか、ということも重要である。運命という言葉が嫌いな人でも、神という言葉の好きな人もある。この際も神が在るか無いか、ということよりも、それがどのような神として、その人の全人生にかかわっているか、ということが大切であろう。

『とりかへばや』の話のはじまりは、天狗である。もっとも話のはじまりには明らかにされないが、姉と弟との性変換は天狗の仕業であることが後で語られる。天狗の力によって、姉と弟はまったく自分たちに責任のない苦悩を背負わされる。父親の左大臣にとっても同様である。かくて、中村真一郎が「人間の苦しむ能力の極限の研究だ」[1]というほどの苦しみが、これらの人およびそれを取り巻く人たちの間に起こってくる。

筆者は心理療法家という職業のため、当人にとってまったく責任のない苦悩を背負っている方にお会いすることが多い。なかには、その「責任」を無理矢理他人に押しつけて、恨んだり嘆いたりする人もあるし、やたらと「みんな私が悪い」と責任をかぶりたがる人もあるが、そんなことでは何も話が発展しない。運命と呼ぶかどうかは別として、自分のおかれたその状況と正面から取り組んで、自分に課せられた運命の意味を見出してゆこうとすると、不思議に状況が変ってゆくのである。そして、問題が解決する頃には、最初は恨んでいた運命に対して、その意味がわかったと言われることが多い。

『とりかへばや』の天狗の意味を考えるときに見逃してならないのは、吉野の隠者の存在である。全体の話を通じて天狗は一度も姿を現わさなかった。しかし、吉野の隠者は重要な役をもって登場し、最後は消え去ってゆく。この両者に共通のところは、常人とまったく異なる能力をもっていること、それと消え去る時が一致していることである。つまり、既に指摘しておいたが、天狗の姉弟君に対する力が弱まって、彼らがもとの性に戻るときと、吉野の隠者が身を隠すときとが、一致しているのである。このことは、両者の密かな結びつき、あるいは、両者はもともとひとつの存在の二側面ではないか、ということが考えられる。

このようなことを考える基礎には、既に引用したエリアーデの論文において、反対の一致(coincidentia oppositorum)について、「神と悪魔の近親関係」のことが大いに論じられているという事実がある。彼は『ファウスト』と『セラフィタ』の両者とも「反対の一致と全体性の神秘が問題となっている」ことを指摘し、神と悪魔の親近性を示す、多くの例をあげている。エリアーデは多くの興味深い例を示し、それらは「善」と「悪」との近親関係を示していると述べている。ここにそれらの例を紹介する余裕はないが、ひとつだけ筆者の好きなブルガリアの伝説をあげておこう。(2)

「神はひとりぼっちで歩いていた。彼は自分の影に気づき、叫ぶ《起きよ、友!》。サタンは神の影から立ち上り、われわれ二人で「世界」を分配しようと持ち掛ける。大地は我に、天空は神に、そして生けるものは神に、死せるものは我にと。彼らは、この事柄に契約のサインをする。」

サタンが神の影だというところが面白い。これらの話を多く紹介した後で、エリアーデが「悪存在の事実に対する神の責任滅却の必死の努力なのである」と言っているのは皮肉っぽい表現である。

筆者としては、運命というものは善悪の区別などないもので、それを人間がどう受けとめるか、というときに、善・悪などという判断が生じるのではないかと考えている。

偶然

『親和力』には天狗らしいものは全然現われて来ない。神も現われて来ない。しかし、次のような文がある。それは、エードアルトがオティーリエに密かに手紙を書くところである(第十三章)。エードアルトはオティーリエに書いた手紙を机の上に置いたままにしていたこともあって、侍僕が誤ってそれをアイロンで焦がしてしまう。次にオティーリエからエードアルトへの返事を落として、シャルロッテに拾われる。これらのことについて、ゲーテは次のように書く。「彼は警告されたのであった。二ども警告されたのであった。この不思議な偶然の徴《しるし》は、神と呼ばれる者が、私たちをいましめようとする手段ともみえるが、しかし、その徴もエードアルトの情熱には理解できなかった。」

　ここでゲーテは偶然を神の警告ともみえる、と言っている。偶然というのは、簡単に言ってしまえば、人間が支配できる因果法則に基づかない現象である、と言えるだろう。あるいは、人間の意志とまったく無関係に生じた現象もそうである。そのとき、それが生じたときに「神の警告」と取るか取らぬかは本人の判断にかかわっている。

　人間がまったくの偶然と思っていることでも、よく見ていると偶然とも言い難いことがある。たとえば、図6に示したような三点、ＡＢＣがあるとすると、これは別に何ということもない三角形である。ここで、こんなのは何のこともない偶然にできた三角形さ、と思う人と、正三角が少し変形している→正三角形のはずだと思いこむ人とがある。前者の人は偶然を偶然のままに棄ててしまう人である。後者は偶然に何かを読みとろうと焦りすぎる人である。ところが、続いて点Ｄが見えてくる。ＡＢＣを正三角形と見る人は、Ｄの存在を無視するであろう。しかし、ＡＢＣＤを二等辺の台形と思い込む人もあるかも知れぬ。その人は、続いて点ＥＦＧが出てくると、うるさいと感じるかも知れない。しかし、Ａ……Ｇの点を全体として眺める人は、それが同一円周上にあることに気づき、次は、Ｈあたりに点があらわれないかなと予想してみたりもできるのである。

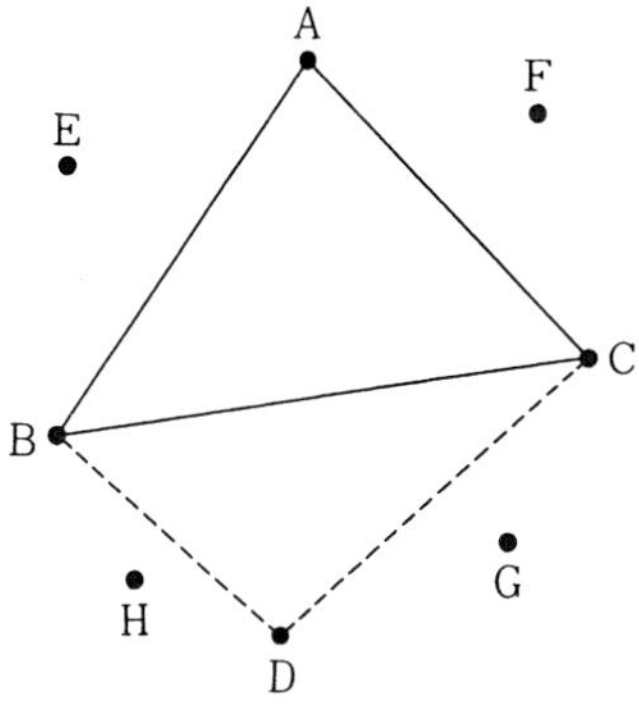

図6　全体の構図

　全体の構図を見出すためには焦ってはならない。継時的に起こる事象をすぐに因果的に結合させようとせず、暫く待ちながら、全体をぼんやりと眺めていると、隠されている構図が浮かびあがってくるのである。

『親和力』のなかには多くの偶然が語られる。残念ながらそれをいちいちあげられないが、その全体の構図を見ると、ゲーテは愛の座標軸と直交するもう一本の座標軸を浮かびあがらせようとしていることがわかる。もし愛に生きたいのなら、もう一方の座標軸の存在に鋭敏でなければならない。それがゲーテが言いたいところのように思われる。

『とりかへばや』も偶然に満ちている。この偶然を馬鹿らしく感じる人は、こんな物語など読みすすんでゆくことが出来ないであろう。しかし、それを人間の意識的な能力を超えた、たましいによる布置として読みとってゆくと、理解できるのである。

『とりかへばや』の偶然のなかで、そんなことは起こりそうにない、と感じられるものに、左大臣が見た夢と現実とが一致するところがある。それは第二章に左大臣の夢として述べたが(四九頁参照)、夢に現われた僧が、明朝にもよい報せがあるだろうということと、天狗の劫も尽きたこととを告げ、事実、その翌日の朝、左大臣は弟君からよい報せを受けるのである。ここで起こりそうにないとは言ったが、絶対に起こらないと言わなかったのは、筆者のように夢分析の体験を数多く持っていると、極めて稀ではあるが、このようなことに出会うからである。

ユングはこのような意味のある偶然の一致の現象が起こることを認め、非因果的な条理としての共時性《シンクロニシティ》の存在を考える。これは、継時的に因果的には説明できないが、共時的に意味のある偶然の一致が存在することを認めているだけのことであって、それをむしろ、偽の因果律によって説明することを拒否しているのである。別に説明がつかないのだったらそんなことがあると言ってみても何も役に立たないと思われるかも知れないが、そのようなことがあると思っていないと、せっかく生じている布置を見逃してしまって、ここに述べたような全体的構図の意味を読みとることに失敗してしまうことになりがちである。

運命と意志

『とりかへばや』の頃は、人々は運命や神や天狗や、その他もろもろのともかく人間の意志の力を超える存在を疑うことなく受けいれていたことであろう。現代人は自我の力によって何でも出来るような錯覚を起こしているので、運命などというと馬鹿げていると思ったりするわけであるが、実際のところ、人間の自我はそれほどのオールマイティではない。そのことをフロイトは無意識の存在の重要性として示したのであったが、これもうっかりすると、人間の自我によって無意識が分析し尽くされたりしそうな錯覚をもつ人が生じることになる。そこで、運命とか天狗とか時代がかった用語を用いているわけである。要するに、自我を超える存在を認めること、そのはたらきに注目すること、が重要であると言っているのである。

だからといって、人間の意志が重要でない、と言っているのではない。実は『とりかへばや』のなかでも、人間の意志の重要性がはっきりと述べられているところがある。

その第一は、姉君が子どもを出産した後に、子どもとの関係について重要な決定をするときである。出産後に姉君がまず考えたことは、中将が四の君との間を往来する姿を見て、こんな男を頼りにできないし、かといって男姿にいまさら戻ることもできない、というので吉野山にはいって尼になろうとする。ところが、「この若君の捨てがたく、憂き世の絆《ほだし》強き心地し給ふ」とあって、立ち去る決心がつかない。ここで既に論じた「絆《ほだし》」という語がでてくるのも印象的である。

しかし、その後に弟君に会い、弟君が一度京都に帰って後に、再び宇治に来て、姉君と共にひとまず吉野に行こうと誘ったとき、姉君はわが子との別離をはっきりと決意している。しかしそれは簡単に決められたわけではない。姉君は子どもを連れて出るのはこの際不都合だと知りつつ、見捨てることは悲しいので葛藤に苦しむ。しかし、「生きてさえいれば行き会って顔を見ぬこともあるまい。あれほど評判されていたわが身が、この子がかわいいといって、こんなふうに人並みでなく男の通ってくるのを待つのを楽しみとして、生涯を過ごしてよいはずはない」と堅く決心するのである。

と言っても決心どおりに簡単にはいかぬのが人情で、姉君は子どもを抱いて一夜を泣き明かしたりする。しかし、当日には決心どおりに子どもと別れるのだが、そこのところは次のように記されている。桑原博史による現代語訳の方を示しておく。


その夕暮、男君が例の近い所においでになって、連絡なさると、せんだってのように乳母《めのと》の私室にお入れ申しあげて人の寝静まるのを待つ間、女君は、平静でおられず動揺しておられるが、乳母にもそのけはいを見せないでいる。ただ若君をずっと見守って、「子を思う道にふみ迷って悲しい」と、他人事でなくお感じでいるうち、夜も更けたようだ。

人が寝静まると、最初の時のようにお入れ申しあげる。女君に御連絡申しあげると、心も落ち着かず懊悩しておられる。

「では、この子をしばし」

と若君を乳母に抱きかかえさせなさると、若君が目をさましてお泣きになるのを見守りつつ、身を分けて残して行くような気分で、お出になる。人は何よりも、子を思う道の闇にたとえられる親心は代えがたいものだのに、そうはいっても、男姿で慣れてこられた名残の、気強さがあるからだろう。

ここで子どもに対する姉君の愛情の深さが示されているが、結局はきっぱりとそれと別れる決心をするところが印象的である。つい最近まで日本人の大好きであった「母もの」の場合は、このようなときは必ず母親が「自分を殺して子どものために生きる」ことに相場がきまっているのに、このような逆の決定が語られているところは注目に値する。また、そこのところで「男装で慣れてこられた名残の、気強さ」を持ち出してくるところも興味深い。

姉君のこの意志による決定と相応するのが、弟君(尚侍)が「本来の姿に戻って、右大将(姉)を探したい」と決意するときである。このときは誰に言われたのでもなく、一家の不幸の状態のなかで自ら決意する。この場合も明確な意志が感じとられるのである。

西洋の物語に比して、この物語には戦いがないこと、苦悩にしても、トリスタンのように自ら求めて行く姿勢ではなく、ひたすら受けいれる姿勢によることなどを指摘してきた。つまり、自らの意志によって逆らったり戦ったりすることなく、自然の流れ(あるいは運命)に身をまかせているようでありながら、ある一点において、極めて積極的な意志を示すことを、われわれは認識しておかねばならない。おそらく、このような転回点がなかったら、だんだんと破滅へと向かってゆくのみになるのであろう。

『とりかへばや』を読んでいて不思議に感じることは、全巻を通じて固有名詞がひとつも出て来ないことである。姉君にしても、侍従、三位の中将、中納言、右大将、などと官位の上昇に従って呼ばれ、それがその他の人も同様に変化してゆくので、困ってしまう。このことは、現代において「個人」ということを考えるのとは異なった感じで、人間が受けとめられていたことを示しているのであろう。現代においても、「個人」の感覚は日本人と欧米人とでは異なっていると言うべきである。

固有名詞のない話といえば、すぐに思い浮かぶのは昔話である。「昔々あるところに、一人の男が居ました」というような話のはじまりで、時間、場所、人物を特定しない。そもそも昔話はその作者も特定できないところに特徴がある。このことは、昔話がある個人の意識の状態とあまり関係のない話をしていることを示している。ある個人が何を考え何を感じたかを語るのではなく、多くの人間に共通の無意識のはたらきを語るのであり、昔話の登場人物は一人の人間というより、無意識のはたらきが人間のイメージをもって示されていると言っていいだろう。従って、昔話は個々の人間の感情について語ることはほとんどない。娘が父親に腕を切られようと、そこに悲しみや苦しみについて語られることはないのである。

小説では登場する人物の性格をうまく書きわけることが必要である。一人の人間の心のひだまでをうまく書きあげねばならない。そして、その世界ではあり得べきことのみを書かねばならない。ファンタジーという異なるジャンルになると別であるが、ともかく近代小説は現実に起こり得ざることを書いてはならないことになっている。それにもっと不思議なことは偶然におこる事象も、あまり書くと評判が悪いことになっている。

『とりかへばや』のような物語は、昔話と近代小説の中間に存在しているようである。「物語」といってもいろいろあり、なかには小説に近いものもあるが、『とりかへばや』などは、まさに中間的である。従ってこれは昔話のように、人間に普遍的な無意識のはたらきについて相当に語っているが、個人的感情についても、ある程度述べられている。しかし、やはり重点は前者に置かれているので、たとえば「菊千代抄」において語られたような、異なる性を生きることに伴う苦痛などは、ほとんど語られないのである。ただ、昔話ほどではないので、姉君の苦悩などはある程度は語られている。しかし、中村真一郎の言うように、「人間の苦しむ能力の極限の研究」と言えるものではあるが、重苦しくて読むに耐えない、などということはないのである。やはり、重点は苦悩を通じて知るたましいの方に置かれているのである。

近代文学は心のひだを描いてみせるだけでもいいし、もし、たましいのことを語るにしろ、個人の心の在り方を無視しては作品にならぬし、あくまで、心を通じてしかたましいのことは語れないのである。それに、たましいにつきものの偶然についてあまり語られぬので、たましいについて述べることは非常に難しくなってくる。

その点、物語はたましいの方に重きをおいているために、いわゆる「外的現実」の方は少しおろそかになってくる。というより、たましいの真実は「物語る」ことによってのみ伝えられる、というところがある。たとえば、『コシ・ファン・トゥッテ』において、自分たちの婚約者の変装を女性たちが見抜けない、などというそんな馬鹿なことはあるか、ということになると、このオペラを全部否定することになる。しかし、既に述べたように、モーツァルトの伝えたい、たましいの真実、真の愛ということを伝えるためには、このような「物語」を必要とするのである。このことがわからない人は、こんな「子どもだまし」の話は駄目だと言うが、それは大人の常識という「大人だまし」にいかれてしまって、たましいと切れてしまっていることを示している。

『とりかへばや』では、姉と弟との「とりかへ」が誰にも気づかれない、などというあたりが「物語」的性格を如実に示しているところである。それにしても、この物語は外的現実の把握もよくできていて、構成も描写もなかなかよく、何とか無理のないように努力している。『有明けの別れ』の方は、隠れ簑などの「昔話」的要素が多くはいっている感じがする。『とりかへばや』では、ただ一点だけ、姉君が男から女になるときに、髪がのびる「薬」を使うところが非現実的な場面である。作者はそこのところを残念に思っただろうか。

2　トポス

哲学者の中村雄二郎は「近代科学や近代合理主義とはちがった知のあり方」を探ろうとして、バリ島を訪ね、その結果、『魔女ランダ考』という注目すべき書物を出版した。(3) そのなかで彼は「宗教も芸術もほとんど生活のなかに溶けこみ、生活の一部となっている」バリの文化について論じ、その特徴のひとつとして、「バリの文化と生活においての、コスモロジー(宇宙論、世界論)の強い支配と、それにもとづく場所《トポス》の意味の濃密化」をあげている。場所というものが、単に北にあるかとか、海に面しているかなどということではなく、「濃密な意味」をもっているのである。

中村はまた、「トポスには昔から「議論の隠された場所」という意味があり、その場所を知ることで発見的な議論が可能になるものと考えられていた」とも述べている。このような意味合いを持つものとして「場所」ということを考えてみる。『とりかへばや』の場合もなかなか深い意味を見出せるのである。(4)

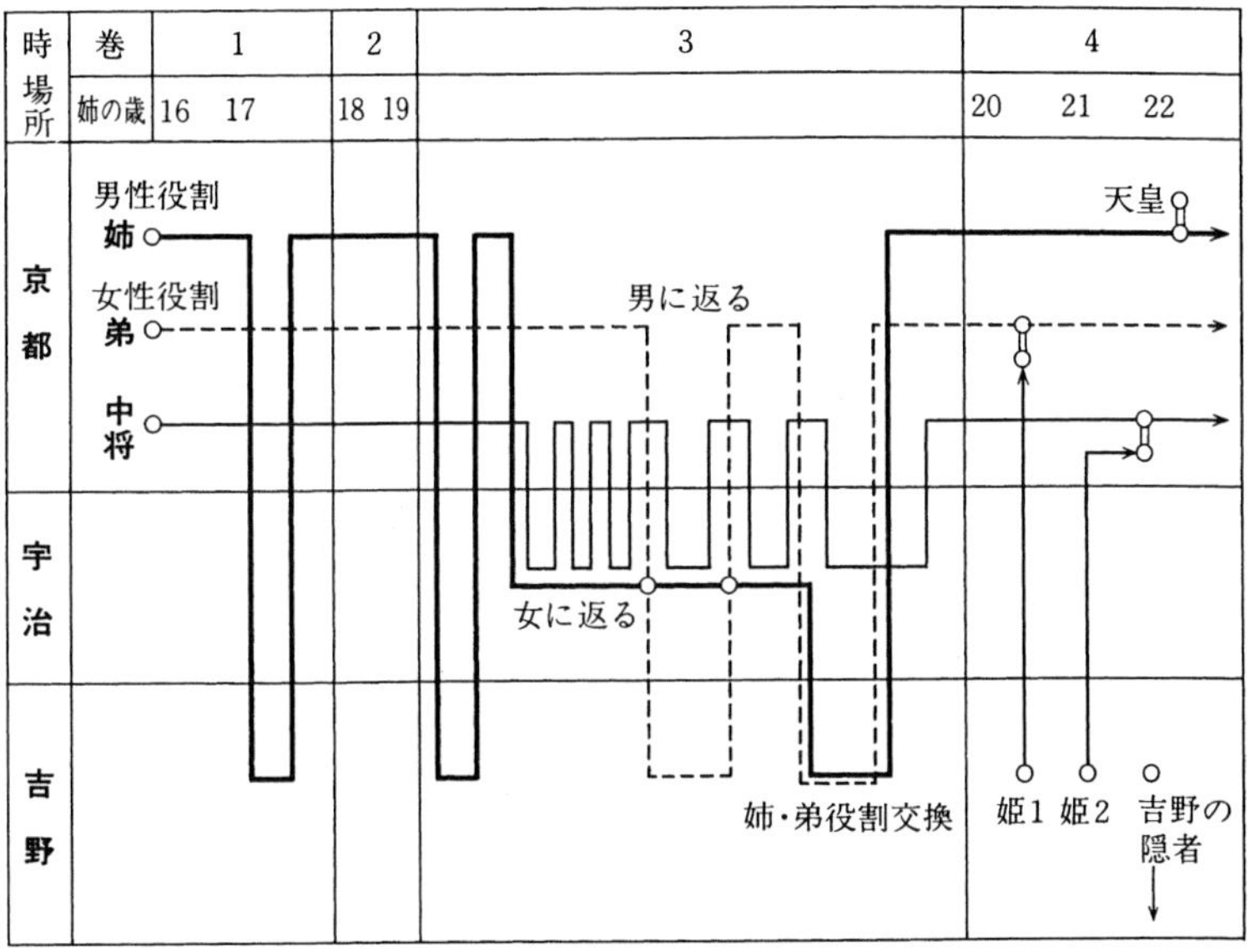

図7 『とりかへばや』主要人物と場所

京都・宇治・吉野

『とりかへばや』の話は、最初は京都における朝廷を中心としての貴族の話として展開する。しかし、姉君が出家を願って吉野を訪ね、また、宰相中将が姉君の隠れ家を宇治に設定したりしたために、この三つの場所の間に往来が生じてくるのである。

そこで、一巻より四巻に至る話の経過に沿って、重要人物たちがどのような動きをしたのか、それを簡略化して図に示すことにした(図7参照)。京都・宇治・吉野に場所を分け、姉君・弟君・中将の動きを跡づけただけのものであるが、これを見ても結構興味深い事実が浮かんでくる。

まず、注目すべきは中将の動きである。彼は特に三巻のあたりでは大活躍で、京都と宇治の間を何度も往来している。人物関係図を見ても、彼がたくさんの愛情関係をもっているスターであることは一目瞭然である。ところが彼は宇治までは行くが、吉野の存在とは無縁なのである。

宇治は桑原博史も指摘しているとおり、『源氏物語』でも重要な場所であり、その音《おん》が「憂し」につながって「暗い世界」である。確かに、そこは都から離れ、ひそかに愛人の姉君を隠しておける場所なのである。「右大将失踪」ということで、何とか探し出そうとする人も、まさかここに右大将が女の姿で隠れ住んでいるとは、思いもかけないのである。

これに対して、吉野はもうひとつ深いところである。宇治までは京都から徒歩で日帰りが可能であるが、吉野となるとそうはいかない。それに相当な山奥である。宇治と吉野とでは風景がまったく異なっている。このように奥深いところだが、その「音」で言えば、よしは「善」に通じると桑原は指摘している。恐ろしげな場所と感じさせながら、それは「善」の場所なのである。

ここで特徴的なのは、姉君も弟君も吉野に来ていることである。中将には手の届かない場所だが、この姉弟は来ているのだ。実は、この二人は宇治で出会っているのだが、お互いに相手を認知できていない。弟君はそれ以後に吉野に来てはじめて、自分の出会った人が姉であることを知るのである。吉野における「知恵」に接して、宇治における真実を明らかにすることができたのである。

次に吉野において起こった重要なことは、姉と弟が役割の交換を決意し、それに必要な知識の交換を行なったところである。つまり、この物語の発展のために必要な「秘密」のことがここに生じたのである。このことを誰も知らないのであるが、特に宰相中将の知恵は「宇治どまり」でここにまで及んでいない、というのが大切なところである。

中将はおそらく右大将を宇治にかくまったときは得意の絶頂であっただろう。宮中の人々がすべて男と信じている右大将を、自分の愛人として匿い、しかも彼女はそこで出産するのだ。こんなことは誰も知るまい、と彼がひそかに北叟笑んでいたとき、突然に愛人が子どもを残したままで消え失せてしまう。このときの中将の悲しみを、作者は「事のよろしき時や、あはれなる歌なども詠《よ》み、思ひ続けらるるにこそありけれ」とうまく表現している。つまり、普通の時だったら、悲しい歌なども詠んで考え続けられるのだが、ということで、中将は歌も詠めないのである。ここに生じたことは彼の想像をまったく絶していたのだ。宇治と吉野とははっきりと次元の異なる場所なのである。

吉野の意味

今まで述べてきたことで、京都・宇治・吉野という場所《トポス》の対比が明確になったと思われるが、ことのほかに大切な吉野の意味についてもう少し深く考えてみることにしよう。

吉野の意味を体現しているのが、吉野の隠者である。彼は帝の第三子という天皇の血統に属し、唐に遊学したという。つまり、彼の「知」はこの世とは次元の異なるものであることが示されている。そして、今や彼は浮世に対して何も望みを持たず、それと切れた生き方をしている。よほどのことがない限り、吉野と京都はつながることはないのだ。彼の二人の娘は、母親が中国人であるという事実により、その存在がどこかでこの世ならぬものとかかわっていることを示している。

浮世とのつながりを捨てている隠者も、娘たちは何とかしてやりたいと思っている。この世を超えた能力をもつ人にとって、娘たちは明らかにその弱点であり、人はしばしば、その弱点を通じて他人とつながるものなのである。彼に娘が居なかったら、右大将といえども関係をもつことができなかったのではなかろうか。

この奥深い吉野と京都をつなぐ最初の動きは、右大将である姉君によってはじめられる。日常の世界から非日常の世界へと行き、そこに住む女性を獲得する話は、西洋の昔話などのお得意の話だが、そこに登場するのは男性の英雄であり、彼は目的達成のために戦うことが多い。ところで、この話では、まず登場したのは男装しているとはいえ女性であり、彼女はもともと世を棄てるために吉野にやってきたのである。

右大将(姉君)は、吉野の姫たちに紹介されるが、部屋の傍に行っても人声がしないので、

吉野山憂き世背きにこしかども言問《こと》ひかかる音だにもせず

と詠んでいる。彼女は吉野を憂き世と対比させている。その憂き世(京都)から背いてやってきたが、誰も言葉をかけてくれないようだ、と言っているのだから、吉野と結びつくことの難しさを意識しているようである。

女性の右大将が後に役割の交換をなし遂げ、男性の右大将となったとき、彼は都に吉野の姉姫を連れて行こうとして誘っている。これに対し、姫は逡巡を示し、

住みわびて思ひ入りけむ吉野山またや憂き世に立ち帰るべき

と詠む。ここでも京都は「憂き世」として表現されている。憂き世に住むのが辛いと思い吉野山に住んでいるのに、またも憂き世に帰っていいものか、と言うのである。京都から吉野につながるのも大変だったが、吉野から京都につながるのも大変なのである。

しかし、結局のところは、男性の右大将は姉姫を京都に迎えることに成功し、妹姫を宰相中将と結婚させることになる。吉野と京都とのつながりを何とか完成させたのである。

しかし、このときを機会に吉野の隠者はもっと山奥へと身を隠してしまう。これは、ある意味では前章に論じた、知の抑制につながることである。すべてを知る者は、すべてがうまくいったとき、この世に留まってはならないのだ。京都と吉野がつながると言っても、それはすべてを知る隠者が京都へ出て行くことを意味しない。もし、そのようなことを意図すると必ず何らかの破壊が生じてくるのである。

中将は宇治しか知らぬと言ったが、最後には吉野の妹姫との結婚によって、吉野とも少しはつながってくる。こうなると、中将は不可解な「右大将(姉君)の失踪」について、秘密の鍵を握っていると思われる自分の妻に問いただしたくなってくる。結局のところは、彼女の「事情《わけ》があるのだ、とお思いなさいませな。聞いて事情を明らかになさったところで、もはや絶えはてた野中の清水は、汲み改めようとしてもむなしいことですから、御心中の苦しさも増し、悪い噂が世間に漏れるというのも、よろしくありません」と言われ、納得するのである。吉野の知は、何かに関する知ではなく、知ることの抑制という知であることを、中将は知ったのである。このようなバランス感覚を身につけることが必要なことを、姫は教えたのである。

夢三題

夢というものは、わが国の古代、中世の人々が非常に大切にしていたものである。それは神の声を伝達するものであった。中世の物語や日記などに、夢が重要な意味をもって語られる。『とりかへばや』も例外ではない。夢が大事な役割を担っている。しかし、それは単純に夢を信じるなどというのではなく、なかなか味のある多様な受けとめ方を示してくれるのである。

『とりかへばや』で実際の夢について語られるのは一か所だけである。ところが、夢がうまく使われるところが二か所ある。まず、その第一の方を見てみよう。

姉君（中納言）が自分の妻、四の君の妊娠を知って絶望し、出家遁世の志を強くするところがある。そこでまず吉野の隠者を訪ねようとするのだが、そのためには暫く身を隠さねばならない。そのとき何と言って理由づけをするかが難しいわけである。そこで、「夢いみじく騒がしく見ゆ、と告ぐる人あれば、清きわざせさせに、七八日ばかり山寺になむあるべきに」というわけで、夢見がおかしいと告げる人があったので潔斎のために山寺に行く、とうまく言い抜けるのである。人が訪ねてきたりすると気がまぎれるから、と行先もあまり明らかにせずに出かける。こんなときに「夢見」ということをうまく利用するところが興味深い。夢を啓示として大切にする反面で、結構このように自分の意志によってご都合主義的に利用しているのである。

これは夢だけではなくて、方違《かたたが》えとか物忌みとか、いろいろな半宗教的、半呪詛的な考えを、一方では信じこんでいながら、他方ではそれを利用して、自分の都合のよい方に使っていたわけである。この当時の人々の行為を、「――を信じているか、いないか」というような二分法式な断定によって判断しようとしても、うまくいかないだろう。

姉君（中納言）の行なった、この「夢の利用」は単純でわかりやすい。しかし、尚侍（といっても姉君が弟と役割交換をしてなった新尚侍）の行なった「夢の利用」は少し手がこんでいる。姉君が弟と入れ代って新尚侍として出仕すると、東宮は妊娠して苦しんでいる。その間に東宮の世話をしていた東宮の宣旨は、いったい東宮がどうして妊娠したのか不思議でならない。尚侍こそはその秘密を知る人と思うから、出仕した尚侍にじわりじわりと問いつめる。この会話は東宮も聞いているわけだから、尚侍としてもなかなか説明が難しいわけである。

そこで尚侍は東宮の妊娠はまったく思いもよらず、右大将の失踪で驚いて帰宅したまま病気になってしまって、なかなかこちらに来られなかった。ようやく元気になって参上しようとしていると、「なんとまあ右大将がこっそりと、もしや東宮さまは御妊娠ではないかと夢を見たが、その後たしかめるべきつてもない状態なので、早く参上してその辺の事もお世話申しあげるようおっしゃってきたので、しだいに事情が理解できたのです」と言う。何とも曖昧な言い方だがこれを聞いて、宣旨は「この女《かた》が同意して右大将さまをお導き申しあげたのだ」と想像して納得するのである。

これは実に巧妙な「夢の利用」である。尚侍は東宮の相手の男性が誰かについて、直接には何も語っていない。右大将の夢をデッチあげて語り、それを東宮の宣旨もそんな夢などうそであることを百も承知で、そのことによって、東宮の相手が右大将であると思い込むように仕組んでいるのである。これもただ宣旨が想像するのにまかせているのだから、尚侍としては何の言質もとられていないのである。この夢の利用は、先のに比べるとレベルがひとつ深くなっている。

最後のは、本当の夢の話である。これは「左大臣の夢」として既に詳しく述べたが、共時的に外的現実と一致する印象的な夢である。この夢によって、吉野に生じた深い真実が、京都の左大臣にもたらされる。これこそ啓示的である。このような深い夢の存在を知りつつ、なおかつ、既に述べたような夢の意識的利用をしているのだから、この頃の貴族もなかなかしたたかである。おそらく、政治的な目的においても、相当な夢の利用が行われたのではなかろうか。

ところで、ここに示した三つの夢の話はそのレベルを異にしていて、トポスとしての京都・宇治・吉野のレベ

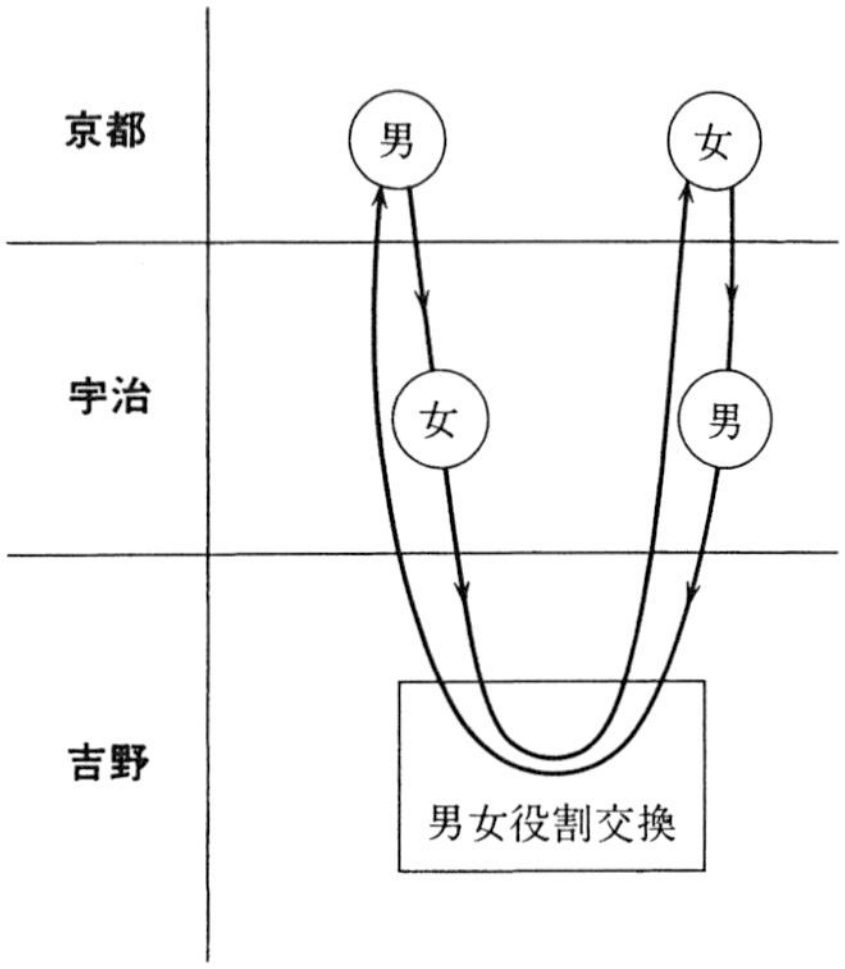

図8　男女の軌跡とトポス

ルに相応しているような感じを受ける。つまり、夢にかかわる意識状態が順次に表層から深層へと深まっているのである。

　このようなことを考えると、京都・宇治・吉野の三層の特徴を、ユングの言う、意識・個人的無意識・普遍的無意識の三層と対応させてみるのも、あながち牽強付会とも言い難いと感じられる。男装の右大将が宇治で女になり、女装の尚侍は宇治で男となって両者は会うが真の出会いは起こらない。吉野に至ってはじめて彼らはしっかりと会い、対話を交わして役割を交換し、京都へ帰ってゆく。これを、図示すると（図8）、たましいのイメージを示した図4（一一九頁）と類似していることが感じられるであろう。

　人間が両性具有的であるとすれば、ここに示したような変換が、深層の変換装置を通じてなされると考えると、人間の一生もなかなか面白いものである。もっともこのような深層への回帰を経ずに変換を行うと危険性は高いし、あまり面白くもないことだろう。こんなことも言ってみればひとつの夢の話である。

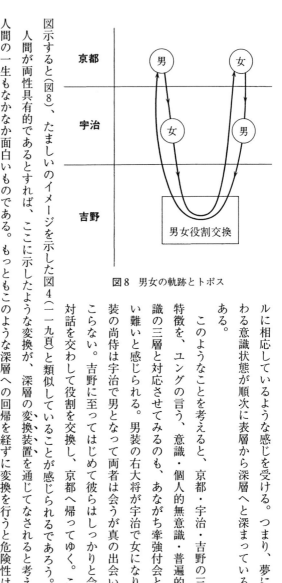

3　再婚の意義

『親和力』のなかで、シャルロッテとエードアルトが大尉を招くことについて話し合っているとき、彼女は

「大尉さんはおよそあなたと同じくらいのお年で、その年輩になって男の方は初めて――あなたを喜ばせそうなことをかくさずにいって上げますわ――愛することもでき、また、愛される資格もそなわるのですわ」と言う。シャルロッテはわざわざ「男の方」と限定しているが、ともかく壮年に達して、初めて愛することや愛されることができるようになると言っているのだ。筆者は男・女どちらの場合もそうではないかと思っている。

このように考えると、もし若い時に結婚をするならば、壮年になって再婚をするのが望ましい。それがうまくいくときは、同一の相手に対して象徴的に離婚・再婚をするということになる。これは人格の急激な変化を経験するときの、象徴的な死と再生の体験と相応するものである。筆者のところに相談に訪れられる夫婦に、問題が解決した後で「再婚旅行」をすすめたりしているのも、このような考えによっている。

相手が変って、実際に離婚・再婚をする人もある。しかし、この際に大切なことは、その意義をはっきりと把握していないと、ジョンソンも言うように、同じことの繰り返しになる可能性が高い。こんな人は再婚ではなく安易な初婚を繰り返しているのである。

『とりかへばや』には、いろいろな意味における再婚(広義においての)が数多く語られている。それらについて考えてみたいが、その前に、再婚の意義について深く考えさせてくれる昔話「炭焼長者」のことについて少し触れておきたい。このことは既に『昔話と日本人の心』のなかで論じたのであるが、話の関連上、簡単に述べておかねばならない。

炭焼長者

炭焼長者の昔話は日本人の心性を考える上で非常に重要なものであり、前記の拙著の最終章に取りあげたものである。多くの類話があるが、そこで取りあげた話の要約を示すと次のようになる。

東《あがり》長者と西《いり》長者は友人だったが、ふとしたことから西長者は、自分のところに男の子、東長者には女の子が生まれ、それぞれに竜宮の神が竹一本の位と塩一升の位を授けると知る。西長者は自分の息子の位が竹一本ではぐっと低いので何とかしようと思い、東長者に対して生まれてくる子どもたちを結婚させると約束をとる。子どもたちは十八歳になって結婚する。ところが五月のあらまち(大麦の収穫祭)に妻のつくった麦飯を、夫はこんなものは食えないとけとばしてしまう。女房はそれを見て離婚を決意し家を出る。途中で倉の神が「炭焼五郎は心も姿も美しい働きもの」と話し合っているのを聞き、炭焼五郎を訪ね、押しかけ女房となる。翌日、二人で炭のかまどを見て歩くとどれにも黄金が入っていて、二人はたちまち長者になる。竹一本の位の男はだんだん貧乏になって、炭焼長者のところへ来て、その女房が以前の自分の女房と知り、恥じて自殺してしまう。

この話で一番特徴的なところは、父の意志に従って結婚した相手が自分にふさわしくないと、はっきり知ったときに離婚を決意し、次に倉の神から得た情報を基にして、炭焼五郎と結婚することを決意するところである。このような女性像に対して、筆者は「意志する女性」と名づけ、その意義について論じたのである。この主題が『とりかへばや』にも現われてくることを、後に論じるが、昔話において日本人を考える上で重要と思ったことがここにも生じていて、我意を得たりと思っている。

「炭焼長者」は昔話であるから、長篇の小説や物語とは違って、人生のある局面のみが強調されて出てきており、「意志する女性」の姿のみが目に映るが、『昔話と日本人の心』において既に論じたように、他の日本の昔話を見ると、日本女性の耐える姿も強く称賛されている。しかし、まずはじめに運命であれ、父親の命令であれ、「受けいれる」ことを学び、耐えてゆくにしろ、ある「とき」が来たと感じたならば、明確な拒否の意志を示す

「意志する女性」が重要となってくる。もちろん、そこで倉の神の声を聞きわけたり、炭焼五郎に結婚を承知させたりする力がそなわっていないときは、離婚の意志はすぐに幸福につながるとは限らないのである。

再婚の意義を感じさせる昔話は日本のものだけではない。西洋のグリムの昔話「つぐみ髯の王様」はそのような話の典型である。ある王女は非常に気位が高く、父の王様のアレンジした求婚者たちをこき下ろして相手にしない。最後の求婚者がつぐみのような髯をしていたので「つぐみ髯」と仇名をつけ笑いものにする。父王はカンカンに怒り、娘を翌日の最初にやってきた乞食と結婚させると言い、そのとおりにする。娘の王女は乞食の妻となってさんざん苦労するが、最後に、その乞食がつぐみ髯の王様の変装であったことが明らかにされ、二人はめでたく結婚する。

ここでは、最初が乞食、次が王との結婚(相手は同一人物だが)で、再婚の意義が語られるのだが、娘ははじめに拒否の意志を強く示し、その後に耐えることを学ぶわけで、日本のプロセスと逆転しているところが非常に興味深い。つまり、どちらを先にするにしろ、拒絶の意志と、すべてに耐えることと、両方を学ぶことが必要であり、その間に真の相手を見出すことができるのであろう。

さまざまの再婚

『とりかへばや』のなかには、広義に解釈すると、さまざまの再婚が認められる。というよりは男女がそれぞれの心のなかの異性像を求めてゆく上で、相当な変遷があったことを示している。

たとえば麗景殿の女性にしても、彼女は同一人物と接していると思っているが、実は姉君より弟君へと変化しているわけである。最初は和歌を交換し、優しく接するものの性的関係を伴わない関係だったが、次にはそれが変化して、終りのあたりでは、女の子を出産する。吉野の姉姫に対しても、右大将としての姉君がはじめに接して後に、弟君の新右大将に変る。このあたりは、男女の愛も、最初は女性同士の同性愛的様相を示し、それをうまく経ることによって、男女の愛に変化してゆくことを示しているとも考えることができる。

あるいは、内的に考えると男性にとってのシスター・アニマというものが、いかにアニマへの導き手になっているかを示すものとも考えられる。男性のアニマ像ははじめ母親像をベースとしてつくられ、次に姉のイメージが強くなる。つまり、母親から分離するのだが、すぐに異性の他人に接するのは困難なので、姉がその中間役をするわけである。血のつながっていない年上の女性に対して、恋人としてよりむしろ姉のイメージをもったりするのもこの類である。シスター・アニマは日本の物語にはよく登場する。安寿と厨子王の物語の安寿などはその典型である。

沖永良部島で採集された昔話の「姉と弟」では、姉が男装して旅に出て、「花のもーしん城」で見こまれて聟になってくれと言われる。(5) そこで聟入りの約束をし、後で弟を自分の身代りに行かせる。ここでも姉が男装して弟の結婚の道を切り拓くテーマが見られるので、このテーマはわが国にはひろく分布しているものかも知れない。

内なる異性とのつながりという見方をすると、そもそも左大臣は二人の夫人を持っているが、それを東と西とに住まわせていることは、文字どおりの「北の方」を見出していないことを暗示しているとも考えられる。話の冒頭に二人の夫人の子どもを紹介した後で、「奥がたたちの御容姿が、どちらもそれほどすぐれていらっしゃらないことを、不本意で、残念なことにお思いであったが、今ではお子たちがそれぞれに愛らしく成長なさるので、どちらのお方に対しても、縁は絶ち切れぬものとお思い申しあげなさって、今はそれなりに落ちついた仲でいらっしゃるようだ」とあって、必ずしも満足していないことが書かれている。いうならば、社会的な意味での結婚はしているわけであるが、内的な異性像を見つけないままでいることが示されているわけで、その残された仕事を子どもたちが受けついでいると思うと、話の筋がよくわかる。

そういう点から言えば、弟君が吉野にまで行き、そこで中国の血を分けもっている吉野の姫君を獲得してきたことは、非常に大きい仕事をした、と言わねばならない。一夫多妻の制度のために、彼は他にも四の君、麗景殿の女と関係があり、四の君とは結婚もしているが、やはり吉野の姫がもっとも大切な女性であることは明らかである。これら三人の女性はすべて姉が中間にはいっての関係であるが、彼が直接に関係した東宮とは、その後はあまり関係をもてない。女性像の変化という点から考えると、東宮→吉野の姫という線と、四の君→吉野の姫という線と、二筋の道が、吉野の姫に収斂したとも考えられる。

男性像の変遷

異性像の変化を考えると一番興味深いのが姉君の体験である。再婚という点から言えば、最初の四の君との結婚、そして、再婚の相手は帝であり、中宮になった、というわけで再婚の意義は明瞭であるが、その間における男性像の変化を細かく見てゆくと興味深いのである。

姉君は最初は男性として生きている。これは男性としてなどというのではなく、男女同等にと考えていいかも知れない。実際、中学生くらいまでは、時には体力的にも知的にも女性の方が男性より優れていたりして、男女差にほとんどこだわらずに、あるいは、同級生の男性など弱くて頼りないと思って生きている女性は多い。それに男性的ということを体力のことだけではなく、既に述べた男性原理ということにすると、日本の男性は一般に男性原理に弱い者が多いので、ますますこのような感じを強くもつ女性は多いのではなかろうか。

姉君と中将とのつき合いは、従って「仲間」それも同性の仲間のつき合いであり、そこには性愛ということがあまりはいりこまない。中将の方は姉君の美しさを「桜の花のよう」と感じたりして、ほのかに性的な感じをもっているかも知れないが、姉君の方はそんなことはほとんど感じていない。

四の君との結婚は、もちろん無理のある話だが、無理を承知で話を続けてゆくと、姉君のように男性性を身につけた女性は、女性的な男性と結婚する。それは優しい心のつながりはできるかも知れぬし、性的関係もあるかも知れぬが、性本来のもつ衝迫性を感じさせられることはない。他から見ると羨ましいし、言うことはないのだが、当人たちにとってはそのままでは十分ではない。もちろん中将と四の君の関係ができるまでは、彼らの関係もそれなりに安定していたであろう。

この間の状態を女性同士の同性愛の段階と考えていいかも知れない。それ以前の男性の仲間としての関係にはあまり性的ニュアンスはなかったが、この段階では少し違ってきている。しかし、女性としての優しさが関係の基調になっている。この関係も長続きするものではない。そのうちに、姉君は相手の四の君の愛が他の人――しかも男性――に移ってゆくのを感じる。ここで、姉君は相当の苦しみを味わう。彼女はだんだんと苦しみを「受けいれる」ことを学んでゆく。

そんなときに、男性としての中将が現われる。それは有無を言わせぬ力をもって侵入してくるものであった。姉君は女性であることがどんなことであるかを、身体存在のレベルで知ったのだ。自分が男性原理を行使して、その点では男性と同等に生きていても、それは身体存在のレベルまで及ぶものではない。それは衝撃的な経験であった。外から侵入してくるものとしての男性を受けいれることによって知るのである。この経験を重ねるうちに、姉君はそのような中将の訪れを「待つ」自分を発見して驚いてしまう。彼女はそれまではもっと積極的だったのである。「待つ」ことや待ち人の来る嬉しさを、はじめて知ったと思いつつ、他方では彼女は訪れてくる男性を全面的に受けいれられなかった。男性原理という点で、彼女の目——男性の目と言っていいかも知れぬ——から見て、中将は明らかにもの足らぬ人間であった。

この葛藤のなかで、姉君はまた相当に苦しまねばならない。彼女の苦しみが頂点に達するほどのときに、助けとして弟が現われる。性のつながりではなく、血のつながりによる強い男性の支えを、彼女はこの際必要としたのである。これは弟でなくて他の人でも、要は性的関係を伴わぬ男性を必要としたと考えていいだろう。これは中将とある意味で対極に存在することになる。

このような男性の助けもあり、姉君は中将との関係を切断することが可能となる。ここで彼女は男性的な強さを自分のものにしている。

このような多くの体験を経た後に、彼女の真の相手として帝が現われる。内的な中心に関連する男性像として、象徴的には帝とするのが一番適切だったのであろう。ここで、彼らの結びつきをもって話が終っていないことにも注目すべきであろう。出会ってから、女御、中宮などとなってゆく上での苦労もあったであろうし、既に述べたように宇治で産んだ子に会ったときや、帝に自分の過去をどこまで話をするかなど、いろいろなことがその後も生じてくる。しかし、ともかく男性像の変化という点では、帝で打ちどめという感じである。

このような姉君における男性像の変遷を見てくると、西洋の昔話などの典型例として、男性の英雄が怪物を倒して乙女を獲得するという過程に比して、はるかにニュアンスに富み、複雑であることが了解されるであろう。ここに示した姉君の場合は、別に典型でも模範でもない。しかし、男性と女性の結びつきを考えるとき、それは一度で完成するものではなく、何度も分離と結合を繰り返すものである、とは言えるのではなかろうか。

4　心の現実

昔話が人間の無意識の状態について語るのにふさわしいものであることは、既に述べた。物語はそれに比して、それほど簡単には言い切れるものではない。外的現実と内的現実と割切った分け方をするのもどうかと思うが、一応そのように割切ってみても、そのどちらとも関係しているようにも思えてくる。むしろ、そのような区分けのできないあたりのところに存在しているのが、物語の特徴だと言っていいだろう。

従って『とりかへばや』も、いろいろな読みが可能であるが、心の在り方を示しているとして見たときには、どのように読みとれるのかを考えてみたい。

宰相中将の位置

『とりかへばや』の終りは、幸福の大安売りの感じがするほどである。弟君は関白左大臣になるし、姉君は自分の息子が天皇となり、まさに国母の地位につく。麗景殿の女は弟君との間に娘を産み、その娘は東宮の女御となる。そして、宰相中将も昇進して内大臣になるのだ。これでまったくめでたしめでたしなのだが、既に第二章に述べたとおり、最後は内大臣(宰相中将)の心中の描写で終りとなるのである。せっかくだから一番最後だけでも、原文を紹介しておこう。

「さまざま思ふさまにめでたく御心行く中にも、内大臣は、年月過ぎ変り、世の中の改まるにつけても、思ひ合はする方だになくてやみにし宇治の川浪は、袖にかからぬ時の間なく、三位中将のおよずけ給ふままに、人より殊なる御さま・容貌《かたち》・才《ざえ》のほどなどを見給ふにつけては、「いかばかりの心にて、これをかく見ず知らず、跡を絶ちてやみなむと思ひ離れけむ」と思ふに、憂《う》くもつらくも恋しくも、一方ならず悲しとや。」

例の形見の若君が三位中将にまでなって、素晴らしい姿を見るにつけ、どんな気持で、ゆくえをくらましてしまおうと決心したのか、と深い悲しみにひたっている、というのである。

吉本隆明氏と対談した際に、「吉野の隠者は居なくてもいい」ということを言われたが、『とりかへばや』を中将を主人公とする文学として読むと、確かに吉野の隠者は居る意味がないのである。そのとき、これは「色好み」の中将の活躍による、エロスを描いた作品として読まれることになろう。それはそれで吉本氏の言にあるように高く評価できるのである。そのような面を持っているのが、この物語の特徴である。あるいは、前節の終りに示したような読み方を前面に出してくると、姉君を主人公とした、一人の女性の成長の物語としても読めるのではなかろうか。つまり、この物語は、誰かを主人公として読むなら、それに従っていろいろな読み方ができるのである。

しかし、そのなかでも、宰相中将の活躍は際立っている、と言わねばならない。ところで、その彼がどうもわけがわからない、と悲しんでいるところで物語が終るのだから、何とも不思議なのである。

これらの事実と、図7(一九一頁)に示した宰相中将の軌跡を見ているうちに、彼が近代自我のイメージのカリカチュアのように思われてきた。中将は多くの女性に関係し、何でもよく出来るし、よく知っている。世間を騒がせた右大将失踪事件の主謀者は彼である。自分こそがすべてを知っている人間と思った途端に、右大将(姉君)が彼の前から姿を消し、その謎はどうしてもとけなかった。それはつまり、彼が京都・宇治までしか知らず、吉野の存在を知らないからである。

吉野という奥深いところでは、彼の知らない秘密が存在している。そこでこそ、男女の役割交換が生じたのだ。二分法の発想はそこでは効力を失うのである。

近代自我は自然科学という武器によって、昔の人間が思いもかけなかったことをやり抜いた。宇宙科学や生命科学の発展を見れば、それはわかるであろう。人間はかつての神の座をさえ奪いかねまじいのである。近代科学の進歩によって、自分の信仰心をおびやかされた人は多いであろう。

しかし、自我は自分の内界のこととなると、たかだか宇治までで、吉野のことなどさっぱりわからないのである。彼のアニマ(たましい)は突然に消え失せ、その行方はどう考えてもわからない。このことは、近代自我がいかに、たましいから切れた存在となっているかを如実に示しているように思われる。

それではいったい中将はどうすればいいのか。結婚した相手の吉野の妹姫は、中将の知りたい秘密を知っていそうだった。ここに彼はたましいとのつながりを見出せそうであった。しかし、彼女の答えは、「知ることを抑制すること」であった。さまざまの感情に動かされつつ、じっと立ちつくしているような中将の姿を最後の結びとしてもってくるところが、この物語のよさであるように思われる。

目的と過程

西洋の昔話では結婚ということが、ハッピー・エンドの形として主流を占めている。既に論じたことであるが、男性と女性の合一ということが、高い象徴性をもっているのである。それは象徴的には一種の完成である。従って、それが目的とされ、その目的達成のために、主人公たちは多くの困難と戦うことになり、そのひとつひとつをクリアして目的に至り、めでたしめでたしとなる。これは目的が明らかに設定され段階的にそれに近づいてゆくので非常にわかりやすい。

『とりかへばや』もやはり、ハッピー・エンドの物語と言えないことはない。しかし、その目的は何なのだったろうか。そもそも主人公を絞り切れないということから考えても、このような考えは難しくなるが、たとえば弟君を中心と見て、彼と吉野の姫との結婚を「目的」とする物語だったとは、これ全体を見ると、言い難いのではないか。むしろ吉野の姫との関係は、右大将だった姉君とのことの方が詳しく語られているし、弟君と姫が結婚した後も、話はどんどん続き、結婚が「エンド」ではないのである。

それでは、終りのあたりで語られるように、弟君が関白左大臣となり、人臣としての最高位についたことが目的だったのだろうか。もしそのような「出世物語」としてこれが書かれたのならば、やはり主人公の出世のための努力が書きこまれるべきではなかろうか。その点に関して、『とりかへばや』の語るところだけから言えば、主人公は別に何もしていない。節目節目に昇進の事実が語られるだけである。もちろん、当時の貴族は昇進のためにいろいろと努力したことだろうが、そんなことは、この作者にとって関心外のことなのである。

結婚も多くの結婚や恋愛が語られ、確かに部分的には、目的達成の感をもって描かれる(たとえば、帝の尚侍に対する想い)が、それらが全篇を通じての目的ではない。

既に述べたように、当時は死に対して密接した生き方をしていた。彼らの生は死というひとつの関門に至るまでの過程として理解されていたのではなかろうか。もちろん、彼らもこの世の楽しみや出世などにも欲をもっているが、そのような二重の世界に住みつつ、どちらかと言えば、前者の方に重きをおいていたのではなかろうか。

『とりかへばや』では、従って、恋のこと出世のこと結婚のことが語られる。それぞれの祭や儀式に人々が美しく着飾る着物についても、こまごまと記述される。それらのことが一方で大切なこととして人々の強い関心を集めながら、その底で「ひとつの過程」として流れてゆくものがあり、人々の想いは後者の方にひかれていたのではなかろうか。従って、この世の何かが明確な「目的」としては描かれず、それぞれは大事なこととして描かれはするが、要は全体としての流れそのものがもっとも重要だったと思われる。

興味深いことに、最近の深層心理学では、人生における過程を重要視し、目的を軽視する傾向がある。これは近代自我を超えようとする試みのひとつである。近代自我の確立という点を目的として見るとき、そこにはある程度の成長の段階を設定したりできるものだが、近代自我を超えて人間の意識を考えはじめると、このような段階的成長ということに疑問を持たざるを得ないのである。近代自我にこだわらずに人間の意識の在り方をみると、子どもが老人の知恵をもっていたり、成人が子どもっぽい面をもっていたり、既に詳しく述べたように男・女の差がほとんどなくなったりで、極論すれば、人間は生まれてから死ぬまで、すべてのものを持っていて、どれが今生きられているかによって様相は随分と異なるにしろ、いつどのように変化するかわからないのである。階段を登るように順番に進歩してゆくとは限らず、そのときその場で階段のどこにでも現われるようなところがある。そのときそのときの過程が大切なのであって、自分は目的地に対してどの段階にいるかなどを問題にしないのである。しかし、そのためには、われわれはたましいの送り込んでくるものに注意深くなければならない。

自我を確立して強化してしまうと、下手をすると、たましいと切れてしまうのである。何かをしたと言えば、確かにいろいろな仕事をしたことになるのだが、ともかく肝心のところが欠けている気がする。宰相中将のようなものである。

西洋人でも最近はこんなことを考えている人もあるので、『とりかへばや』の発表をしたときに、「ポスト・モダーン」などと言ったのだろう。

過程を大切にするとか、死に近いなどと言っても、それはこの世のことを無視したり、段階的な成長というような考えを否定しているのではない。そのような考えも大切なもののひとつと思っているわけで、唯一絶対と思っていないだけである。人生は実にいろいろな見方ができるのである。

祖父・母・息子

平安時代の人たちも、恋と歌のみに生きていたのではなく、中村真一郎も指摘しているが(6)、男どもは相当な政争に浮身をやつしている。『源氏物語』もそうであるが、『とりかへばや』も、ただそのようなことにはあまり関心がなく、従って、この物語では悪者が出てきたり、相争ったりすることがないのである。

しかし、『とりかへばや』においても、当時の貴族の最高の願いは、ちゃんと描かれている。出家して往生することの他に、この世における願いの方である。当時の最高の権力者は、天皇の外祖父であった。天皇は最高位の人である。しかし、天皇より強いのはその母であり、その母より強いのは彼女の父であった。ここで、息子・父・祖父というふうに父系で話がすすまないことに注意して欲しい。

もちろん、上皇が権力を保持しようとしたり、院政ということもでてくるが、基本的パターンは、この祖父・母・息子の三者構造であった。従って、当時の貴族は美しい娘を持ってそれを天皇に差し出し、その間に男の子が生まれ、それが東宮となる、というのが最大の願いであった。従って男の子よりは女の子の方が喜ばれたのである。ともかく女性が大切なのである。

この政争は考えてみると面白いことだ。何のかのと言っても、夫人を三人持ってみても、それに娘が生まれなかったら、ともかく「第一位」にはなれない。あるいは娘が生まれても、天皇の年齢によっては、うまくいかぬときもあろう。そうなると「第一位」狙いはできないのである。あるいは、天皇の愛が誰かに固定した場合も、そこに割込むのは難しい。こう考えると、当時の貴族が昇進のために相当な戦いをしたとしても、必ずしも本人の実力にのみ頼れないところが面白いのである。

ところで、祖父・母・息子の組のはじまりは、母・息子の組であると筆者は考えている。キリスト教文化のように、父・息子の軸が重要ではなく母・息子なのである。あくまで母が大切なのだが、母・娘というような母系ではなく、母・息子の組を重視するところに日本人の心性の特徴がある。母・息子の組は父性が欠如しているので、ここに父性を加えるとき、父とせずに祖父にするのは、父だとあまり父性が強くなりすぎるということと、祖父・母・息子だと「血」によってつながるという利点があるのと両方である。

キリスト教における父・息子・聖霊という三位一体に対して、わが国においては、祖父・母・息子という三人一組《トライアッド》が大切であるということは、既に他に論じたので、ここでは省略しておく。(7) ただ、『とりかへばや』においても、左大臣―姉君―子ども(これが最後のところで帝位につく)というトライアッドの完成が語られており、全体としての流れ、過程を大切とすると言いながらも、ひとつの目的達成ということも語られていることを指摘しておきたい。特に、話の冒頭が左大臣の悩みではじまるわけであるから、天狗の劫によって悩み抜いた左大臣が、ついに人間としての最高の願いを果した物語としても、これは読めるのである。

このことは、左大臣と対照的に娘を四人も持ち、一人は天皇に、一人は上皇にと添わせていた右大臣と対比させると、左大臣の幸福度がよくわかるのである。右大臣と左大臣は兄弟であり、共に栄えようと努力したのであろう。しかし、結局は帝との間に男の子をもうけた(帝との間のときのみは、女の子より男の方がいいのだ)姉君が中宮となってゆく間に、帝の女御だった右大臣の娘は淋しく宮中を退出してゆくのである。彼女は他の女性より早く入内して「自分こそ」と思っていたのに、帝の愛は姉君に向かい、その間に子どもはできるし、帝の心変りを恨みつつ退出してゆくのだから、このあたりの運命もまた何とも言えない。従ってこちらの方に焦点を当てて『とりかへばや』を読むと、左大臣家、右大臣家の栄華物語としても読めるのである。

一瞬のイメージ

これまでに論じてきたように『とりかへばや』はいろいろな読み方ができる。特にその一部を切り取ってみたりすると、宰相中将を主人公としたり、姉君あるいは弟君を主人公としたりした文学として見ることも可能である。あるいは、少ししか述べなかったが、四の君を主人公としてみても、なかなか深い意味があるのではなかろうか。

このような主人公設定の見方で、最後にひとつつけ加えておきたいことがある。それは吉野の隠者と姫(二人いるが、今は話を簡単にするために姉姫の方のみに注目する)のペアである。老人と美女が何らかの意味での「他界」に住んでおり、そこへ若い男性が訪ねてゆくのは、洋の東西を問わず昔話によくあるパターンである。そのとき西洋では男性と女性が結婚する結末になるのが多いが、わが国の場合は結婚しない方がほとんどである。あるいは結婚しても後で別れねばならなくなる。一番典型的なのは海幸・山幸の神話で、海底に訪ねていった山幸彦は、海神(老人)と豊玉姫に会う。山幸彦と豊玉姫は結婚するが、後に姫は海底に帰ってしまうのは周知のとおりである。

ところが、この物語では弟君と姫は目出たく結婚するのである。これはどうしてなのかといろいろ考えてみた。ひとつヒントになるのは、姉姫と恋愛関係になるのは姉君と弟君と二人であった。つまり、既に述べたことだが、この姉弟はもともと一体の存在が二つに分れたのではないかと思われるところがある。そして、このような結婚が生じるのは、この姉弟はそもそも京都よりは吉野に近い存在なのではないかと感じさせる。つまり、吉野から出て行った両性具有的存在が、二つに分れて、京都では姉と弟として住んでいる。その弟はこのような出自のため、他の一般的日本人と異なり、吉野の姫と結婚したし、姉は京都における最高位の人、帝と結婚することになった。

このような考えは、両性具有の天使セラフィタが地上で、それぞれ男性、女性との愛を経験しつつ昇天して行ったのと、どこかで相通じるものを感じさせる。つまり、セラフィタは昇天したが、もし地上で結婚するなら、『とりかへばや』の姉と弟とのように分れて、彼らがしたような結婚をするのではないかとさえ思われる。セラフィタはこの地から天に昇っていったのだが、たましいの方からこの世に両性具有的存在を送りこんできたら、こんなふうになるのではなかろうか。

また変ったイメージを書きつらねたが、要するに『とりかへばや』は実に多様なイメージと多様な読みをわれわれに与え、ひとつの視点——たとえば近代自我——からのみ見ることを許さないのだ。しかし、考えてみると人間の心のなかのイメージとはこのようなものであり、一筋の道に従って読みとおせるようなものではないのではなかろうか。

モーツァルトは自分の作曲した交響曲を一瞬のうちに聴くのだと言ったという。彼の一瞬の体験を一般の人々に伝達可能な形にすると、それが演奏時間二十分の曲になるのである。聴く方は二十分を要するが、モーツァルトの原体験は一瞬である。イメージというものはそのようなものではなかろうか。

臨死体験者の報告に、一瞬の間に自分の全人生をイメージとして見たというのが割にたくさんある。一生のできごとが一瞬に凝集されて体験されるのである。
このようなことを考えると、『とりかへばや』にながながと語られていることも、ひょっとすると、人間の一瞬のイメージ体験なのではないかと思われてくる。一瞬の体験をわかりやすく話をするとひとつの物語になる。人間の心がどのように変化するか、成長するかなどというのではなく、人間の心の一瞬の在り様が『とりかへばや』という物語に語られているようにも思えるのである。

注
（1）中村真一郎「王朝文学の世界」、『王朝文学論』新潮社、一九七一年、所収。
（2）ミルチャ・エリアーデ、宮治昭訳『エリアーデ著作集 第六巻 悪魔と両性具有』せりか書房、一九七三年。
（3）中村雄二郎『魔女ランダ考』同時代ライブラリー34、岩波書店、一九九〇年。
（4）『とりかへばや』における吉野の意味については、国文学者の鈴木弘道と八木意知男の下記の論が興味深く参考にさせていただいた。鈴木弘道「とりかへばや物語の舞台――宇治・吉野を中心として」、八木意知男「とりかへばや物語管見――吉野宮の記述をめぐって」、『平安文学研究』一九七二年十二月号。鈴木弘道「『とりかへばや物語』における吉野設定の由来」、八木意知男「とりかへばや物語と伊勢物語――「とりかへばや物語管見」補正」、『平安文学研究』一九七三年十二月号。
（5）関敬吾編『日本昔話大成4』角川書店、一九七八年。この「姉と弟」については河合隼雄『昔話と日本人の心』岩波書店、一九八二年、において論じている。〔本著作集第八巻所収〕
（6）中村真一郎、前掲注（1）書。
（7）河合隼雄「水底の三者構造」、『昔話と日本人の心』岩波書店、一九八二年、所収。〔本著作集第八巻所収〕

II

母性社会日本の〝永遠の少年〟たち

母性原理と父性原理

人間の心には多くの相対立する原理が働いているが、そのなかでも父性と母性の原理の対立は、人間にとってまことに重要なものである。この対立する原理のバランスの取り方によって、その社会や文化の特性がつくり出されてゆくと考えられる。筆者は一人の臨床家として、あくまで個人を対象とし個人の心理療法にあたっているものではあるが、その個人の心の中に彼をとりまく社会や文化の在り方が反映されていると感じることが多い。そして、以後に例をあげて論じるように、最近わが国において急増してきた登校拒否症や、あるいは、わが国に特徴的と言われている対人恐怖症(1)の人たちに接している間に、その背景にわが国の母性文化の特質というものが存在していることを痛感するようになった。これらの事例においては、自我の確立の問題が大きい比重を占めているが、そのこと自体が日本の母性文化に根ざしたものであると考えられるのである。

ところが、たまたま、松本滋氏の「父性的宗教と母性的宗教(2)」の論に触れて、氏がその専攻する宗教学の立場から、筆者と同様の結論に達していることを知り興味深く感じたのである。臨床家としての筆者の考えが、宗教学専攻の方の論と重なり合うことを知り、嬉しく思ったのだが、筆者の論点は松本氏のそれと微妙に喰い違う点もあり、それについては以下の論議のなかで明らかにしてゆきたい。

母性の原理は「包含する」機能によって示される。それはすべてのものを良きにつけ悪しきにつけ包みこんでしまい、そこではすべてのものが絶対的な平等性をもつ。「わが子であるかぎり」すべて平等に可愛いのであり、それは子どもの個性や能力とは関係のないことである。

しかしながら、母親は子どもが勝手に母の膝下を離れることを許さない。それは子どもの危険を守るためでもあるし、母—子一体という根本原理の破壊を許さぬためといってもよい。このようなとき、時に動物の母親が実際にすることがあるが、母は子どもを呑みこんでしまうのである。かくて、母性原理はその肯定的な面においては、生み育てるものであり、否定的には、呑みこみ、しがみつきして、死に到らしめる面をもっている(3)。

これを余りにも単純で抽象的な説明とするならば、ユングが母性の本質として述べている三つの側面をつけ加えて考えてみると、もう少し具体的となるだろう(4)。彼は、母性の本質として、慈しみ育てること、狂宴的な情動性、暗黒の深さ、をあげている。ここに、暗黒の深さは何ものも区別しない平等性と、すべてのものを呑みこむ恐ろしさを示している。狂宴的な情動性は、かつてギリシャにおけるディオニソスの教団が行なったような、すべてのものが等しく自然のままの衝動の動きを体現することを示している。

これに対して、父性原理は「切断する」機能にその特性を示す。それはすべてのものを切断し分割する。主体と客体、善と悪、上と下などに分類し、母性がすべての子どもを平等に扱うのに対して、子どもをその能力や個性に応じて類別する。極端な表現をすれば、母性が「わが子はすべてよい子」という標語によって、すべての子を育てようとするのに対して、父性は「よい子だけがわが子」という規範によって、子どもを鍛えようとするのである。父性原理は、このようにして強いものをつくりあげてゆく建設的な面と、また逆に切断の力が強すぎて破壊に到る面と、両面をそなえている。

このようないわば相対立する二つの原理は、世界における現実の宗教、道徳、法律などの根本において、ある程度の融合を示しながらも、どちらか一方が優勢であり片方が抑圧される状態で存在しているのである。筆者は松本滋氏と同じく、日本の傾向は母性的な面を優勢とすると考えているが、それを端的に示している例を次に示そう。

これはある三十歳代の男性の夢である。(5) 夢は人間の心の深層に存在する傾向を、時に生き生きと示してくれるものである。

一人の女性がいた。彼女の二人の姉は、ある強い男に強奪されたか、殺されたかということである。そして、その男が彼女をも犯そうとやってきた(何か昔話のようで、人身御供のようであった)。わたしと誰か(兄らしい)は二人で彼女を守ろうとしていた。しかし、男が来たとき、われわれはそいつが強すぎて戦っても無駄だと知った。そこでわたしは(男性だが)、彼女の身代りになろうと思った。わたしは身体を横たえながら、女であることのかなしさを感じた。

この夢の解釈の詳細は略すとして、ここで最も印象的なことは、この夢を見た男性が戦うのではなく、それに屈服することによって一人の人を救おうとしている点である。しかも、彼は女性になってまでそれを行おうとしている。

ここで、筆者の念頭にすぐ浮んだのは、西郷信綱氏の指摘している親鸞の六角堂参籠の際の夢である。(6) 親鸞の夢に顕われた救世観音は「汝宿報によってたとえ女犯するとも、われ女身となって犯され、一生の間よく仕え、臨終には導いて極楽に生まれさせよう」とお告げを与えたという。

たとえ女犯するということがあっても、菩薩が女となって犯され、なおかつ最後には極楽に導くというのだから、まさに徹底的な受容による救済である。女犯という行為の善悪などは問題にされず、ただあるがままに救われるのである。これに対して、キリスト教は父性原理に基づく宗教として、神との契約を守る選民をこそ救済することを明白に打ち出している。

マタイ伝一二章には、キリストがはっきりと肉親としての母を否定するところが述べられている。イエスが群衆に話しているとき、その母と兄弟とがイエスに話そうと思って外に立っていた。このことを告げられたとき、イエスは「わたしの母とは、だれのことか。わたしの兄弟とは、だれのことか」と言っている。そして弟子たちに対して、「天にいますわたしの父のみこころを行う者はだれでも、わたしの兄弟、また姉妹、また母なのである」と述べる。あるいは、ルカ伝一一章では、ある女がイエスに対して、「あなたを宿した胎、あなたが吸われた乳房は、なんとめぐまれていることでしょう」と声を張りあげるのに対し、イエスは「いや、めぐまれているのは、むしろ、神の言を聞いてそれを守る人たちである」と言ったと記されている。このような、強烈な母の否定の上に、西洋の文化は成り立っている。このキリスト像は、先ほどの菩薩像とは著しい対照を見せるものである。

人間の心のなかに父性と母性という対立原理が存在し、わが国はむしろ母性優位の心性をもつと述べてきたが、このことが、わが国の現在の社会状勢のなかで、どのような意味をもつかを、簡単に述べてみよう。

倫理観の混乱

現在日本の社会状勢の多くの混乱は、筆者の見解によれば、父性的な倫理観と母性的な倫理観の相克のなかで、一般の人々がそのいずれに準拠してよいか判断が下せぬこと、また、混乱の原因を他に求めるために問題の本質が見失われることによるところが大きいと考えられる。このため、現在の日本は「長」と名のつくものの受難の時代であるとさえ言うことができる。つまり、長たるものが自信をもって準拠すべき枠組をもたぬために、「下からのツキアゲ」に対して対処する方法が解らず、困惑してしまうのである。

母性原理に基づく倫理観は、母の膝という場の中に存在する子どもたちの絶対的平等に価値をおくものである。それは換言すれば、与えられた「場」の平衡状態の維持に最も高い倫理性を与える。これを「場の倫理」とでも名づけるならば、父性原理に基づくものは「個の倫理」と呼ぶべきであろう。それは、個人の欲求の充足、個人の成長に高い価値を与えるものである。

たとえば交通事故の場合を例として考えてみたい。ここで、加害者が自分の非を認め、見舞にゆくと、二人の間に「場」が形成され、被害者としてはその場の平衡状態をあまりにも危うくするような補償金など要求できなくなる。ここで金を要求すると、加害者の方が「あれほど非を認めてあやまっているのに、金まで要求しやがる」と怒るときさえある。この感情はわれわれ日本人としては納得できるが、西洋人には絶対了解できない。非を認めたかぎり、それに相応する罰金を払う責任を加害者は負わねばならないし、被害者は正当な権利を主張できる。ところが、場の倫理では、責任が全体にかかってくるので、被害者もその責任の一端を荷なうことが必要となるのである。日本人の無責任性がよく問題とされるが、それは個人の責任と場の責任が混同されたり、すりかえられたりするところから生じるものと思われる。

ところで、事故の場合、加害者が言い逃れをしたりすると、これは被害者と同一の「場」にいないものと判断し、徹底的に責任の追及ができることになっている。つまり、わが国においては、場に属するか否かがすべてについて決定的な要因となるのである。場の中に「いれてもらっている」かぎり、善悪の判断を越えてまで救済の手が差しのべられるが、場の外にいるものは「赤の他人」であり、それに対しては何をしても構わないのである。ここで善悪の判断を越えてという表現を用いてしまったが、実のところ、場の倫理の根本は、場に属するか否かが倫理的判断の基礎になっているのだから、その上、ここで善悪の判断などといっても、それは判断基準が異なるのだから論外である。

場のなかにおいては、すべての区別があいまいにされ、すべて一様の灰色になるのであるが、場の内と外とは白と黒のはっきりとした対立を示す。日本人の心性を論じる際に、そのあいまいさに特徴を見出す人と、逆に極端から極端に走る傾向を指摘する人があって、矛盾した感じを与えるが、これは上述のような観点によるとよく理解されるのではないだろうか。

場の内外の対比は余りにも判然としており、そこに敵対感情が働くと絶対的な対立となり、少しの妥協も悪と見なされる。ところが、場の内においては、妥協以前の一体感が成立しており、言語化し難い感情的結合によって、すべてのことがあいまいに一様になっている。

交通事故の例をあげたが、現在のわが国では、さまざまな局面でふたつの倫理観がいりまじり、いろいろな混乱をまき起こしていると言えないだろうか。このような混乱を助長するもうひとつの要因として、次のようなことが考えられる。場の平衡状態を保つ方策として、場の中の成員に完全な順序づけを行うことが考えられる。つまり、場全体としての意志決定が行われるとき、個々の成員がその欲求を述べたてると場の平衡が保てぬので、順序の上のものから発言することによって、それを避けようとするのである。

ここで大切なことは、この順序の確立は、あくまで場の平衡状態の維持の原則から生じたもので、個人の権力や能力によって生じたものではないということである。このような特殊な状態を社会構造としてみると、「タテ社会」の人間関係となることは、中根千枝氏が既に見事に解明している。[7] これについては何らつけ加えることはないが、時に学生たちと話し合っていると、「タテ社会」という用語を彼らがしばしば誤って使用していることに気づく。つまり、彼らは「タテ社会」という用語を、権力による上からの支配構造のような意味で用いるのである。これはまったく誤解である。

タテ社会においては、下位のものは上位のものの意見に従わねばならない。しかも、それは下位の成員の個人的欲求や、合理的判断をおさえる形でなされるので、下位のものはそれを権力者による抑圧と取りがちである。ところが、上位のものは場全体の平衡状態の維持という責任上、そのような決定を下していることが多く、彼自身でさえ自分の欲求を抑えねばならぬことが多いのである。

このためまことに奇妙なことであるが、日本では全員が被害者意識に苦しむことになる。下位のものは上位のものの権力による被害を嘆き、上位のものは、下位の若者たちの自己中心性を嘆き、共に被害者意識を強くするが、実のところは、日本ではすべてのものが場の力の被害者なのである。この非個性的な場が加害者であることに気がつかず、お互いが誰かを加害者に見たてようと押しつけ合いを演じているのが現状であるといえよう。

場の構造を権力構造としてとらえた人は、それに反逆するために、その集団を脱け出して新しい集団をつくる。彼らの主観に従えば、それは反権力、あるいは自由を求める集団である。ところが既述のような認識に立っていないため、彼らの集団もまた日本的な場をつくることになる。そして、既存の集団に対抗する必要上、その集団の凝集性を高めねばならなくなるので、その「場」の圧力は既存の集団より強力にならざるを得ない。このため「革新」を目指す集団の集団構造が極めて保守的な日本的構造をもたざるを得なくなったり、大企業のタテ社会を批判して飛び出した人が、ワンマン経営の小会社という強力なタテ社会を作りあげたりする矛盾が生じてくるのである。

あるいは若者の要求にしても、絶対的平等観という母性原理をもとにして、個の権利を主張するという父性原理を混入してくるので、なかなか始末に負えなくなる。場の倫理によるときは、場にいれてもらうために、おまかせする態度を必要とするし、個の倫理に従うときは個人の責任とか契約を守るとかの態度を身につけていなければならない。ところが、ふたつの倫理観の間を縫うようなあり方には、まったく対処の方法が考えられないのである。

場と個の倫理の問題は論じてゆけば際限のないもので、既に日本人論として多くの人が述べてきた点とも重複するので、この辺にとどめておくが、ひとつだけ現代の日本の混乱を如実に示しているエピソードをあげておきたい。

それは青少年の指導を行なっている人にお聞きしたことであるが、シンナーの吸引をしていた少年たちに、その体験を聞いてみると、彼らは一様に観音さまの幻覚を見、その幻覚のなかでの、何とも言えぬ仲間としての一体感に陶酔していたという。つまり、社会から禁じられているシンナー遊びをする点においては、反社会的、あるいは反体制的とも言えようが、求めている体験の本質は母性への回帰であり、わが国の文化・社会を古くから支えている原理そのものなのである。

これに類することは処々に見られ、これらの反体制の試みが簡単に挫折する一因ともなっている。このようなことが生じるのは、結局は日本人がなかなか母性原理から脱け出せず、父性原理に基づく自我を確立し得ていないためと考えられる。そこで、そのような意味における自我の確立について考えてみよう。

自我確立の神話

父性原理に基づく自我確立の過程は、いろいろな方法によって把握し、記述することが可能であろう。ここでは筆者の今までの論点と関連深いものとして、ユングの高弟の一人、エーリッヒ・ノイマンの説を述べておきたい。ここにユングの普遍的無意識の学説を詳述することはできないが、ユングは人間の無意識の深層に人類に共通な普遍的無意識の存在を仮定し、そこに存在する元型が人間の意識によって表象として把握されたものが、神話や伝説などとして記述されると考えた。

ところで、人間の発達過程においても、その発達の段階の元型となるべきものが、神話のモチーフに表現されていると考えられるので、人類の意識の発展史とも言うべきものが、神話を体系的に論ずることによって把握されるとして、ノイマンはその『意識の起源史』を発表したのである。(8) これは神話研究に対するまったく新しい見解を示すものとして評価されたものであるが、それを簡単に述べてみる。

多くの天地創造神話の始めに、カオスの状態が記述されるように、意識と無意識は最初は分離されず混沌とした状態にある。この状態を象徴的に表わしているのが、古代に存在しているウロボロスの象徴であるとノイマンは述べている。ウロボロスは、自らの尾を呑みこんで円状をなしている蛇で表わされ、その存在はバビロン、メソポタミア、グノーシス主義など、アフリカ、インド、メキシコにも認められ、ほぼ世界的に遍在している。最近では、大室幹雄氏が中国古代のウロボロスについて、老荘のシンボリズムの世界と結びつけて興味ある論を展開している。(9) この象徴は、頭と尾、はらむものとはらますものなどが未分化な円環をなし、根源的な無意識を表わすのにふさわしいものである。

このウロボロス的な未分化な全体性のなかに、自我がその萌芽を現わすとき、世界は太母《グレートマザー》の姿をとって顕現する。太母の像は全世界の神話のなかで重要な地位を占めている。その像は、この論の始めに母性原理として述べたことを体現しているものである。萌芽としての弱い自我にとって、世界は自我を養い育てる母として映るか、あるいは出現し始めた自我を呑みこみ、もとの混沌へと逆行せしめる恐ろしい母として映るか、両面性をもったものとして認められるであろう。

わが国における太母の例をあげるならば、何でも受け容れ、育ててくれる像としては、既に夢の例に示したような観音菩薩がその一例であるし、何ものも呑みこむ恐ろしい太母像としては、牛も荷車までも呑みこんでしまうような山姥などをあげることができる。あるいは、鬼子母などは太母の二面性を如実に示しているものと言うことができる。

このような太母のなかで育っていった自我は、次の段階においては、父と母、天と地の分離、光と闇、昼と夜などの分離を体験する。神話における、天と地の分離、闇に光がもたらされる物語などがこれにあたるが、ここで、意識が無意識から分離される。つまり、はじめに「切断する」機能をもつものとして述べた父性原理が働き、ここに、意識は無意識から区別されると同時に、ものごとを昼と夜とか、男と女とか区別することを学ぶのである。

人の心の発達段階は、ここで画期的な変化の段階をむかえる。それはいわゆる英雄神話によって示される。ここに誕生する英雄は、無意識から分離された意識が、その自立性を獲得し、人格化されることの顕現であると考えられる。英雄神話も全世界にわたって存在するが、その根本的な骨組に注目すると、英雄の誕生、怪物退治、宝物(女性)の獲得という主題によって構成されている。

ここで、この怪物退治をフロイトがエディプス・コンプレックスへと還元して解釈したことは周知のことである。これに対して、ユングはこのような神話を個人的な父と子という肉親関係に還元することに反対し、このような怪物を元型的な、母なるものや父なるものの象徴として理解しようとした。つまり、怪物退治は、母親殺し、父親殺しの両面をもち、その母親殺しは、肉親としての母ではなく、自我を呑みこむものとしての太母との戦いであり、自我が無意識の力に対抗して自立性を獲得するための戦いであると解釈した。

さらに、父親殺しとは、文化的社会的な規範との戦いであり、自我が真に自立するためには、無意識からだけではなく、その文化的な一般概念や規範からも自由になるべきであり、そのような危険な戦いを経験してこそ、自我はその自立性を獲得しうると考えたのである。

この後で、英雄はペルセウスの物語に典型的に示されるように、怪物に捕えられていた女性と結婚するという結末となる。これは簡単に言えば、母親殺し、父親殺しの過程を経て、自らを世界から切り離すことによって自立性を獲得した自我が、ここに一人の女性を仲介として、世界と新しい関係を結ぶことを意味している。それはウロボロス的な未分化な合一による関係ではなく、確立した自我が他者と新しい関係を結ぶことである。

自我確立の神話をこのように真に簡単にスケッチしてみせたが、ここで母親殺しを遂行できない人間はどうなるのかという疑問が生じてくる。その点について、ユング派のひとたちは「永遠の少年《プエル・エテルヌス》」という元型を取りあげる。

「永遠の少年」とは、ギリシャにおけるエレウシースの秘儀の少年の神、イアカスを指して、オヴィッドが呼んだ言葉であるという。[10]

エレウシースの秘儀はデメーテルという太母神とその娘コーレの神話を踏まえて行われる、死と再生の密儀である。これは穀物が母なる大地を母胎として冬には枯れ、春には芽生えてくる現象になぞらえたものとも考えられるが、この死と再生を繰り返す穀物の姿の顕現として「永遠の少年」イアカスが登場するのである。永遠の少年は成人することなく死に、太母の子宮のなかで再生し、少年として再びこの世に現われる。永遠の少年は決して成人しない。英雄であり、神の子であり、太母の申し子であり、トリックスターであり、しかもそのいずれにも成り切らない不思議な存在である。

永遠の少年は英雄として急激な上昇をこころみるが、あるとき突然の落下が始まり、母なる大地に吸いこまれる。死んだはずの彼は、新しい形をとって再生し急上昇をこころみる。ヒルマンが指摘するように[11]、彼らの主題は「上昇」であるが、水平方向にひろがる時空との現実的つながりの弱さにその特徴をもっている。このような永遠の少年の元型は、すべての人の心の無意識内の深層に存在している。このような元型と同一化するとき、その人は文字通り「永遠の少年」となる。

現代社会に生きている「永遠の少年」たちは、われわれ心理療法家をおとずれて来ることがあるが、ユングの弟子のひとり、フォン・フランツはそのようなイメージを見事にスケッチしている。[12] 彼らは社会への適応に何らかの困難を示しているが、彼らは自分の特別な才能を曲げるのが惜しいので、社会に適応する必要はないのだと自らに言いきかせたり、自分にぴったりとした場所を与えない社会が悪いのだと思ったりしている。ともかく、いろいろ考えてみるが未だその時が来ない、未だ本ものが見つからない、と常に「未だ」の状態におかれたままでいる。

ところが、ある日突然、この少年が急激な上昇をこころみるときがある。偉大な芸術を発表しようとしたり、全世界を救済するために立ち上る。そのときのひらめきの鋭さと、勢いの強さは時に多くの人を感歎せしめるが、残念ながら持続性をもたぬところがその特徴である。彼らはこのようなとき危険をおそれないので、しばしば勇敢な人と思われるが、真実のところその背後に働いているのは太母の子宮への回帰の願いであり、その願いのままに死を迎えることもある。

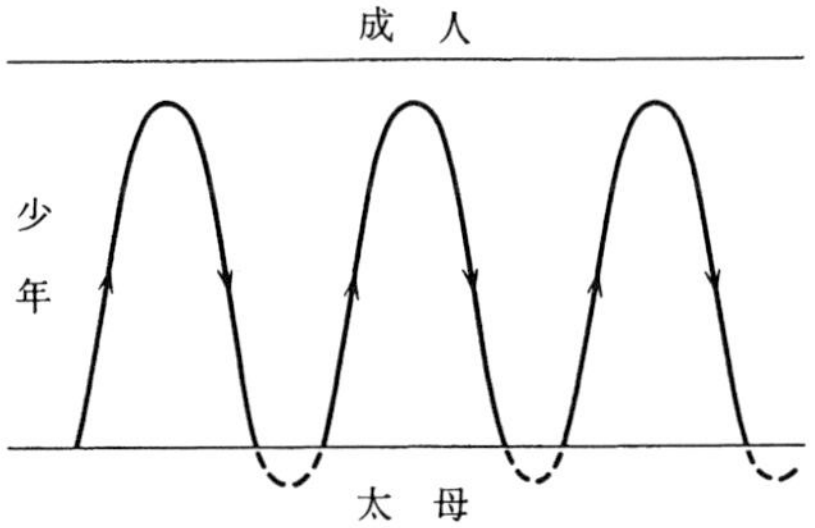

永遠の少年のパターン

もう少し気の利いた少年は死を免れはするが、ともかく突然の落下の後には暫く無為の生活が続き、また、ふとあるとき、まったく新しい形態をとって上昇にむかう。彼らは今日はマルクス、明日はフロイトと華々しく活動するが、その間に連続性のないことを特徴としている(図参照)。

ところで、今ここに個人のこととして描いてみせた行動パターンは、実は日本の社会全体の動きに似ていないだろうか。わが国の文化の背景に「永遠の少年」の元型が強力に働いていることは、浦島伝説について論じるなかで少し触れたが[13]、この点をもう少し追究してみたい。

日本人が他国の文化を取り入れる器用さは、定評のあるところである。外国で生まれた思想や芸術などがすぐに輸入されて「流行」する。しかし、それも束の間、一時上昇した流行思想は、突然に落下し姿を消してしまう。するとまた新しい流行が生まれでてくる。このようにして、欧米の思想や芸術などが、林立するかの如く見えながら、そのどれもが日本の太母の子宮をくぐりぬけるときに、日本化されてしまう。イザヤ・ベンダサンが日本には日本教という宗教しかないと述べていることにもつながることであろう。(14)

日本ではこのように常に変化し、目新しく動きまわる傾向と、まったく不変の基盤とが共存しているのである。つまり、わが国の文化現象のどこに注目するかによって、非常に変化が激しいとも言えるし、まったく変わらないとも言うことができる。

太母的な絶対平等観を基礎として、それに永遠の少年の上昇傾向が加わるとき、日本人のすべてが能力差の存在を無視し、無限の可能性を信じて上にあがろうとする。ここに日本のタテ社会の構造ができあがってくるのである。

ところで、これを母性と父性の原理という観点からみると、母性原理に基づく社会はインドのカースト制のように、階級が始めから「与えられたもの」として存在する社会であろう。この場合、中根氏も指摘しているように、(15)たとえ下層のカーストにある人でも、「与えられた」ところに一生とどまるものとして、競争に敗れたというみじめさを味わうことなく、安定した生き方ができる。

これに対して、父性原理に基づく社会は、西洋の近代社会のように、上昇を許すけれど、そこには「資格」に対する強い制度をもち、能力差、個人差の存在を前提としている。このため、欧米の社会においては、各人は自分の能力の程度を知り、自らの責任においてその地位を獲得してゆかねばならない。この厳しさは日本人にはおそらく、なかなか理解できないものであろう。

この点、日本の社会はそのいずれにも属していない。今まで、日本は母性原理の強い国であると述べてきたが、ここで厳密に言えば、母性原理を基礎にもった「永遠の少年」型の社会とでもいうべきであろうか。このことについては、最後にもう一度検討してみることにして、日本人がいつまでも少年であって、成人になれないことを、イニシエーションという点から考えてみたい。

イニシエーション

未開社会に存在するイニシエーション(通過儀礼)は、当初、その残酷さや珍奇さによって文明人の関心をひいたのだが、いまは、それが深い宗教的な意味をもった儀式であることが確認されている。少年たちはイニシエーションの苦行に耐え、その社会の伝承についての口頭教育を受けることによって、その宗教的・社会的地位を決定的に変更され、成人の世界にはいる。伝承社会の人間にとっては、すべては神の時代に起こり、その聖なる世界への加入を許されることによって、はっきりと成人になるのである。

ところで近代人は、エリアーデが指摘しているように、[16]「伝承社会と対比して近代人の持つ斬新さとは、まさしく、みずからを純粋歴史的存在として認めようとする決意と、根本的に非聖化された宇宙に生きようとする意志にかかっている」ので、「近代世界の特色の一つは、深い意義を持つイニシエーション儀礼が消滅し去ったことだ」ということになる。このようにして、われわれ近代人は、常に進歩し成長する人間社会という世界観をもつことになったが、これによって失ったものも大きかった。つまり、未開社会のように、ある個人が根源的体験をもって大人に「成った」ことを自覚することが非常に困難になったのである。あるいは、社会的にみれば、永遠の少年の増加による問題をかかえることになった。

しかしながら、この消え失せたはずのイニシエーションが、近代人の無意識のなかに生命をもち続け、ある個人にとって、ある成長段階において、その人にとってのイニシエーションを演出することが、ユング派の分析家の人たちによって明らかにされてきた。たとえば、ヘンダーソンが多くの事例によって示しているように[17]、多くの人はその夢の中で「母親殺し」や「父親殺し」「死と再生」などの体験をし、その体験を通じてイニシエートされてゆくのである。

この点を、日本人の自我の確立にあてはめて考えるならば、日本の若者たちはその自我の確立のためのイニシエーションをどのように体験しているであろうか。彼らは父を求めて右往左往するが、出会うのは母ばかり。しかも彼ら自身、母親から分離し切れていない状態となっては、業を煮やしての短絡行動も生じてくるわけである。イニシエーションの儀礼として、内的に行われるべき死と再生の密儀は、にわかに外界に向かって行動化され、それは自殺や他殺という事件へと成り下がってしまう。若者たちは改革を求めて血を流しているが、それは新しい自我を確立するべき再生へとはつながらず、太母のいけにえとして、僅かに母なる大地をぬらすだけで、そこには何らの本質的な変化をもたらさない。

現代社会におけるイニシエーションの欠落は、社会的、教育的に大きい問題であると考えられる。若者たちの行動をみていると、自ら個人として個人のためのイニシエーションを演出するほどの力はなく、さりとて社会的制度としてのイニシエーションも無い現状において、無意識のうちにそれを求めて右往左往しているように思われる。そして、このような自覚のないままに、根源的な体験を求めて行動しても、結局それは儀式として昇華されない「事件」へと落ちこんでしまうのである。新聞をにぎわす血なまぐさい事件を、失敗に終ったイニシエーション儀礼としてみると了解できることが多い。

このように考えると、われわれ年輩者としては、若者たちのせっかくの無意識的な希求を、何とか高次のものへ発展せしめるために努力すべきであると反省させられる。彼らの「死」が太母への逆行ではなく、成人への再生へとつながるように、その儀礼に参画することを考えるべきである。

母親と恋人

自我確立の神話について、ノイマンが述べているような、「母殺し」を伴う自我の確立は、われわれにとって非常に困難なことである。自我の自立傾向とそれを呑みこもうとする母性との葛藤は、夢のなかでは恋人と母親との間の葛藤として現われることが多い。次にそのような典型的な夢をひとつあげる。(18)

私はアメリカ人のガールフレンドを愛撫していた。そこへ母親が急に入ってくる。私は母が盲目になっているのを知り、強い悲しみにおそわれる。そして、母が自分が女性と一緒にいるのを気づくのではないかと心配になる。

これはある独身の東洋人の見た夢であるが、この夢について、彼は自分の故郷の民話を連想し、それは若い男女が結婚したいと思うがなかなかできず、最後に結婚できるが母親は盲になる話であるという。この夢では、恋人(しかもアメリカ人の)と母親との葛藤は、むしろ母が盲になることによって避けられ、連想された民話が暗示するように、結婚は成就されるだろうが、母が盲となった悲しみは親子で背負ってゆかねばならない。このように、死や対決を避けた形で、できあがってくる自我は、やはり西洋人の自我とは、そのあり方を随分異にしていると思われる。

ここで母が盲となることは、息子の状態を「見る」こと(つまり「知る」こと)をやめて、それによって平和を保つとも考えられる。そのように考えると、あくまで「知る」ことを求め、知りつくした後に自分の運命を呪って、自らの目を刺して盲となった人、オイディプス王のことが想起される。オイディプスの強烈な悲劇性と、この東洋の盲目の母の物語の深い悲しさは、西洋と東洋の対比を描きだしているように思われる。

盲目は闇の世界を暗示するが、闇の世界に火をもたらすことは、暗闇の母なる世界に父性原理をもたらすものとして、多くの神話の重要なモチーフとなっている。ところで、ギリシャ神話においては、プロメテウスという英雄が神から火を盗みとるのに対して、わが国では、イザナミという太母神が自ら火を生みだし、しかも自分はそのための火傷によって死ぬことになっている。母なる神が自らの犠牲によって、火を生みだしてゆく神話は、母が盲目になることによって、子どもが結婚という幸福をかちとるという主題の原型となっていると考えられる。これに対して、ギリシャでは、ひとりの英雄が神に反逆することによって、火を獲得し、そのためプロメテウスは重い罰に苦しまねばならないのである。

オイディプス王やプロメテウスの物語から感じられる凄まじさは、イニシエーションに伴う試練の凄まじさを連想せしめるが、この点、日本人はイニシエートされているといえるのであろうか。

日本人の自我

ここまで述べてきて、最後に「自我の確立」について筆者の感じている強いジレンマを表明しなければならない。実際、この一文の終りに、日本人の自我の確立が未完成であることを嘆き、母殺しと父殺しの必要性を強調して筆をおくことも可能であろう。あるいは、その方が論旨も明快ということになろう。

しかしながら、筆者の実感はそれを許さない。たとえば、先にあげた盲目のオイディプスと、盲目の母の物語について、「優劣」を論じることは不可能ではないだろうか。実は今までの論議は西洋的な父性原理に基づく自我確立の線に沿ってなしてきたので、日本人の自我の未成熟さを強調するような展開となった。ところで、父性的な自我の確立をつきすすめ、ユングがしばしば強調しているように、ヨーロッパの「土」からさえ切り離されてできたアメリカ人の自我はどうであろうか。その欠点を示す典型的な現象として、アメリカに学校恐怖症が多いという事実をあげておこう。学校恐怖症はわが国にも多く、ともに「母性」の問題に悩んでいるが、そのあり方が全く異なるのである。アメリカは今まであまりにも切り棄ててきた母性をいかに取り戻すかという点で、大きい問題をもっているのに対して、日本では今まであまりにも接触を持ちつづけてきた母性といかに分離するかの問題に悩んでいると考えられる。この点についての詳論は避けるとして、アメリカの状況からみて、あまりにも母から切れた自我の危険性も十分に感じられるのである。この点、永遠の少年について述べたとき、日本の社会は父性原理と母性原理の中間的存在ではないかと指摘しておいたが、それを「永遠の少年」などと呼んだのも、西洋的な観点に立ったからであり、そのためにむしろ否定的な把握の仕方をしたが、ここで観点をまったく変えれば、柔軟性のある、バランスのとれた構造と考えられはしないだろうか。

日本人の自我を父性と母性の両原理のバランスの上に構築されたものとしてみるとき、そのような一見あやふやな自我を支えるものの基礎をどこに求めるべきであろうか。ここで、ノイマンの例にならって、日本人の自我を基礎づけるものとして日本の神話に目を向けてみよう。

はじめに紹介したが、松本滋氏は日本の文化を母性的なものであると述べ、「こういう基本的な価値志向の原型(プロトタイプ)を、私はたとえば日本神話の中でもっとも重要な神であるアマテラス(天照大御神)の神格においてみることができる」と述べている。[19] 確かに、アマテラス神話が、はじめに少し触れたギリシャのエレウシースの秘儀とかなりの共通点を有し、大地母神デメーテルの像とアマテラス像が類似性をもつことは、多くの研究者の指摘するところである。[20] 筆者も日本の文化は母性的であるとして論をすすめてきたが、ここで、このような論議にそのまま加担できないのは、アマテラスが太陽神であることにまずこだわるからである。

西洋のシンボリズムにおいて、父性を表わすと考えられる王様―太陽―天―右―(意識)、と、母性を表わす王妃―月―地―左―(無意識)、という一連の結合を考えると、アマテラスはこれらの混合した形で判然としない。彼女は父親の左の目から生まれているのに対し、ツキヨミが右の目から生まれているのである。また、松本氏はアマテラスは裁くとか怒るとか罰する神といったイメージよりは、むしろ、許す、包容する神というイメージが強いと述べているが、スサノオが高天原に上ってくるのをむかえて、男装して弓矢を手にし、庭を力強く踏みたてて、「稜威《いつ》の男建《をたけび》、踏み建《たけ》びて」待った姿などは、どのように説明するのか。このアマテラス像はギリシャのデメーテルよりは、同じ女神でも父親の頭部から鎧兜に身を固め、戦いの叫びをあげて生まれたというアテネの方に近い感じを与えるのである。このように考えはじめると、アマテラスの像は簡単に母性原理の顕現としてみることを許さぬものがある。

さらに、アマテラスの対抗者として、スサノオを考えるならば、ツキヨミの存在をどう考えるか。スサノオが母をしたって泣き叫んだという、母との強い結びつきをどう考えるのかなどと問題は山積していて、今まで述べてきたような観点から、日本神話の総点検をなさなければならないであろう。[21] このようなことの詳論はまた他日を期することとして、今はもう少し基本的なことをつけ加えておきたい。

スサノオの神話は、特にそれにオオクニヌシの物語を補って考えるならば、先に述べたノイマンの自我確立の神話のサイクルを完全に満足せしめるものとして、非常に興味深い。しかし、これはアマテラスを主流としてみるとき、反主流として存在しているのである。それにしても、ひとつの文化が他の文化を駆逐するとき、古い神話を徹底的に破壊してしまう一般の傾向から考えると、[22] このような反主流の神話を残したのみでなく、それをも組みこんで、神話を作りあげた事実の方が珍重すべきことではないだろうか。つまり、日本の神話が、父性原理と母性原理の巧妙なバランスをつくりあげているとみるゆえんである。

このように述べてくると、筆者の感じているジレンマ、父性的な自我の確立に伴う功罪の問題は、次のように結論づけられることになろう。つまり、日本人の自我における父性原理の弱さは、今後の国際交流の必要度の強さから考えても、やはり問題とすべきであろう。そして、現在のわが国の社会的な混乱も、このような観点を導入することによって、より問題が整理され、無用な誤解や争いも減少するであろう。

ここで、われわれは父性原理の確立にもっと努力すべきではあるが、それは単純に西洋のモデルを良しとするわけではない。父性原理を確立しつつ、なおかつ母性とのかかわりを失ってしまわないことも大切ではなかろうかと思われる。この点、日本の神話のもつユニークな構造は、第三の道を拓くものとして、案外興味深い示唆を日本人に対してのみならず、世界に対しても与えるものではなかろうか。

注

（1） 河合隼雄「自我・羞恥・恐怖」、『母性社会日本の病理』中央公論社、一九七六年、所収、を参照。〔本著作集第三巻所収〕

（2） 松本滋「父性的宗教と母性的宗教——日本文化伝統への一視点」、『ＵＰ』一九七四年八・九月号。

（3） 母性のこのような両面性については、E. Neumann, The Great Mother, 1955, 参照。

(4) C. G. Jung, Psychological Aspects of the Mother Archetype, The Collected Works of C. G. Jung, vol. 9, I, p. 82.

(5) 詳細は河合隼雄「無意識の世界―夢分析」、『創造の世界』16号、一九七四年、を参照。

(6) 西郷信綱『古代人と夢』平凡社、一九七二年。

(7) 中根千枝『タテ社会の人間関係』講談社、一九六七年。

(8) E. Neumann, Ursprungsgeschichte des Bewusstseins, 1949.

(9) 大室幹雄「古代中国における歴史と時間――老荘的シンボリズムへの序説」、『思想』一九七四年八月号。

(10) C. G. Jung, Symbols of Transformation, The Collected Works of C. G. Jung, vol. 5, p. 340.

(11) J. Hillman, "Senex and Puer," Eranos-Jahrbuch XXXVI, pp. 301-360, 1968.

(12) M.-L. von Franz, Puer Aeternus, 1970.

(13) 河合隼雄「浦島と乙姫」、『母性社会日本の病理』中央公論社、一九七六年、所収、を参照。

(14) イザヤ・ベンダサン『日本人とユダヤ人』山本書店、一九七〇年。

(15) 中根千枝、前掲注(7)書。

(16) エリアーデ、堀一郎訳『生と再生』東京大学出版会、一九七一年。

(17) ヘンダーソン、河合／浪花訳『夢と神話の世界』新泉社、一九七四年。

(18) 河合隼雄『ユング心理学入門』培風館、一九六七年に既に発表した。そこではヨーロッパ人の夢と対比させて論じてある。

(19) 松本滋、前掲注(2)論文。

(20) たとえば、吉田敦彦『ギリシャ神話と日本神話』みすず書房、一九七四年など。

(21) 筆者はユング研究所で分析家の資格を得るときに、この問題について論じた。H. Kawai, The Figure of the Sungoddess in Japanese Mythology, 1965.

(22) たとえば、南アラビアでは最初、太陽神は女神であったと想像されるが、スメリヤ文化が侵入してきたとき、その神話はまったく放棄されて、現今では知ることができない。S. N. Langdom, "Semitic Mythology," Mythology of All Races, vol. 5, 1928.

日本人の自我構造

自我とはなにか

日本人の自我について述べるまえに、自我ということを明らかにしておかねばならない。そもそも、いったい「私」ということはなになのであろうか。われわれは自分自身、「私」というものをよく知っているつもりでいるし、他人も、この私を一人前の人間として遇してくれているように思える。しかし、開きなおって考えてみると、私は私についてどれほどのことを知っているだろう。

人間は生まれたときにはいまだ「私」という意識をもたない。そもそも意識ということ自体、存在するかどうか怪しいものである。赤ちゃんは母親の胸に抱かれ、自と他、外界と内界の区別さえ明確にできない状態で存在している。それが内界からの空腹・排便などによる刺激、外界からの母乳などによる刺激を通じて、新生児は意識をもちはじめる。

このようにして育ってきた赤ちゃんは、しだいに母親とそれ以外の人、食べられるものと食べられないものなどを「区別」することを覚えてゆくが、そのような区別が「自と他の区別」をすることに至って、はっきりと自我というものがその萌芽をあらわしてきたと見るべきであろう。他と区別される自分、とくに母親との一体性から分離された自分を明らかにするために、人は第一反抗期という期間を経ねばならない。子どもは自己主張をすることによって、自分は母と異なる意志を有することを明らかにする。

自我はたんに自己主張を通すことによってのみ存在を明らかにすることはできない。もしその主張が人間社会の規範とあまりにも異なるものであるとき、それは周囲からの反撃を受け、ひいては自我の存在をさえおびやかされる。自我は自分の主張を通す一方では、その文化や社会において伝えられている規範を身につけることを学び、このことがひと通りできると、自我はある程度の安定性をもち、その上は、彼をとりまく文化や社会に継承されていることがらを吸収し、みずからを豊かにすることに努力を重ねる。

しかし、自我の成長はそれでとどまるものではない。青年期になると、自我は今まで自分の受け入れてきた規範を根底から疑ってみ、もう一度、自分の内界から湧きあがってくる傾向によって、その自我を再構成しようとする。自我がその後も存続してゆくことは、結局は、自我がその文化なり社会の規範を受け入れたことを示すものであろう。しかし、それは今までのように、他から与えられたものを無批判に受け取るのではなく、自分自身の欲求やあり方と照合し、みずからのものとして新たに受けとめ直したものである。

このようにして、自我ができあがってくる過程をきわめて大まかに示したのであるが、ここで大切なことは、自我はその形成過程において、それをとりまく文化や社会の影響を受けるということと、自我はあくまで完結していないつねに変化の可能性をもった存在であるということである。自我はある程度の統合性と主体性をそなえた存在ではあるが、それは完全ということはない。われわれは、時に、我にもあらず怒ったり悲しんだりするし、覚えているはずのことが大切なときに思い出せなかったり、思いがけない失敗をしてしまったりする。そのような自我の不完全性を如実に示すのが神経症であるが、それの一例として、対人恐怖の症例をあげてみよう。

ここに対人恐怖の例をあげたのは、その症状が日本人の特性を反映するものとして、多くの精神医学者・臨床心理学者によって取り上げられており、今後の議論を展開するうえにおいても便利と考えたからである。ある男子大学生が、人が怖くて外出しがたい、無理をして登校はしているが、人が多くいるところは怖くてたまらないと訴えてくる。このような例の場合、この学生は人が怖いと訴えても、それはわれわれが野獣が怖いとか殺されるのが怖いと言うのとは同じではなく、心の中では人間など、そのような意味で怖いのではないことはよく知っているのである。いわば、自我は人が怖いという感情と怖くないという判断の不統合性におびやかされているのである。

この学生が対人恐怖を克服する過程で、興味深いことが生じた。彼は学校時代に勉強するのがいやになったとき、試験に落ちそうになって退学すると言い出すと、両親や担任の先生がいろいろ尽力して、うまく進級できたことを思い出し、今、対人恐怖で勉強できない状況を同じ方法で打開しようと、大学の担任教授に退学の相談に行った。ところが、案に相違して、教授は君のような怠けものは退学したほうがいいとすぐに賛成したのである。彼は悲観して帰宅し、ついに自殺を決意する。だれにも見棄てられてしまって、死ぬよりしかたないと思ったのである。

自　己

彼は死を決意したとたんに、今まで自分の知らなかった力が湧いてくるのを感じた。死ぬくらいなら、死ぬ気でもう一度勉学してみようと思ったのである。事例の記述が目的ではないので、詳しいことは述べないが、これが彼の立ち上がってゆく契機となったことは事実である。そのことを述べたとき彼は「こんな力が自分のなかにあるとは思いもかけませんでした」と述べた。ここで注目すべきことは、彼自身も対人恐怖に苦しんでいるときは、その内部に存在する可能性に気づかなかったという事実である。対人恐怖に苦しんでいた自我と、死を決意した後の強い自我と、どちらが本当の自分なのであろうか。後者がそうだとすると、それ以前の自我は本当の自我に気づかなかったと言うべきなのだろうか。

心理療法に従事していると、このような例をよく経験するのであるが、このような事象を説明するために、スイスの精神医学者ユングは、自己(self, Selbst)という概念をたてた。ユングは神経症者の治療をしているうちに、個人の無意識はその人の意識的な自我のあり方を補償するようなはたらきがあるのを認めた。今の例であれば、あまりにも弱い自我に対して、なんらかの強さが無意識内に存在し、それを怖れた彼が、それを外界へと投影し人が怖いと感じていたと考えられないだろうか。このような点に注目して、ユングは意識と無意識とは相補的にはたらき、人間の心はその両者を含むものとしてひとつの全体性をもつと考えた。このような考えをもちはじめたころ、彼はヴィルヘルムの訳によって、中国の『太乙金華宗旨』を読み、それにヒントを得て、意識も無意識も含めた心の中心としての「自己」という概念を仮定するようになった。

先の例によって説明すると、この学生が意識しうる、みずから知っている自我は弱く人を怖がるものであるが、それを超えた心の中心である自己は、自我を補償する強さを生ぜしめ、それによって、古い自我はその不完全性を克服して、より高い統合性をもった新しい自我に変化したと考えられる。もちろん、このようにして生じた自我もなんらかの意味で不完全性をもつであろう。そして、それもまたより完全な自己を目標として変化しつづけてゆくであろう。つまり「自己は人生の目標である。自己はわれわれが個性と呼んでいる運命的統一体のもっとも完全な表現」なのである。(1)

自己は無意識内に存在するものとして、あくまで仮説的なものである。われわれは自己そのものについて知ることはないが、そのはたらきを経験し、象徴的な形によって、その性質の一部を意識化することができる。たとえば、前述の学生が対人恐怖などという症状をもったことも、自己のはたらきのひとつ——つまり、それによってこそ強い自分に気づくことができた——と考えてよい。そして彼が死を決意したとき、死ぬほどの気ならなんでもできるとさえ感じた自分は、自己の象徴と考えてもいいだろう。もちろん、彼の自我はなんでもできるようになるはずはないのだから、それは一時的に自己の象徴を自我と同一視したものと考えられる。

長い説明をあえてしたが、じつはこのような自我と自己の考えを知っていただかないと、筆者の論を展開することができないのである。ところで、ユングが東洋の考えによって自己の概念をたてた事実に示されるように、今まで説明した線に沿って考えると、西洋人のほうが自我意識の存在に強調点をおいたのに対して、日本人は自己の存在を重視したように感じられるのである。

はじめに、自我の成立について述べた際に、自我が母親から、周囲の人びとから分離して自立した存在になることを明らかにした。このことは、人間の心の内部のこととして見ると、人間の意識が無意識から分離して、はっきりとその存在を明らかにすることである。西洋人の自我は確かに、そのようにして作りあげられている。しかし、日本人の自我もはたしてそうであろうか。その点を十分に検討しなければならない。

日本人の自我

日本人の自我は西洋人から見れば、存在しているかどうか不明とさえ感じられるらしい。ある外人は、日本人と交渉をするとき、その個人の判断が不明なことと、責任の所在がわからぬために苦労すると言った。日本人はなかなか明確な判断をせず、最後は上司と相談して……などと答える。その上司のところに交渉にゆくと、部下と相談して……と答えるのでますますわからなくなるというのである。この点は、よく日本人の「他人志向型」などと言って攻撃される。しかし、これは他人志向型と呼べるものではなさそうだ。われわれ日本人の自我は西洋人に比べてはるかに他人に対して開かれている。上司と部下が相談するなどと言っても、時にそれは以心伝心のうちに、言語を用いずに同意に達するときもある。それはつまり、ひとつの自立した自我と、他の自立した自我が言語的に交信し、一方が他方の志向に従うというパターンではなく、両者がひとつの方向を共有するのである。

このような点を日本人が高く評価するとき、それは「無心」とか「無我」ということが強調されることにつながってくる。たとえば、邦楽の演奏などの場合、演奏者たちはだれが主導者ということなく、「無我」の境地で演奏するが、それは始めも終わりも——時に相当な即興性をもちつつも——ぴたりと合うことが賞讃される。これは西洋の音楽の場合、指揮者という一人の人格によって統制されるのと好対照をなしている。つまり、われわれはつねに「我を殺し」、無我の状態にあるとき、それは極端に他に開かれたものとして、自分が勝手に演奏しているかのごとく見えつつ、それは他と調和することになっているのである。以上の点から考えて、日本人と西洋人の心の構造をきわめて大胆に図示してみたことがある。[2] それをここに再録すると次頁の図のようになる。つまり、西洋人の場合は、意識の中心に自我が存在し、それによって統合性をもつが、それが心の底にある自己とつながりをもつ。これに対して、日本人のほうは、意識と無意識の境界も定かではなく、意識の構造も、むしろ無意識内に存在する自己を中心として形成されるので、それ自身、中心をもつかどうかも疑わしいと考えるのである。

この図式に従って少し説明を続けてみよう。日本人は、その無意識内にある中心を、しばしば外界に投影し、それに対しては自分をまったく卑小と感じたり、絶対服従することになったりする。つまり、自己は天皇や君主・家長などに投影され、そのためには自分の命を棄てることさえ当然と思うようになる。自己の偉大さに比べて、単純に自我否定を行うのであるが、その傾向が直ちに命の否定へと拡大されてしまう危険が高いのである。この図式はもちろんあまりにも単純化してあるので、その点は配慮していただかねばならないが、日本人としても、特攻隊のような特殊な場合を除いて、だいたいは「……のために」というかたちをとりつつ、自分がそのなかに生きてゆく方策を講じている。会社のために、家のために、と言いつつそのなかで自分の利益も考えてゆくのである。だからといって、自分のためにということを前面に出すことは禁句である。日本では西洋流の個人主義はしばしば利己主義のレッテルを貼られるのである。

　自己の存在は絶対性をもつことが、その特徴であり、自己の投影を受けたものの命令は絶対性をもつことが要求される。それは、しばしば外的現実とくい違うことがあっても、それを指摘することは非常に困難である。このため、そのようなギャップを補う必要上、日本人は、タテマエとホンネの使い分けを上手に行うことになる。タテマエは、自己の絶対性と結びつくため、しばしば極端に走る傾向があり、反対を許さぬという点でつねに満場一致を要求する。しかし、現実にかえったときは、自我機能がはたらき、ホンネを入れこんで行動するので、スローガンの一面性に比して、日本人の行動は概して健康なものに引きもどされる。

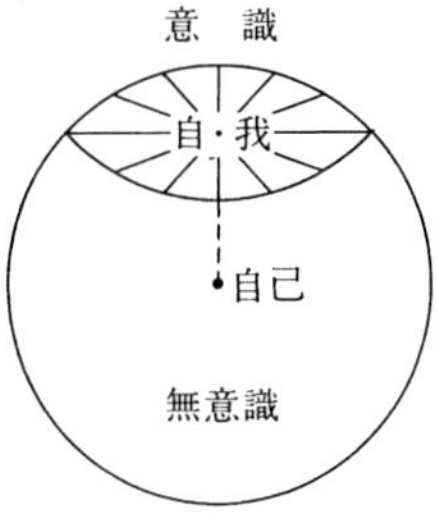

西洋人の意識

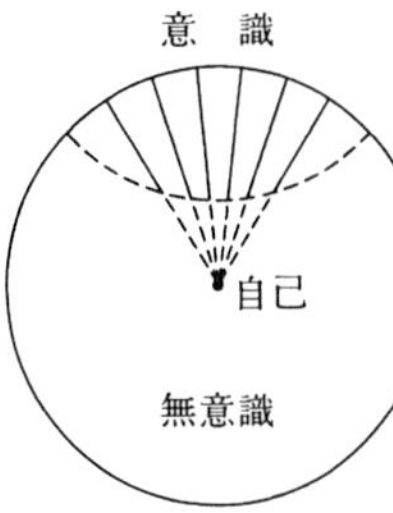

日本人の意識

これに対して、西洋人は一人一人の人間が自我という主体者を意識的に確立していることが特徴的である。彼らははっきりと自分を主張するが、それに伴う個人の責任という点で、われわれよりはるかに厳しい態度をもっている。ところで、西洋流の自我の確立はどこに欠点をもつであろうか。それは、あまりにも確立された自我が無意識との関係を断たれて、その存在の基礎を危うくされることである。ユングはこのような危険性をアメリカ文化のなかに感じて、早くも一九二七年に、「アメリカ人の心には、ヨーロッパ人には見られないような、意識と無意識の隔絶があり、意識された最高度の文化と、無意識の野蛮さとの間の緊張がある」(3)と指摘している。このような緊張の結果として、アメリカ文化が最近どのような状態におちいってきたかを、われわれはよく知っている。

しかし、ヨーロッパ人も今ではアメリカ人を笑ってばかりいることはできない。彼らはみずからアメリカ化を嘆きながらも、アメリカ文化に近づき、みずからの存在の基礎になにを求めるかに悩みつつある。欧米において禅やヨガなどがもてはやされることは、このような事情を背景としているのである。これらの東洋の宗教が、つねに自己の存在に対して注目してきたことは、周知のことである。

人間関係

西洋人と日本人の自我構造の相違は、対人関係のあり方のなかに如実に反映される。

日本人の場合は、人間関係の基本構造として、無意識内の自己を共有し合うものの関係として、無意識的な一体感を土台としている。これは、西洋人の場合の一人の「個人」と他の「個人」が関係をもつという形態とは著しく異なるものである。イザヤ・ベンダサンは日本人にとって契約の概念がいかに理解しがたいものであるかを明らかにしたが、[4] 契約こそは個人と個人が関係を成立せしめるために必要なものであり、それが可能なかぎり言語化されていることに特徴をもっている。日本人にとって、好ましい関係は、契約による関係ではなく、「察しのよい」関係である。察するとは、言語表現以前に相手の考えや感情を読みとることであり、それは、無意識的な一体性を前提としている。

筆者はこのような考え方の相違を、日本における「場」の倫理と、西洋における「個」の倫理の対立として論じてきた。「場」の倫理に従えば、個人を際立たせることはきわめて危険であり、いかに能力があっても、うっかり行動すると場の外に出されてしまう。日本では「場」の外に出ることは死を意味するので、これは大変なことである。個人がその能力を発揮するときも、「……のために」とか、「皆さんの要請にこたえて」などという、背後に場の力学を背負った生き方をしなければならない。しかし、一度場のなかにはいってしまうと、よほどのことがないかぎり、その場の中で救われるという利点ももっている。大学に入学すると、よほどの成績でないかぎり卒業できるし、その場の長となったものは場の成員の「面倒をみる」ことが暗黙のうちに義務づけられるのである。外国の場合、能力のないものは場による救いがないだけに、厳しい現実に直面しなければならない。会社に就職しても契約どおりの働きがないときは、契約が解除されることになる。このような個人に対する責任の厳しさは幼児のときから訓練されており、筆者は、スイス留学中に、小学一年生が成績次第によって幼稚園に落第するのを知り、驚いたことがある。能力に応じて勉強すると言えば当然のことであるが、それがそのまま当然のこととして行われる点に、ヨーロッパ人の厳しさを感じたのである。

西洋人の自我確立の上において、家庭が果たす役割の重要性を忘れてはならない。この点は、作田啓一が明確に指摘を行なっている。[5] このことは筆者も欧米留学中にしばしば実感したことであったが、欧米の家庭は、外の社会に対して強い壁をもうけ、そのなかで子どもは両親、とくに父親から責任ある主体として成長してゆくための厳しいしつけを受ける。これに対して、日本の家庭は、作田が指摘するように、外に対して開かれている。つまり、父母は「世間さま」の規範に合うように、というよりは、いかに場の平衡状態を維持するかという点のしつけを与えるのである。他人に笑われないようにということが非常に大切な指標となる。考えてみると、日本の「ふすま」による家屋構造は、日本人の自我構造をよく反映している。それは密室であって密室ではない。日本の家屋にあっては、たとえ密室にいたとしても、ふすまを通じて感じとられる家全体の平衡状態を破らぬように行動することが可能であり、また、そうすべきなのである。ところで、西洋の近代的自我の確立に目ざめかけた日本人が、この「家」の構造を重圧と感じたのは、無理からぬことである。この点についての作田啓一の分析は見事である。

近代的自我の成長はつねに《家》にたいする抵抗の過程において行なわれてきた、ということになっている。実際の家出人、あるいは家出を念じた人によって日本の近代文学が成立した。まさにそのとおりなのだろうが、近代化を西欧化と考える常識の立場からすると、これはじつに奇妙な命題である。西欧の近代資本主義社会形成のにない手となったブルジョワの家族は近代的自我のポジティヴな養成機関であったからだ。(6)

このような観点からすれば、日本の「家出人」たちがいかに自我確立の文学をうたいあげても、それは西洋人のそれとは異なるものとならざるを得なかったことが了解される。明治・大正にかけて西欧的な自我の確立をなしとげたような錯覚をもった日本人は、第二次世界大戦という痛撃によって、その自我のにせもの性をはっきりと体験させられたのである。このような家族のあり方の相違と、それに加えて、第二次世界大戦後における倫理観の混乱のため、日本人の自我は、今大きい岐路に立たされていると考えられる。この点について、最後に考察してみたい。

日本人の課題

日本人のなかでも、西洋流の自我の確立を望む人は、「家出人」となることを指摘した。ところが、実際、われわれの自我確立をはばむものは「家」などではなく、もっとひろい「場」なのである。その証拠に、家出をした文学者たちは自我確立の小説を書きつつ、一方では「文壇」という日本的場をつくり、その生き方は相変わらずの日本式を守っているのである。これはなにも文学者のみのことではない。学者であれ、政治家であれ、その専門としたり主張したりするところは、近代的であり革新的であるのだが、その属する集団構造は、あくまで日本的「場」であることが多いのである。

このような問題をますます複雑にするのは、戦後になって倫理観が混乱し、親たちがどのように子どもをしつけてよいのかわからなくなったことである。戦後の親は一応アメリカの真似をして子どもを「自由に」育てようとしたが、今まで述べてきた点からも明らかなように、それは西洋流の自我を育てるしつけの厳しさをまったく欠いたものであった。しかも、一方では日本的な「察する」ことに価値をおく倫理観にもとづいて、子どもたちを教育したわけでもなかった。先にあげた対人恐怖の大学生の例においても、彼はそれまでの両親や教師の甘い態度によって、弱い自我をつくりあげてきたのである。彼が立ち上がるきっかけに、退学に賛成した強い教師の存在があったことは興味ぶかい。このような傾向が、現代の若者たちに混乱を生ぜしめ、また、世代間の葛藤を大にしていると考えられる。若者たちは、天皇陛下のために命を棄てようとした大人の生き方を批判し、自分たちの権利のために主張する。しかし、残念なことに彼らは西洋流の個の倫理によって家庭教育を受けたわけではないので、その主張はしばしば現実を無視し、個人の責任を不問にするかたちで行われる。彼らはかつての「家出人」が犯したのと同じ誤りを犯して、自我を確立するために「家」や所属集団の長に反抗する。しかし、問題は片づくはずがない。一方、大人のほうはなんとか若者が「察して」くれるのを待つ方法に一応頼ってみるものの、若者はそんな訓練を受けてきていないので、察してくれるはずがない。そこで、大人のほうは、自分たちは「……のために自分を棄てて」行動してきたが、今の若者は利己的であると嘆く。かくして世代間の緊張は高まるばかりである。

今ここに日本のこととして描いてみせたことは、大なり小なり世界的な現象としても起こりつつあるように思われる。ただ、欧米の場合は、日本と逆に彼らのもつ個の倫理に対する反省が生じつつあると考えられる。筆者にしても、ここに明らかにした日本人と西洋人の自我のあり方について、簡単に優劣を断定することはできないと思っている。第一、この狭い国土にこれだけ多数の人が住んで、各人が自我主張を行うとどうなることかとさえ思う。しかし、現在のように国際的な交流のはげしい現状においては、日本人の自我もこのままでは交際が非常にむずかしいであろう。実際、このような点で、日本人は欧米人に誤解されることも実に多いのである。

筆者に予感として感じられるのは、このような対決のなかから第三の道が生じてくるのではないかということであるが、それを成し遂げるためにはいまだ長年月を要するであろう。過渡期に生きるわれわれとしては、簡単に断定を下さずに、ごまかすことなく、自分の生き方を見いだしてゆく努力を続けるよりしかたがないだろう。東洋の文明国に生きる日本人としては、これは重大な課題ではなかろうかと思われる。

注

(1) C. G. Jung, Two Essays on Analytical Psychology, The Collected Works of C. G. Jung, vol. 7, Pantheon Books.
(2) 河合隼雄『ユング心理学入門』培風館、一九六七年。
(3) ユング、高橋義孝／江野専次郎訳『現代人のたましい』日本教文社、一九七〇年。
(4) イザヤ・ベンダサン『日本人とユダヤ人』山本書店、一九七〇年。
(5) 作田啓一『恥の文化再考』筑摩書房、一九六七年。
(6) 作田啓一、前掲注(5)書。

フィリピン人の母性原理
——フィリピン人と日本人

カトリック教国における母性

昭和五十二年十一月二十二日から十二月二十二日までの一か月間、私は他の研究者の方々と共にフィリピンとシンガポールに滞在し、学術調査を行なってきた。これは、京大教育学部比較教育学教室の小林哲也教授を中心として、われわれが以前から行なっている、海外在住の日本人子女の教育に関する研究の一環として、海外調査に出かけてきたものである。われわれは小林教授を代表として、比較教育学、社会教育学などの教育学専攻者と、臨床心理学専攻の者と総勢九名がチームを組んで、調査研究に従事してきた。

海外在住邦人の子女教育の問題は最近とみに注目されつつあるが、実のところ、代表の小林教授や筆者をはじめ、調査団の人たちは、かつて海外に家族と共に住み、その苦労を体験した者もあり、この問題を解決してゆくためのよりよい方法を見出そうと努力しているのである。マニラおよびシンガポールには、小学校・中学校を合併した日本人学校があり、マニラでは約三百人、シンガポールでは約八百人の子どもたちが在校している。われわれは子どもたちや父母・先生方と面接したり、グループで話し合ったりして調査を行なったわけであるが、これらの点については他に発表することとして、本論において述べたいことは、マニラ在留中の体験を踏まえて、筆者が以前から関心をもっている、文化差や日本人の心性の問題について考察したことである。

調査団の中で、臨床心理学専攻のわれわれは、日本人の子どもたちが異文化の中でどのように適応してゆくのか、あるいは、どのような適応困難を感じるのかを調査しつつ、不適応を起こしている子どもやその家族に対して、心理学的な援助をする目的をもっていた。しかし、このようなことを行うためには、より広い視野の中で、文化差の問題をとらえていることが必要であり、調査の背景をなすものとして、これから論じるような文化の問題についての考察も必要と感じられていた。

日本の社会の特性を考える上において、心理的な観点からする母性性の優位ということを、筆者はかねがね強調してきた[1]。その際、欧米における父性の優位に対応するものとして、東洋における母性の優位性を仮定した。そして、欧米におけるキリスト教の影響ということを、それが父性的な宗教であるという点から指摘しておいた。このような考えを検討してみるためには、フィリピンは非常に興味深い国であると、筆者はかねがね考えていた。それは、フィリピンという国のアジアにおける特殊な位置に由来している。フィリピンの価値体系について、早い時機に極めて適切な紹介を行なった高橋彰氏は、その書物の冒頭に次のように述べている[2]。

誰であれフィリピン人に、彼らのもつ文化的な特質をたずねたとしたら、カトリック教国であること、デモクラシーの国であること、英語が広くつかわれていることの三点をあげるだろうことは、まずまちがいのないところである。……われわれにとって興味をひかれるのは、一つにはそれらの諸点がフィリピン人の自己像に関する国民的なステレオタイプとなっていることなのであるが、さらには、それがアジアでは特異な様相なのだということにフィリピン人が文化的優越を覚えていることである。

フィリピンはアジアの国の中で仏教の影響をほとんど受けることなく、キリスト教化され、現在では国民の九〇%がキリスト教徒なのである。しかも、多くの人が英語で考え、英語で話をしていることも考え合わせるならば、フィリピンの人たちは、相当に父性的な原理に基づいて生きているのではないかと推察される。あるいは逆にアジア人の母性性が非常に強いときは、キリスト教やアメリカ文化などを母性化せしめて取り入れているのではないかと考えられる。私としては、むしろ後者のほうを仮説としてもっていたが、以上のような点で、フィリピンに強い関心を抱いていたわけである。

このように言っても、そもそもフィリピン人というものを簡単に一括して語れるかという疑問も存在する。七千にもわたる島々に、七十五以上の異なる言語をもった人たちが住んでいるのに、それをどのようにして記述するのかということは、まことに難しいことである。ましてや、私はマニラに二十五日間滞在しただけである。私はアメリカに一年半、スイスに三年間在住した経験があるが、そのときにも、異なる文化や社会について判断したり、記述したりすることが、どれほど難しいことかを痛感した。たまに訪れる日本からのお客さんの断定的な比較文化論(?)を聞いて、「外国に滞在する期間が短いほど、思い切った評論ができる」などと皮肉を言っていたが、今度は私自身がその誤りを犯しそうである。

そこで、私がとった方法は、今まで自分の経験から文化比較を行う上で重要なことと考えてきた、父性と母性という観点に焦点をしぼること、多くの対象者に接して統計的な結果を基礎とするのではなく、少数の人にできるだけ深く接して、そこから得た自分自身の感覚を大切にすること、というものであった。そして、自分のいわば主観的体験を大切にしながら、それを補塡したり、是正したりするものとして、既にフィリピン文化の研究として出版されている文献を参考にすることにした。それと、文化の底層をなしているものを知るために、フィリピンの神話や民話も読むことにしたのである。

短い滞在期間の間に、どうして人と深く接することができるかという批判が生じることであろうが、これには心理療法家としての私の経験が大いに役立ったと思っている。それに人間というものは、常につき合っている人よりは、一度だけ会った人のほうに深い話をすることだってあるのである。滞在期間は短かったが、この間に私がお会いした人たちの中には、「今まで誰にも言ったことのない」話をされる方も相当にあった。もちろん、私の職業上、その内容の秘密を守らねばならぬことは当然であるが、その話し合いを通じて私の心の中に形成されていったフィリピン人と日本人のイメージについて語ることは許されるであろう。最近、ケニス・ケニストンの『青年の異議申し立て』(東京創元社)という興味深い本を読んだが、ケニストンがこの本を彼と青年たちとの「深層面接」の体験を基にして書いていることを知り、意を強くしたのである。ただ一人の人との話し合いによって得たことが、膨大な数にのぼる統計資料によって知り得たことと同じくらいの重みをもつこともあるのである。とは言っても、筆者の短期間の経験からの結論には、浅薄な思いこみもあると思うので、批判には喜んで耳を傾けたいと思っている。

フィリピン人と日本人の親近性

フィリピンの文化や社会のことについては、既にわが国においても相当紹介がなされているが[3]、読者にはあまりなじみのない方もいられると思うので、筆者の体験もまじえながら、フィリピン人の心性の在り方について述べてみたい。

フィリピンは最初にスペインの影響を強く受け、次にアメリカの文化を大きく取り入れている。特に上流階級の人と接するときは、彼らが流暢な英語を話すこともあって、アメリカ人と会っているような錯覚を起こしそうにさえなる。しかし、フィリピンの人たちと少しつき合って、まず感じる率直な感じは、われわれと同じくアジアの人間だということである。この点について、あるアメリカ人は、フィリピンを訪れたアメリカ人は、最初はアット・ホームに感じるが、三日もすればまったく異質の世界だと感じはじめる。これに対してフィリピンにやってきたインド人は、最初は変な国だと思っても、三日もすればアット・ホームに感じるものだ、と面白い言い方で示してくれた。

また、フィリピン人に日本人とアメリカ人の差を尋ねてみると、日本人とは親しくなると、たとえ自分の家がちらかっていても、家に泊まってもらって話をしようという気が起こるが、アメリカ人に対してはそういう気が起こらない、という表現をした人が、二、三人あった。もっとも、後に述べるように、フィリピン人は人を喜ばせることが上手な人たちだから、これをこのとおり信じていいかどうかは迷うところもあるが。

この、同じアジア人という仲間意識のようなものが何によって生じるかを明らかにしてゆかねばならないが、ついでに言っておくと、フィリピン人が表明する日本人に対する親しさのようなものから、彼らがアメリカ人に対するよりも日本人に対して親切であるとか、寛大であるとかと思うと、それは誤りである。正直なところ白人優先的な感じ——日本人もそうだが——は存在し、日本人の中には、そういうことに憤慨する人もあった。これは、身近なたとえを用いると、彼らにとって、アメリカ人は怖いおやじであり、日本人はうらやましい兄弟ということになろうか。人間は誰しも表と裏の両面をもつものだ。フィリピン人はアメリカ人に対しては、尊敬と軽蔑の軸の上でのアンビバレンツを感じるが、日本人に対しては、親しみと憎しみの軸上での心の揺れを感じるように思われる。

フィリピン人のこのようなアンビバレンツを、『フィリピン史物語』の著者、アゴンシルリョ氏は、「ほとんど四〇〇年におよぶ西洋強国の支配のために、フィリピン人は、西洋の衣装をまとった東洋人になってしまった。表面的に見れば、かれはもっとも西欧化したアジア人だが、心の底ではやっぱりアジア人なのだ。かれは奇妙に矛盾した性質をもっていて、それがよく外国人の誤解をまねく」(4)と書いている。われわれはフィリピンの人たちとつき合うときに、このような点で屈折している彼らの心情に対しての理解をもつべきであると思われる。

フィリピン人に接して、われわれがまず感じるのは、その人あたりの良さである。フィリピン人の対人関係における重要な要素として、パキキサマ(pakikisama)ということがある。これは、フィリピン人に言わせると、「深い友愛の情……個人どうしの間の尊敬と助け合い」(5)ということになるが、アメリカの文化人類学者の即物的表現によると、「他人のリードや示唆に従うこと、……リーダーや多数の意志に従うことにより、グループの決定を全員一致とすること」(6)ということになる。日本人が全員一致の決定を好むことは、イザヤ・ベンダサンの指摘以来、われわれにとっては周知のことであるが、フィリピンではその程度がもうひとつ上であると思うとよい。

ここに引用したアメリカの人類学者のフランク・リンチ教授は、フィリピン文化センターの教授で、フィリピンの文化について数多くの興味深い論文を発表した人である。幸いにもお会いすることができて、文化差の問題について話し合いをした。そのときに、教授はアメリカ人は対人関係における不愉快さをしのんでも、はっきりとものを言うのに対して、フィリピン人は、ものごとを曖昧にしても、対人関係の円滑さのほうを好む、つき合うときにお互いがその点を配慮すればうまくゆくのだが、と興味深い指摘をされた。このような点について言えば、日本人は明らかにフィリピンよりだと思うが、どうであろう。もっとも、日本人でも少しアメリカよりの人たちは、フィリピン人は話し合っていると調子のいいことを言うが、どこまで信用していいか解らない、と嘆く人もあった。しかし、これはアメリカ人が日本人を批判するときによく言うのと同様のことなのである。

フィリピン人の特性を述べる際には必ず、ウタン・ナ・ロオブ(utang na loób)ということと、ヒヤ(hiya)ということが論じられる。ところで、このウタン・ナ・ロオブはわが国で言えば、恩とか義理にあたり、ヒヤは恥にあたると考えられると言えば、フィリピン人の特性が日本人と非常に類似していると感じられることであろう。ウタン・ナ・ロオブは直訳すると「内なる借金」「心の借り」ということになるらしいが、わが国で言う義理よりは、もっと重いものであると感じられる。

このようなことから、日本人であればすぐにベネディクトによる日本人の分析『菊と刀』を連想するのではないだろうか。ベネディクトが罪の文化と恥の文化を分け、日本を恥の文化と規定したことは周知のことである。そして、フィリピンもこの分類でゆけば、まがうことのない恥の文化の国なのである。このようなフィリピン文化に対する分析は、一九六〇年代に、前記のリンチ教授らを頂点として盛んになったようである。これらのことは既にわが国にも紹介されているし、日本人としても解りやすいことなので、ここにあまり繰り返さないことにしよう。

フィリピン人の家族関係、および親族の間の関係は極めて緊密である。家族内における長上に対する尊敬の慣習も厳しく守られている。われわれが一度招待された家は、その親族がそれぞれ独立家屋に住んでいるが、広大な敷地内に一緒に住んでいて、親族関係の強さを実感させられた。このような家族関係の緊密さが、既に述べたような対人関係の円滑さなどに結びついてくると、すべての人間関係に親族的な親密さが要求されてくることになる。たとえば、パーティなどで招待状を出すと、その人が知人を連れてきたときは、まったく同じように歓待しなくてはならない。

日本のある企業が何周年かの記念パーティに千枚の招待状を送った。フィリピン人の忠告にもかかわらず、日本式に考えて、八百人分くらいの料理を用意していたら、各人が勝手に知人を連れてきて、客は三千人にもなって大あわてをした話を聞いた。私もフィリピン人に招待されたことがあったが、一人でゆくと「コンパニオンは?」とふしぎな顔をされた。誰かを連れてくることがはじめから期待されているのである。「予定外」の客がとびこんできても、出来る限りの歓待をし、楽しく時をすごす能力の高いことには、多くの日本人が感心していた。

細かいことを書くときりがないが、これらのことを見聞していると、私は自分が田舎の出身なので、われわれが子どものとき日本の田舎で行われていた習慣や倫理観と非常によく似ていると感じはじめた。なんだか、なつかしいような気さえするくらいであった。ところで、日本という国は根本的にはともかく、表層的には対人関係の在り方が急激に変化してきている。

そこで、古来の「美風」に価値観をおくならば、あるフィリピン人が率直に語ったように、日本人は工業的、経済的には素晴らしい発展を遂げてきたが、道徳的には極端に低下している、ということにもなってくる。しかし、この問題は簡単に片づかないことである。というのは、以上にあげた「美風」と近代における経済的・政治的機構とが単純に結びつくと、フィリピンにとっての大きい問題である贈収賄という「習慣」が形成されることになる。われわれ日本人の感覚では悪とまで言わぬにしても、少なくとも美徳とは感じ難い、袖の下や、いわゆる「顔をきかす」ことが、大ぴらに、ときには誇らしげにさえ語られるのである。それは、ウタン・ナ・ロオブ、つまり恩に対する報いということで、美談にさえなりかねないのである。このことがフィリピンの近代化を妨げている大きい要因であると考えるならば、以上述べてきたことについて、より深い考察が必要となってくる。

母性原理と近代化

日本の文化を西洋のそれと対比して考える上において、父性原理と母性原理の差に注目することによって、多くの示唆を得られることは既に発表してきたとおりである。(7) その点を簡単に述べておくと、父性原理は「切断する」こと、母性原理は「包含する」ことによってその機能を示す。つまり、母性はすべてを良きにつけ悪しきにつけ包みこんでしまい、すべての子どもを没個性的に平等化してしまうが、父性は子どもをよい子と悪い子などと分割し、その強い切断の力によって、子どもを厳しく鍛えてゆくものである。西洋の個人主義はこのような厳しい鍛錬を経てつくり出された、各人の自我の確立を土台としている。このような観点からみると、フィリピン人は日本人よりはるかに母性原理の強い生き方をしていることが、既に述べてきたことから明らかであろう。そして、母性原理に基づく美風に彼らが固執するとき、それは西洋から輸入した近代的な生き方と競合することになってしまうのである。

はじめに、フィリピン人は東洋人であり、われわれ日本人も「同じ」であるという感じをもち、それはアメリカ人とは異なると述べた。おそらく、この同類という感じは母性原理を共有するものとしての一体感のようなものであろう。この点について、あるフィリピンの学者は私に対して次のように言った。日本人に会っていると、特に欧米人と比較するとき、われわれは同じ東洋人だという感じを強く感じる。にもかかわらず、日本人だけがどうして、あのようにうまく近代化され、他の東洋人と異なる道を歩むことができたのか、それを知りたい。日本人はいったいその秘密を自ら知っているのだろうか。自分でも知らずにいるのか、知っていながら、他の東洋人にはそれを隠しているのか、と言うのである。この問いに対して、彼らを納得させる答えをわれわれは与えられるだろうか。

この問題について考えてゆく前に、フィリピンにおける母性優位性について、もう少し深く調べてみることにしよう。最初に触れておいたように、フィリピン人がキリスト教をどのように受けいれているかは、私にとって非常に興味のあるところであった。これはある程度予想していたところであったが、教会にゆくと、マリア像が大きく目につきやすいのに対して、キリスト像は何かその背後に隠れている感じを受ける。そこで、私はフィリピンの人たちに対して、「キリストとマリアはどちらが大切ですか」という、ぶしつけな質問をなげかけてみた。なかには困惑した表情で目を伏せる人もあったし、「同じです」と平然と答える人もあった。ところが、親しくなったホテルのボーイさんと、この点について話し合っていると、彼は「マリアは三位一体の中の一つなので、結局、同一である」と言ったのである。この新式の三位一体説には私も驚いてしまって、ではどのような三位一体なのかと尋ねてみた。彼は「キリスト、マリア」と言い、しばらく口ごもっていたが、「主(Lord)」と答えた。その後、同じような答えをする人があるので、私の興味はますます深くなった。ところが、このことは相当一般にゆきわたっていることらしく、既にフィリピンにおける宗教の問題を論じたキャロル氏も、キリスト教における三位一体を「キリスト、マリア、アポ・ディオス」とする誤った考えの多いことを指摘している。(8) このアポ・ディオスが何か解りにくいし、たしかに、三番目の名前を言うときに口ごもる人が割にあったのも、これを英語で表現するのに困難を感じたからではないかと推察された。いろいろと尋ねてみて、アポ・ディオスは老賢者的なイメージであることが、解ってきた。

私はキリスト教徒でもないし、教義的に正しいか否かということにはあまり関心がない。それよりもむしろ、民衆の心の中に自然に生じてきた、このような宗教観念を、それはそれとしてそのまま受けとめるのがいいと思っている。このフィリピン人の心の中から生まれた三位一体については、他にも少し論じたので[9]、ここではあまり詳述はしないが、何といっても、オーソドックスな「父・子・聖霊」という三位一体に対して、マリアという女性をいれこんだことに大きい意味を感じるのである。それはもともとに存在した、父＝息子という枢軸を壊して、母＝息子という軸をその代りに据えている。このことは、東洋人の母性性の強さを如実に示しているものと考えられる。フィリピン人はキリスト教による父性原理を取り入れるよりは、それのもつ母性原理を拡大して、自分にふさわしいものに変えたのである。

母性原理に基づく生き方のひとつとして、「あきらめ」ということがある。現在の状況や、未来に起きると予測される事象に対して、検討したり比較したりして、積極的にかかわってゆくのではなく、すべてのことは、それはそれで何とかなるだろうと考える。このような態度は、フィリピン人に非常に強く、これは彼らの好む、バハラナ(bahalana)という言葉に反映されている。バハラナは日常的に用いられるとき、ずいぶんと広い意味をカバーしているように感じられるが、「そのときはそのときで、まあ何とかなるさ」ということになろうか。言ってみれば、すべてのことはバハラナで片づいてしまうわけである。これについて、アゴンシルリョ氏は、「どんなことでも、バハラナ、つまり運命まかせだ。神さまは、自分の子どもたちを守ってくださるさ。この宿命論はフィリピン人の心のなかで、あきらめという美徳、または悪徳をつちかっている[10]」と述べている。

ところで、私が非常に興味をもったのは、そのバハラナという語の語源として、バタラ(Bathala)、つまり、タガログの最高神が存在しているという事実である[11]。フィリピン人は最初に紹介したように多くの異なる言語を話す部族によってなりたっているが、中心的存在はタガログであり、現在、標準語として採用されている言葉は、ほとんどタガログ語を基にしている。ところで、タガログの最高神バタラは、いつも何もせずにいるので、結局は他の神々が彼を助けて頑張って仕事をすることになると言うのである。そして、このような最高神の「無為」の在り方が、フィリピン人の生き方の根本に存在していると考えられる。このことはフィリピンにおける母性原理の根強さを示すものとして印象づけられることであった。

フィリピンの神話には他にも興味深いものがあるが、そこに深入りするのをやめて、ここで、むしろ日本とフィリピンにおける母性の問題の比較をこころみてみたい。これは既に述べたフィリピンの学者の疑問、すなわち、東洋の中で日本だけがどうして近代化にいち早く成功したのかということにつながってくる。これについては筆者は既に、日本は母性社会ではあるが、そこに「永遠の少年」的な様相が強く作用していると論じてきた。ところで、この点について、社会学的アプローチからの発言として、作田啓一氏らの紹介によるシュー氏の、日本における「イエモト制」の重要性の指摘も傾聴に値すると思われる。(12) シュー氏は中国、インド、アメリカの社会を、それぞれ、クラン、カスト、クラブの発達と結びつけて論じた上で、日本の特性をイエモト制によって記述しているのは、極めて示唆に富んだ論であると思われる。彼はこの「イエモト制」を拡大解釈して日本の社会組織全般にあてはめるのだが、その特徴は、部分的には契約モデルに基礎をおきつつ、部分的には親族モデルにも基礎をもつ点であるとする。つまり、ある特定集団への加入や離脱の決定が個人の意志に任されている点では契約モデルに従うようだが、集団内では年功序列のようなヒエラルヒー的関係が恒久的になる傾向をもつ点で親族モデル的であると考えるのである。

これは筆者の述語で言えば、母性原理に対して父性原理を巧みに混入したとも言える制度であり、この点が、母性原理を親族間の関係の中に閉じこめたままのフィリピンと日本とを明確に区別するものと考えられる。既に述べたように、母性性と親族中心の考えが強い限り贈収賄などによって政府が腐敗してゆくのは、ほとんど当然の帰結と言ってよい。この点日本では、「イエモトの内容が日本の政府にまで拡張されたということが、私の見るところでは、国家組織における腐敗を防止することにもなった(13)」と言えるだろう。ところで、シュー氏はこのような考えを社会学的な視点から引き出してきたので、その基礎として、日本における父＝息子関係の重要性を考えている。つまり、日本において長男が父の跡とりをすることの重要性に注目しているのだが、興味深いことは、日本の学者の祖父江孝男氏の批判を取り入れ、母＝息子関係が、これに副次的な役割をもつことを付加していることである。シュー氏は社会学的に見て、日本の父権の強さや、父＝息子関係に最初に注目したが、次に母＝息子関係もそれにつけ加えざるを得なかったのに対して、筆者の場合は、心理学的に、日本人の母性優位の点にまで注目したが、やはり父性原理がそこに副次的に存在することを認め、「永遠の少年」型の文化という表現をしたわけである。

日本の場合は、母性優位の人間関係を親族内に閉じこめておかず、むしろ、社会組織に拡大する機構をもっていたため、近代的なものを受けいれるのが容易であった。これに対して、フィリピンにおける、母性原理や親族関係の強さから考えると、フィリピンが近代化をおしすすめてゆく困難さが痛感される。あるいは、フィリピン人が自分の文化に合うようにうまく変容して取り入れたカトリックの信仰を、キリスト教の本来的な在り方に照らしつつ掘りさげてゆくことによって、何らかの道を見出すのではないかとも思っている。しかし、それに至るまでには、キリスト教によって表面的にスムースにされたフィリピンの心の深層に存在しているフィリピン古来のワイルドなもの――私にはその存在が何となく感じられたが――の爆発を必要とするのかも知れない。

「すみません」の文化差

母性の問題について、神話の世界に及ぶほどの深層にまで下降して考察したが、もう少し表層へと戻って、フィリピンと日本の文化差についての考え方を続けてみよう。フィリピン人に対して、われわれ日本人は東洋人としての同一性を感じると述べたが、これは基本的なものであり、むしろ、表層的には、日本人はフィリピン人に対して異質感を感じるのではないだろうか。この感じが極端になると、フィリピン人はウタン・ナ・ロオブとか、ヒヤとか言っているが、日本人と違って、恩とか恥とかは解らない人種なのだと言う人さえあった。この人たちの言い分をよく聞いてみると、恩とか恥とか言っても、日本とフィリピンではそのとらえ方が異なっており、それに気づかぬために、そのような誤解をしていることがあるようであった。

たとえば、フィリピン人はなかなか「すみません」と言わないという非難を口にする日本人は実に多かった。特に使用人が何か失敗をしたとき、それを外的な原因のせいにして、自分が悪かったと言わないという不満はよく聞いた。そして、腹が立つので、お前が悪いということをはっきりと指摘すると、「やめさせていただく」と言うから困ってしまうと言うのである。あるいは、フィリピン人と友人になると、日本へ一時帰国するとき、いろいろとみやげを要求されるので困ると言う人もあった。どんなトランジスターが欲しいとか、カメラが欲しいなどと直接に注文されるのである。日本人は断るのが下手だから無理をしても買ってくる。ところが、日本人を一層立腹させるのは、それに対してフィリピン人が期待していたほどのお礼の言葉を言わないことなのである。みやげをあげたときにはもちろん礼を言ってくれるが、高価なものなので、次に会ったときも少しくらい何か言ってくれそうに思うが何も言わないのである。日本人の中には、これらのことを恥知らずのことと考える人もあって、フィリピン人がヒヤ(恥)を重んじるなど、うそっぱちだということになるのである。

これらの話を聞き、私もフィリピン人に接してみて気づいたことは、日本人とフィリピン人を分ける決定的な要因に、内向と外向ということがあることであった。ともかく、このことを如実に示している現象は、フィリピン人が孤独を嫌うことであろう。フィリピン人が一人でいるのは寝ているときだけではないかと言った人があったが、確かに、彼らは仲間と一緒にいて、楽しく時をすごすことが上手のようである。音楽やダンスが好きで陽気である。彼らから見ると、社交的な場における日本人の身のこなしのぎごちなさは、まったく馬鹿げたものに映るだろう。

既に述べた点について、内向―外向という観点から考えてみると次のようになるのではないだろうか。日本人は何か悪いことがあると、その原因をすぐに内に向けて、「すみません」と言う。これに対して、フィリピンの人は外に方向づけるのではないか。しかし、これは必ずしも自分は悪くないと思っているのではない。これは日本人が他人や外的条件のせいであると解っていても、習慣的と言っていいくらい、「すみません」と言うのとあまり変りはないのであろう。日本人なら、まず、すみませんと言いながら、それに続く話し合いでもう少し事態を明らかにしてゆく。これと同様に、フィリピン人は、まず外的条件について述べるのだと思う。そこで、もしわれわれがその相手をするならば、一応それを認めて、続く話の中で上手に事態を明らかにしてゆくべきなのであろう。直接に「お前が悪い」などという言い方は、パキキサマ(円滑な人間関係)の破滅であり、人間関係の終止の宣言と同様であり、やめさせていただくと言うより仕方がないのだろう。

これを聞くと日本人は、フィリピン人は何と難しい対人関係をもつのかと思うかも知れない。しかし、アメリカ人がわれわれ日本人の人間関係について知ると、その複雑さに驚いてしまうのと、これはまったく同様である。

贈物の要求にしても同様のことが言える。外向的な人は、自分の内的なものを外的事物に投影して考えることが多いので、親密さの程度を物によって測ろうとし、それを要求するのも、それほど非難すべきことではない。ただ日本人がそれに対してふさわしい応対法——断るにしろ、あるいは、こちらも何かを要求するにしろ——を知らないだけなのではないだろうか。外向的な人が互いに自分の欲求を主張しつつ、しかも、パキキサマということで対人関係を円滑にしようとするならば、ジョークが大切な武器となると推察される。実は、まったくそのとおりで、フィリピン人はジョークが大好きである。本屋にもジョークの本がたくさん並んでいる。私は日本人には珍しくジョークが好きな人間なので、短時日の間にフィリピン人と親しくなるのに、これが大いに幸したと思っている。日本人の中には、フィリピン人のジョークが解らず、真に受けて参ってしまう人もかなりいるようである。

心の中の葛藤を、日本人であれば孤独に沈んで考えこんだり、あるいは他人と話し合うにしろ、自分の内面のこととして語るだろうが、フィリピン人は心の中の葛藤は外的な人間関係の中に映し出され、他人との間のいろいろなやりとりなどの困難さを解消してゆくうちに、内的なことも解決してゆくのではないかと思われる。フィリピン人は約束を守らないという非難は、日本人もアメリカ人もよくしていた。これは、フィリピン人は何かを約束していても、より重要な——と彼らが判断する——対人関係の事象が生じると、そちらのほうを優先にするために、先約を破るということになるためである。アメリカ人や日本人が約束の固さにとらわれているとき、フィリピン人たちは約束を破ったり破られたりしながら対人関係を極めて円滑に、かつ楽しく動かしている。このような在り方は、おそらく外国人が一朝一夕に真似のできることではなく、日本人から見て恥知らずと思っていても、彼らは彼らなりのルールによってうまく運営しているのであろう。

前記のリンチ教授によれば、パキキサマ研究会というのを作り、人類学者、心理学者、社会学者などが討論したが、パキキサマはフィリピン人の自我の弱さのためだという説と、むしろ、フィリピン人の対人接触のうまさ――従って、本来的な強さ――のためだというのと意見がまっぷたつに分れたそうであるが、さもありなんと思われる。

文化差の判断軸

以上述べてきたことをまとめて考えてみるときに、父性―母性という軸と、内向―外向という軸のふたつによって整理をするのが便利であると思われる。そこで、次頁の図に示したように、横軸に外向―内向をとり、縦軸に父性原理―母性原理をとって考えてみることにしよう。

ここで、筆者自身が体験的に割に知っている国を取りあげて論じるならば、まず、父性的で外向的な国としてアメリカをあげることができるだろう。これに対して、フィリピンは、外向的な点でアメリカと同様であるが、母性的であることで異なっている。次に父性的で内向的な国として、筆者の体験からはスイスをあげることができる。最後に、内向的で母性的な国としては、既に述べたように、日本は父性的なものが相当混在しているので、中空構造などと表現したが、一応、日本をここにあげておくことにしよう。あるいは、タイ国あたりをここにおくべきかとも思うが、私はタイ国に行った経験がないので解らない。あるいは、韓国もこのところにはいるかも知れない。

ところで、この図から見ると、各国の文化の差と、それぞれの国民がお互いに同質に感じたり異質に感じたりするところが明らかとなって面白い。アメリカ人とフィリピン人は外向性ということが共通であり、この点で互いにすぐ結びつくが、父性と母性の対立が前面に出てくると、まったく異質であることを認識する。あるいは、筆者がスイス留学中のことを思い出すと、アメリカ人は確かに、父性原理という点で、日本人よりははるかにスイス人に親近性をもちながら、スイス人の内向性を理解できなくて、よく、スイス人は冷淡だなどと非難していた。これに対して、内向という点で日本人はスイス人とは、アメリカ人より親近感をもちやすいが、父性と母性という点では対立してしまう。

ところで、この図でまったく対照的となっている日本人とアメリカ人について考えてみると、お互いにまったく異質なものに感じる強い反発と、魅力を感じ合っているようである。われわれはときに自分とまったく異なるものに対して、理解を超えて——あるいは、不可解なるがゆえに——魅力を感じるものである。スイス人とフィリピン人の間では実際にどうなのかは、私は体験的に聞いたことがないので解らない。両者の間に、アメリカ人と日本人の間に存在するような感情が生じるとすると面白いのだが。

この図の中に、いろいろな国を位置づけてみるのも面白いことであろう。たとえば、イタリア人などは、外向的な点ではアメリカ人より高いが、アメリカ人に比べると母性原理が強いだろう。フィリピンの心理学者ブラタオ教授と、この点について話し合ったが、彼はインドネシヤ人、マレー人などはフィリピン人と同じところに位置づけていいだろうと言っていた。

これは実に大まかな分類であるが、これに基づいて考えて、ひとつ面白いと思ったことは、ある個人が自分の故国を離れて他の国に移住してゆくとき、自分の個性

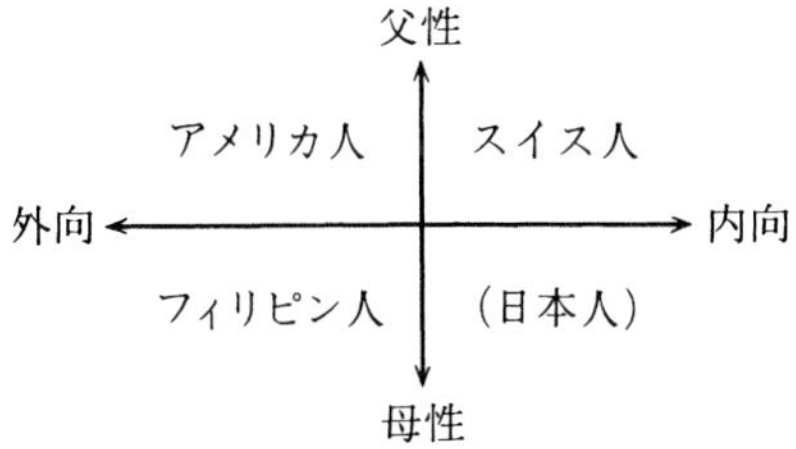

父性—母性と国民性

により適合した国を選ぶ傾向があるように感じたからである。たとえば、フィリピンで会ったアメリカ人のうち、フィリピンが好きだとか、この地にずっと住みたいという人は、アメリカ人にしては珍しく母性的なものを身につけた人という感じを受けた。あるいは、日本人でフィリピンによく適応している人は、日本人にしては外向的な人が多かったように思う。図に示した分類は、個人の性格や人生観にもあてはまるものであるから、たとえば、アメリカ人で内向的な人、しかも、もし母性原理の良さが解るような人であれば、アメリカではむしろ不適応を起こすであろう。しかし、もし日本にくれば、日本のよき理解者として受けいれられるのではないか。

日本人でアメリカに行く人についても同様のことが言えるだろう。最近では地球はますます狭くなりつつあり、他国へ行ける機会が多いので、ここに示したような原理に従っての人間の移動は、より多く生じることになるように思われる。

われわれが他国の人とつき合うときでも、図に示したような簡単なシェマを頭に入れているだけでもずいぶんと役に立つのではないだろうか。最近では日本の企業の海外進出も急激に増加し、多くの日本人が外国の人とつき合うことになった。そのとき、われわれが文化差の問題についても深い配慮をもっていないと、他国の人との間でお互いに誤解に基づく非難や争いなどを繰り返すことになるのではないだろうか。特に、日本人が東南アジアの国々の人に対するとき、われわれが少し早く近代化の波に乗ったというだけで、理由のない優越性を感じているならば、それはまったく破壊的な結果を招くことになろう。

『タイのこころ』の編訳者、田中忠治氏は極めて印象的な事柄をその書物のしめくくりに用いている。今ここにそれを借りて、筆者も自分の論をしめくくりたい。

ある国際学生交流セミナーにおいて、日本の学生たちは東南アジアの発展のために、日本はいかに協力・援助すべきかを熱心に論じた。そこに参加していたタイ国の一留学生は、怒ったような口調で次のように言った。自分たちが日本から一番学びたいことは、明治維新以降、今日の近代国家・経済大国になるまでに、伝統と現代科学文明をどのように結びつけたのかということである。「われわれの国は仏教国で、私も仏教を信仰している。近代化あるいは発展にとって仏教はマイナスだといわれても、自分は仏教を捨てるわけにはいかない。といって、現代のタイには西欧科学文明がおそろしい速度で流れこんでおり、それを押えるわけにもいかないと思う。われわれはこの二つをどう結びつけたらよいのか悩んでいる。日本の皆さんから教わりたいのは、このことだけだ」[14]と。

これに対して、日本の学生たちは一人も何も答えられなかったという。これは、今日の日本の物質的な豊かさと真の意味における魂の貧困を如実に示している状況であると思う。このような東南アジアの人々の魂の叫びにまったく耳を傾けることなく、ただ経済的な優位性によって、他国を援助したり、ときには支配したりしようとこころみるならば、われわれ日本人に対して、アニマルという蔑称を投げつけられたとしても、反論することはできないのではなかろうか。

注

(1) 河合隼雄「母性社会日本の〝永遠の少年〟たち」、『中央公論』一九七五年四月号。注(7)参照。〔本巻所収〕

(2) 高橋彰「フィリピンの価値体系」、萩原宣之/高橋彰『東南アジアの価値体系』4、現代アジア出版会、一九七二年、所収。

(3) 前記の高橋氏の論文、および、メアリー・ホルンスタイナー編、山本まつよ訳『フィリピンのこころ』文遊社、一九七七年。また、井村文化事業社より「フィリピン双書」が刊行されている。

(4) テオドロ・アゴンシルリョ、岩崎玄訳『フィリピン史物語』井村文化事業社、一九七七年。

(5) テオドロ・アゴンシルリョ、前掲注(4)書。

(6) Frank Lynch, "Social Acceptance Reconsidered," in Frank Lynch and Alfonso de Guzman II ed., Four Readings on Philippine Values, Ateneo de Manila University Press, 1973.

(7) 注(1)参照。この論文、および、日本における母性の問題を論じたものは、河合隼雄『母性社会日本の病理』中央公論社、一九七六年、に所収されている。

(8) John Caroll, "Magic and Religion," in John Caroll et al. ed., Philippine Institutions, Solidaridad Publishing House, 1970.

(9) 河合隼雄「父―娘コンステレーション」、『世界』一九七八年三月号。なお、日本人における三位一体については、河合隼雄『昔話と日本人の心』岩波書店、一九八二年を参照されたい。〔本著作集第八巻所収〕

(10) テオドロ・アゴンシルリョ、前掲注(4)書。

(11) Landa Jocano, Outline of Philippine Mythology, Capitol Publishing House Inc., 1969.

(12) シュー、作田啓一／浜口恵俊訳『比較文明社会論』培風館、一九七一年。

(13) シュー、前掲注(12)書。

(14) ククリット・ブラモート／チット・プーミサック、田中忠治編訳・解説『タイのこころ』文遊社、一九七五年。

愛と結合と可能性
——アニマとアニムス

愛と性

愛をどのように定義するかは難しいことである。それは、人間性に関するその他の基本的な要素とともに、簡単な定義づけを許さない存在なのであろう。ところで、ここで愛を異性間のそれに限定して考えると、「性」ということが、不可分に結びついていることを否定することができない。

ひところは、プラトニック・ラブなどということがもてはやされたが、今はまったくはやらなくなって、愛と性の結びつきなどということは、自明のことに感じられるのが現状ではないだろうか。フロイトが異性間だけではなく、親子間の愛においてさえ、性が基本的な動因としてはたらいていることを指摘したときは、当時の人々の間に強い衝撃を与え、拒否反応を起こさしめたのだが、今では、そんなことは高校生でも常識として受けとめているのではないだろうか。

性を、愛を考えるうえでの基礎としてとらえ、そこに生じる現象をみてみると、男性と女性の肉体的結合、および、子どもの誕生、ということが主要なこととして存在していることがわかる。そこで、この現象を少し抽象的なレベルへと言いかえてみると、結合への希求、可能性の出現への期待、などと言えるのではないかと思う。そして、ここにあげた二つのテーマこそ、愛の本質において極めて重要なことと思われるのである。かつて愛について人々があまりにも「清らかな」イメージを持ちすぎていたとき、フロイトがそれを肉体性へと還元してみせて、ショックを与えることが必要だったように、現在は、性的結合に伴う精神性について指摘しておくことが必要なのかも知れない。それはともかくとして、ここにあげた、結合と可能性への期待という二つのテーマにしぼって、愛ということを考えてみよう。

「結合」とは、もちろん異質のものの結びつきを意味している。同質のものが集まるのを、わざわざ結合ということもない。そして、それが異質のものの結合であるからこそ、新しい可能性がそこに生じてくるのである。異質度が高いものほど、そこから生まれてくるものの可能性は大きいであろう。しかし、そこに「結合」が生じるためには、何らかの同質性の存在が必要であり、あまりにも異質なもの同士では、分裂や破壊が生じるだけで、建設的なことは生じない。ここに結合のパラドックスが存在している。

男性と女性は異質な存在である。その身体的・生理的な差は明らかである。しかし、その心理的な差となると意見が分かれるであろう。「男性は栄光を、女性は愛を求める」と言ったバルザックのように、男女の心理的な差を画然と認めるものもあるし、男女の差が社会によって「つくられた」ものであることを主張するボーヴォワールのような人もある。しかし、事の当否はともかくとして、一般的にいって、通常「男らしい」と言われている心理属性を男性が多くもち、「女らしい」と言われる属性は女性が多くもっていることは認めねばならない。

ところが、精神療法家のユングは、男性もその無意識には、「女らしい」属性を有し、女性も同様に無意識内には「男らしい」属性をもっていると主張するのである。ユングはこのような結論に、彼の接した多くの患者、特にその夢分析を通じて到達したのである。彼が治療のために夢を使用したのは、夢の中にこそ、われわれが日常は意識しない無意識内の可能性が認められると考えたからである。彼は多くの人の夢を研究し、男性の夢にはある種の女性像が特徴的なはたらきをもって顕現し、女性にとっては男性像が意味深く生じることに気づいたのである。彼はそこで、男性の無意識に存在する女性像の元型の存在を仮定し、それをアニマ（ラテン語で魂を意味する）と呼び、女性にとっての男性像の元型をアニムス（アニマの男性形）と呼んだ。

アニマ

男性の心の深層に存在する女性像については、古来から多くの文学者がそれを描き出そうとこころみてきたということができる。ゲーテの言う「永遠の女性」など、その典型であろう。ここで大切なことは、人間はそのような「内なる異性」を外界へと投影し、現実の異性に対して恋愛感情を抱く、ということである。われわれは心の中に存在するアニマ像にふさわしいと感じる人――錯覚であることが多いのだが――に抗し難い魅力を感じてしまう。そこに、限りのない結合への希求が生じる。

アニマは男性の心の中の女性的な側面と結びついている。平素は強く積極的に行動し、厳しく生きている男性も、アニマが心の中ではたらき始めると、その様相が変る。強いはずの男性が急に弱気になったり、厳しい判断を常に下していた男が、誰かに対しては急に甘い評価を与えたりする。こんなとき、男性のアニマは誰か特定の女性に投影されていることが多いので、他の人には、その女性のせいで、男性が変ってしまったように感じる。事実、女性は男性にいろいろな「ささやき」を通じて、その考えの変更を迫るので、女性の誘惑やそそのかしによって男性が変ってゆくようにみえるが、それも本来は「内なる異性」のなすわざであるとみる方がよさそうである。

男性は「内なる異性」の存在に気づかないとき、その投影を受けた女性との結合を願って行動する。しかし、それを果たしたように思ったとき、彼はその女性が彼の求めているアニマ像とは異なることを発見することが多い。実のところ、内なるアニマ像にそっくりの女性など居るはずがないので、これは当然のことである。そこで、われわれが真に「結合」をはからねばならぬのは、内なる異性との結合なのである。しかし、これは随分と難しいことである。

アニマとの「結合」をはかるよりも、アニマに主体性を奪われてしまったような男性も存在する。アニマに取りつかれた男性は、いわゆる女々しい男になる。その男性は決断することの下手な人である。アニマは後にも述べるように、「関係する」というはたらきをもっている。アニマに取りつかれた男性は、何かを決定しようとすると、普通は意識されない、いろいろな関係が心に浮かんできて、決定を下すことによって、そこで関係を断つことが耐えられなくなるのである。

アニマに取りつかれる恐ろしさが身にしみると、男性はアニマとの関係を断ってしまう。事実、日本の男性はアニマと切れた存在であることが多い。彼にとって、妻は「お母ちゃん」になっていて、アニマとしての魅力を失っている。さりとて、他にアニマ的な女性が存在するわけでもない。アニマというのは、関係するはたらきをもつと述べた。それは、精神と身体、聖と俗、などいろいろな結びつきをもたらすが、思いがけない結びつきによって、日常性をぶちこわす力をもっている。たとえば、仕事一途で堅いサラリーマンがバーの女性に参ってしまった場合を考えてみるとよい。彼はこの世ならぬ美しさや優しさを経験することになろうが、そのために借金を重ねたり、仕事に手ぬかりができたりするかも知れない。アニマとの関係を断った男性は、きまりきった生活を確実にこなすが、何らの面白みもない人間になる。

現在の社会は、女性的なことよりも男性的なことに価値をおく傾向が強いので、女性にとってアニムスは、男性にとってのアニマよりも重大な意味をもっている。既に述べたように、多くの男性はアニマとはあまり関係のない生き方をしているが、女性にとってアニムスの存在を無視することは非常に難しくなっている。女性の心の中の男性は、「女も男と同じではないか」「女だからといって、何も負けていることはない」などとささやき続けている。しかし、世の男性は自分のアニマを排除しているため、女性がアニムスの存在に気づくのを好まない。女性は従って、自分のアニムスを投影する相手を見出せぬため、アニムスに自ら取りつかれてしまうことが多くなるのである。

アニムス

アニムスに取りつかれた女性は意見を述べることが好きである。一般論としては絶対に正しいが、どこか実状に合わない「正論」を述べて、まとまるものもまとまらないようにすることが多い。アニムスに取りつかれた女性も、アニマに取りつかれた男性も、真に人を愛することが難しいが、これらの二人が倒錯したカップルをつくっているときもある。女性のアニムスが強くなると、それは母性を敵対視する。すべてのものを同様に包みこんでしまう母性のはたらきは、アニムスのすべてを区別し判断するはたらきと、なかなか両立し難いのである。

女性にとって、アニムスは高い知識や、決断力、実行力などを与えてくれるものである。男性がややもすると、外的な世界での仕事に熱中するあまり、根源的な存在から切れたものとなりやすいときに、アニマは彼を存在の深みへと連れていってくれる役割を果すのに対して、アニムスは、もともと根づいた存在としての女性を、高みへと連れ出し、その存在に形を与えてくれる役割を果すものである。

女性にもアニムスと無縁の生き方をしている人がある。このような女性は、自己主張ということをせず、男性の望みのままに動くので、男性からアニマの投影を受けやすい。女性からみれば、およそ個性のない面白くない女性が、案外多くの男性を惹きつける秘密はこの辺にあるようである。このような女性は、ともかく誰か男性と共にいないかぎり存在価値がない。男性がいなくなると、たちまち魅力のない女性になってしまう。このような生き方は、女性としては楽な生き方でもあるので、現在でも相当数の女性がこの生き方をしている。このような生き方をしてきた女性も、中年になって初めて、アニムスがはたらきはじめることがある。しかし、それを投影するには夫はあまりにも不適切であることが多く、果せぬ夢をわが子に向けてしまうことになる。強烈な教育ママの背後には、しばしばアニムスの試験に落第した夫が存在している。

アニムスは女性に言葉を与える。女性はアニムスのはたらきにより、的確に判断し、批判力を身につける。女性が本来的に持っている豊かな感受性は、アニムスによって他人にも伝達し得る表現法を見出すのである。アニムスによる批判の言葉が自分自身に向けられるとき、女性は無為におちいるときがある。批判の厳しさのため、何をしても無価値に思われるためである。このような女性の無為は外見的に「おとなしい」と感じられるので、男性がおとなしい女性と思って結婚し、後でその頑固さに驚いてしまうこともある。

アニマ・アニムスの存在によって、実のところ、二人の男女の関係は四人の関係にまで複雑化されるので、男女関係というものは思いの外に難しく、不可解なものとなるのである。男性がアニマ化すると女性はアニムス化するし、このようなときの会話は、しばしば男女の役割が逆転しているように感じられるものである。

投影を越えて

男性と女性は、互いにその内なる異性像を投影し合って恋愛することは既に述べた。愛ということは、そのような形態だけであろうか。投影の段階は、実のところ、愛のはじまりであり、愛の在り方は人間の成長の過程に従って変容してゆくように思われる。

投影の段階において、われわれは不可解で抑え難い情熱を感じる。それは明確な理由を述べることは難しいのに、ともかく愛している、会いたくて仕方がない、という感情として経験される。この際、お互いの心の中の異性像と現実の異性との間に喰い違いが大きいときは、失恋に終ったり、暫くの間の熱烈な愛の期間の後に、急激な冷却を経験することになる。このようなとき、ただ相手を非難するだけの人は、この恋愛によって得るところが少ないが、そこに自ら投影したアニマ・アニムス像を、自らのこととして引き受けることのできる人は、そこに人格の成長を経験することになる。これを、投影の引きもどしと呼ぶが、これができた人は、たとえ失恋に終ったとしても、愛の力によって自らの可能性を引き出すことができたものということができる。

理想的な場合は、熱烈な恋愛を通じて、お互いが投影と投影の引きもどしをくり返しつつ、互いに人格の成長を助け合う場合である。このようなとき、二人はもはや最初のときのような燃えあがる情熱は感じないにしても、静かではあるが、深い愛を感じ合うようになる。このときの二人は、異性としてよりは、むしろ共に生きる二人の人間としての絆を感じるであろう。それは、投影に伴う情緒のゆれの烈しさをもたないが、新しい可能性を徐々に実現してゆくコンスタントな喜びを感じさせるものである。

ところで、このような関係も両者が努力を怠るときは、だんだんと代りばえのしないものになり、倦怠感が生じてくる。人間は一方で安定を欲しつつ、一方では変化を求めている。このような愛情の危機は、ほとんどの夫婦が経験することであろう。ここで不思議なことには、二人がもう一度新たな努力を払うとき、そこに再び両者の絆を強くする経験が生じてくることになる。人間が誰かを選択するとき、おそらくそれは意識的な判断を超えた、不思議な可能性をはらむものなのであろう。愛情の危機を乗り越えるために払うべき努力は相当の量を要求されるが、そこから得られるものは最初の投影によって得るものをはるかに越えた内容をもっている。

人生には何度かの死と再生が必要であるように、夫婦にとっても、離婚と再婚を象徴的に経験することが必要なのであろう。一人の人間から離れられないと思うからこそ、死にもの狂いの努力が生じ、そこに象徴的な離婚、再婚が生じるのであり、そのときの心の動きに従って、誰とでも関係をもつのであれば、投影を追うばかりで、内面的な象徴過程は極めて生じにくいのではないかと思われる。苦悩や努力なしに、人間が成長することはないようである。

このような愛の関係を確立することができたときは、そこには性のはいりこむ余地はあまりないかも知れない。もっとも、これは性を抑圧した偽の「清らかな愛」とは、まったく異なるものである。われわれは自分の経験しなかったことを超克することなど、決してできないのだから。

中空構造日本の危機

父権復興論の落し穴

最近、わが国の家庭における父性の弱さが、大きい問題点として指摘されることが多くなった。われわれ臨床家としては、自分が取り扱う相談例を通じて、このことは大きい問題点として早くから認識しており、つとにその点を指摘してきたのであったが、最近になってようやくそのことが一般にも認識され、ジャーナリズムをも賑わすようになってきた。このことは後にも述べるような思春期の子どもたちの家庭内、学校内の暴力行為の凄まじさによって、急に一般の注目をあびるようになってきたのであるが、われわれとしては自分たちが早くから強調してきた点が多くの人に受けいれられて嬉しく思う反面、最近ではその認識が違った方向へと歪曲して進んでゆくような危惧を感じるので、ここに、わが国における父性の問題について再考してみようと思う次第である。

今日(昭和五十六年五月三日)も朝刊を見ると、家庭内暴力の息子の行為に耐えかねて、息子を殺してしまった父親の記事が出ていた。記事の傍には評論家の言として、家庭内における父性の弱さが指摘されている。このことは決して間違ってはいないのだが、最愛の息子を殺さざるを得ないところにまで追いつめられた父親の心境や、そこまで親を追いつめねばならない息子の心に内在するものなどについて考えてみると、「父性」などと言っても、それは一般に考えられているものより、はるかに次元の異なるものであるという認識の必要性が感じられる。

「父親は毅然として息子に立ち向え」などと言うのだが、このようになってしまってからは、それがどれほど難しいことであるか、経験しない人にとっては解らないであろう。この息子は、新聞の報道によると、盗聴器を買い求めてきて、両親に対して「お前らの話」を盗聴するつもりだと言い、どうして家族の話を盗聴などするのかと両親が問うと、「家族ではない。お前らはカネだけだしておればいいのだ」と答えたと言う。この子にとって家族関係の否定は、このようなレベルにまで達しているのであり、それは両親にとって耐え難いものであったろう。

中学校における学校内での生徒たちの暴力事件の増加は、最近の新聞に大きく取りあげられている。ことに、生徒たちが教師に対してふるう暴力が凄まじく、そのために「登校拒否」をする教師さえ現われる始末であると言う。ここにおいても、学校内における父性の弱さが問われていることは明白である。

このような学校や家庭における父性の弱さを反省する人は、誰しも戦後教育の甘さを批判することになる。戦後、日本人が受けとめた「民主主義」は、権力の否定ということに強く結びつき、敗戦まで日本の家庭内において権力者として威張っていた父親の価値は急落したのであった。そして、多くの育児書は、父親が権威的になることを戒め、子どもに「理解のある」父として、友人のように子どもに接することをすすめた。このような傾向が相当に強まってきたこの頃になって、今度は父性の弱さが問題点として指摘されるようになってきたのである。

このような次第であるから、最近は父権復興の声がにわかに高くなって、家庭や教育に関する評論家は「強い父」の必要性を説くようになった。「理解のある父」を理想像としてさんざん強調しておきながら、最近になって急に「怖い父」の必要性を説いたりする教育評論家も困りものであるが、それよりももっと重要な問題は、その「父権復興論」をあまりにも短絡的に機能させようとする点にあると思われる。すなわち、これらの父権復興論者は敗戦後の日本の「民主教育」を行きすぎ、もしくは失敗と考え、昔の日本の父権を讃えるのみならず、父親の強さと結びつくものとしての徴兵制度の復活にまで、その論をジャンプさせる動きを見せ始めているのである。

軍備費の拡大、憲法の改正、それに徴兵制の復活などが、最近になってとみに声高に論議されるようになってきた。これらの問題は単なる軍事ではなく、政治、経済などあらゆる分野にまたがるものであって軽々しく論じられるものではない。筆者はもとよりそのような専門家ではないので、それに対して直接に論じる資格をもっていない。しかし、既に述べてきたように、徴兵制復活を願う人々の気持のなかには、端的に言えば、それによって現代の若者たちを「鍛え直したい」という教育的願望が濃厚に存在している。あるいは、そのような漠然とした一般の期待に乗っかることによって、徴兵制の復活を計ろうと意図する動きが認識されるのである。従って、筆者はむしろ教育の問題を考えるものとして、このような論議の底にある一般的な教育的期待の問題を論じようと言うのである。

こんなことは、政治、経済の問題に比して馬鹿げているようにも思われるが、実はこのような国民感情ほど恐ろしいものはなく、それが途方もない力を有するものであることは、われわれが痛い教訓を通して体験してきていることである。そして、このことを熟知している「仕掛人」は、たとえば、徴兵制度を論じるにしても、それに伴う具体的内容をあまり示すことなく、「日本が危い」とか、「青少年を鍛える」などのキャッチ・フレーズによって、ひたすら「国民感情」に訴える方法をとることが多いのである。

もう二年近く以前のことになるが、『文藝春秋』誌上で、森嶋通夫氏と関嘉彦氏が戦争についての興味深い論争を行なったが、森嶋氏は、その論文の冒頭に、「日本では通常「国民的合意」は軽率に、しかも驚くべき速さで形成される。その上、いったん「合意」が出来てしまうと、異説を主張することは非常に難しいという国柄である」と指摘している。これは極めて重要な指摘である。筆者が恐れるのは、たとえば徴兵制復活論が、それが軍事、政治、経済、外交その他でどのような意味をもち、どのような人がそれによってどの程度の利害を蒙るのか、その精神的意味は何かなどの問題をほとんど国民に知らせることなく、日本における「父権復興」の波に乗せて、感情的なレベルの動きによって「国民的合意」にもっていかれることである。従って、筆者は日本における父性——それに関連して母性——の問題をここに詳しく論じようと思うのである。

筆者は以前より、日本における父性の弱さを問題視してきた。しかし、「父権復興」という用語は用いたことはない。これは、わが国には復興すべきような父権など、もともと無かったという認識に立っているからである。これは既に他に論じたことであるので(『母性社会日本の病理』中央公論社)、繰り返しを避け、結論だけ述べると、わが国は心理的には母性優位の国であり、欧米の父性優位性と対照的であると言うことである。個人の個性や自己主張を重要視するよりは、全体としての場の調和や平衡状態の維持のほうを重要視するのが、日本人の態度なのである。確かに戦前の父は怖かったが、それは社会制度によって守られている家長としての強さであり、個々人が厳しい父性を身につけていることによるものではなかった。戦前の日本は母性優位の心理的状態を、父親を家長とすることによって、一種の補償を行なってきたのだが、敗戦後にそのような制度が壊されると、父親の弱さが曝露され、母性優位の傾向があまりにも強くなってきたと思われる。従って、筆者は日本の社会を「母性社会」と呼び、その問題点を明らかにしてきた。しかしながら、この点もあくまで比較を欧米にとった場合であり、アジアの他の諸国などと比較するときは、それらの国々こそ母性的な心理を強くもっており、日本はむしろ、父性と母性のバランスの上に立っているとさえ思われるのである。そのような考えに基づいて、日本における父性と母性の問題を、もう少し違った角度から見直したい。

日本的「中空構造」

母性はすべてのものを全体として包みこむ機能をもつのに対して、父性は物事を切断し分離してゆく機能をもっている。ヨーロッパにおける父性の優位は、人間が自己を他の事象から分離し、対象化して観察する能力を人間にもたらし、それが自然科学の知へと発展していった。そして自然科学を中核とする西洋近代の特異な文化は、世界を支配することになった。

そのとき、アジア、アフリカの諸国のなかで日本のみが、ヨーロッパの近代文明の取り入れに成功したが、それは完全な西洋化を意味しているものではなかった。欧米諸国が現在体験しつつある多くの行きづまりは、彼らがあまりにも父性の優位を誇りすぎ、母性を断ち切りすぎたからであるという見方も可能である。そのとき、近代の先進国のなかで日本のみが近代化の歪みをあまり受けていないように思われ、その点が最近とみに日本礼讃という形で示されているが、これは、日本が西洋の近代文明を取り入れつつ、母性的なものを保持し続けてきたからであると考えられる。この点は、後にも述べるとおり、一長一短であり、手放しの日本礼讃もどうかと思うのであるが、このような点から考えると、日本は母性優位と言うよりは、父性と母性のバランスの上に築かれているると言うほうがより妥当のように思われる。欧米との比較において、日本はむしろ母性社会と言うべきであるが、アジア、アフリカの諸国なども考慮にいれるとき、日本は不思議な中間状態にあると言うべきである。

父性と母性のバランスの上に築かれた日本の文化、社会の構造のモデルを提供するものとして、筆者は、『古事記』神話の構造を考えている。神話は国家や民族のアイデンティティを支えるものとして、特にわが国の場合は、天皇を中心とする国家の成立の支柱とするための意図をもって、それが作られたことは周知のことであるが、にもかかわらず、その深層構造は、日本人の存在の様相の深層を反映するものとなっていると、筆者は考える。この点については既に他でも述べたので、繰り返さないが、筆者の指摘した日本神話における中空構造は日本人の心性を理解する上において、極めて有効な手がかりを与えてくれると思われるのである。本論は神話の構造について述べるものではないので、これ以上詳述しないが、この中空の中心は、男性と女性のみではなく、上と下、左と右、天と地、清と穢、などの多くの対立の中央に存在して、バランスを保っているものなのである。

このような中空均衡状態は、キリスト教神話のような唯一絶対の男性神を中心とする構造と比較するとき、殊にその差が明らかになるであろう。それは中心に存在する唯一者の権威、あるいは力によってすべてが統合される構造をもっている。統合によらず均衡に頼る日本のモデルでは、中心は必ずしも力をもつことを要せず、うまく中心的な位置を占めることによって、全体のバランスを保つのである。このような西洋と日本のモデルの差は、両者の比較において、日本人の心性のみでなく、政治、宗教、社会などの状態を考える上で適切な示唆を与えてくれる。

たとえば、ある組織内における長の役割、その在り方などについて考えてみると、西洋の場合は、それは文字どおりのリーダーとして、自らの力によって全体を統率し、導いてゆくものである。

これに対して、日本の場合の長は、リーダーと言うよりはむしろ世話役と言うべきであり、自らの力に頼るのではなく、全体のバランスをはかることが大切であり、必ずしも力や権威をもつ必要がないのである。日本にも時にリーダー型の長が現われるときがあるが、多くの場合、それは長続きせず、失脚することになる。日本においては、長はたとい力や能力を有するにしても、それに頼らずに無為であることが理想とされるのである。このような点は、日本の歴代の首相などを見ても、ある程度了解されるであろう。

中心による統合のモデルは、西洋における自然科学の発展に大きく寄与したと思われる。合理性という原理を中心に、矛盾を含まず論理的に整合性をもつ体系を樹立することによって、自然科学は大いに発展したのである。しかしながら、このようなモデルは自分の体系と矛盾するものはすべて組織外に排除する傾向をもっている。従って、その矛盾を許さぬ統合性は極めて強力ではあるが、反面、もろい面を持ち合わせている。そして、それは常に排除した対象と戦い、あるいは、それを抹殺する意図を継続するために、強力なエネルギーを必要としている。

このことを個人の内面に即して言えば、ある個人は固有の自我を確立し、統合された強さをもつが、それは常に他に対して自己主張し、自己防衛のためにエネルギーを費やさねばならない。このような人間関係のマイナス面が露呈されたものとして、先進国の都市、特にアメリカにおける凶悪犯罪の増加や、経済的な行きづまりによって生じている不安状況などを見ることができる。このような反省から、先進国のリーダーたちが、日本の企業の視察に来ることなどが増加しているのであるが、ここに提示したような根本的なモデルの差に気づかず、表層的な差を見るのみでは、あまり役に立つことはないであろう。

これに対して、日本の中空均衡型モデルでは、相対立するものや矛盾するものを敢えて排除せず、共存し得る可能性をもつのである。つまり、矛盾し対立するもののいずれかが、中心部を占めるときは、確かにその片方は場所を失い抹殺されることになろう。しかし、あくまで中心を空に保つとき、両者は適当な位置においてバランスを得て共存することになるのである。

中心に父性を置かず、母性を置いた場合はどうなるであろうか。これは確かに既に述べた中空構造に近いものであるが、それは中空均衡型に比して、もっと混沌としたものであり、父性の存在を拒否するものと言うべきであろう。母性中心のモデルは、アジア、アフリカの諸国などを理解するときに有効ではないかと思われる。

日本の中空構造の利点はこれ以上述べなくとも、現在では相当明らかであろう。そこで、むしろ、その短所のほうを指摘するならば、その中空性が文字どおりの虚、あるいは無として作用するときは、極めて危険であるという事実である。たとえば、最近、敦賀の原子力発電所における事故にまつわるその無責任体制が明らかにされたことなどは、その典型例であると言えるだろう。最も近代的な組織の運営において、欧米諸国から見ればまったく不可解としか思えないような、統合性のない、誰が中心において責任を有しているのかが不明確な体制がとられていたのである。このような無責任体制も、それが事なくはたらいているときは、案外スムースに動いているものであるが、有事の際にはその無能ぶりが一挙に露呈されるのである。敦賀の原子力発電所を例にあげたが、日本の近代的組織は、時に驚くべき無責任体制であることを示す事実は、枚挙に遑がないであろう。

日本的中空構造のマイナス面を示すもののひとつとして、現在の若者たちを捉えている無力感、無気力などをあげることができる。もちろん、このことは日本だけでなく先進国における共通の悩みとも言えるのだが、やはり、日本的特性としてあげられる面をもっている。われわれ臨床家が、このような無気力症の若者に会うとき、その中心の無さに触れて、中心の喪失というよりも、もともと無かったものが急激に「無」ということを意識させられているように感じられるのである。いわゆるスチューデント・アパシーと言われる学生たちのなかには、アルバイトなどには熱心でよく働くのだが、中心となるべき学業に関してまったく無気力であり、何よりも自分の存在の中核部分が空虚であるという感じを強くもつものが多い。

アルバイトや趣味的なことはけっこうやり抜く力をもち、また、やってもいるのだが、その中核には結局何をしても「意味がない」、「どうということはない」という底のない空虚感が存在しているのである。彼らを「正常」に戻すために、人生の目標や生き甲斐とやらを与えてやろうとする幸福な人は、底知れない空虚な冷笑の前にたじろぐことになるであろう。このような若者にわれわれがどのようにして接してゆくかは、本論外のことなので触れずにおくが、その病根は極めて根深いものであることを指摘しておきたい。

中心への侵入者

日本的中空構造の利点と欠点について述べたが、これは次のようにも言いかえることができるであろう。すなわち、中空の空性がエネルギーの充満したものとして存在する、いわば、無であって有である状態にあるときは、それは有効であるが、中空が文字どおりの無となるときは、その全体のシステムは極めて弱いものとなってしまう。後者のような状態に気づくと、誰しも強力な中心を望むのは、むしろ当然のことである。あるいは、中空的な状態それ自身が、何ものかによる中心への侵入を受けやすい構造であると言ってもよい。ここに中空構造を維持することの難しさがある。

最初に家庭内暴力や校内暴力の例をあげ、父性の弱さが日本における問題として浮かびあがっていることを明らかにしたが、ここで「父権復興」を叫ぶ人々は、中空構造の空性を侵して、そこに父性を据えようとするのであり、「復興」を主張する背後には、かつてわが国において存在した父性をそれに用いればよいという認識に立っていると思われる。それは相も変らず「古きよき時代」を懐かしむ老人の感傷と結びつき、「父よあなたは強かった」という時代の父性を復興しようとする態度につながっていくのである。ここに最初に述べた「徴兵制復活」論が盛んとなる心理的要因がひそんでいると思われる。

われわれはここで日本のかつての軍隊が、それほどの強い父性をもっていたかを検討しなくてはならない。確かに日本の軍隊は肉体的な強さをもっていたかも知れない。しかし、それが父性のすべてであろうか。日本人の父性について考えさせられるひとつのエピソードを示してみよう。

ある非行少年に会って、われわれがまず気づいたことは、その父親があまりにも少年の要求をききいれすぎていると言うことであった。自動車が欲しいと言うと無理をして買ってやる。少年が自動車で友人と旅行に出ると言うと、相手が誰かも確かめずに許してしまう。このような弱い父に会って、われわれが驚いたのは、その人が戦争中の勇士で勲章まで貰っているという事実であった。

この父親と話し合って感じたことは、彼は突撃という命令が下されるときは、それに従って勇敢に行動し得るのであるが、子どもからいろいろな要求を突きつけられたとき、自分の個人的判断によってそれに対面する強さをまったくもたないと言うことであった。彼はそんなときに、自分自身の判断ではなく、「みんなはどうなのか」、「よその人はどう思うか」と考えてみる。息子はそれにつけこんで、この頃では「みんなが自動車をもっている」などと主張して、父親を意のままに従わせるのである。このような父親を軍人として勇敢であるからといって、全面的に「強い」と言えるであろうか。

父親と言うものは既に述べたように、切断する機能をもつ。それは自己と対象とを切り離し、また対象を部分へと分割して把握する力をもつ。このようにして明確な概念を確立し、それらの関連を合理的、論理的に把握することが可能である。西洋において自然科学を発展せしめた思考法の背後に存在する父性的な強さは、確かにわが国において望まれていることである。

既に明らかにしたように日本的中空構造は今までのところ、なかなか有効に作用してきたのであるが、現在のように国際間の交流が激しくなり、西洋の文化に触れる機会が増大すると、もはや「和魂洋才」では通じなくなってきて、西洋の影響は日本人の魂のレベルにまで及んできたと言うべきであろう。つまり、日本人が今問題とすべき父性は、単に肉体的な強さとか、戦争中に叫ばれた「大和魂」的な強さではなく、ここに示したような、合理的に思考し判断し、それを個人の責任において主張する強さなのである。それはいわば「大和魂」を打ち破った精神なのである。

しかしながら、「父権復興」を叫ぶ人たちの多くが考えているのは、日本的な父性、あるいは母性的集団とも言うべき日本的軍隊の復活ではなかろうか。今どきの弱い、あるいは身勝手な若者を徴兵によって「鍛えてもらおう」などと考えている人は、自ら父親の強さをもつことを放棄し、それを集団にまかせようとする、極めて母性的な発想を抱いているのである。このことは、われわれ臨床家が常に経験するところであり、自分の子どもを「厳しく鍛え直す」ことを主張する多くの親は、それを自らがやる意志はなく、他人にゆだねようとする姿勢を示し、その弱さ故にこそ子どもの強烈な反発を惹き起しているのに気づかないのである。このようなことに気づかずに、父権復興のかけ声に乗せられ——かけ声に乗ることがそもそも父性の弱さを意味するのだが——あわてて徴兵制復活などをするならば、日本の誇る中空性の中央に、低劣な父性、あるいは母性に奉仕する父性の侵入を許すことになり、戦争中の愚を繰り返すことになるのみであろう。

徴兵制復活とまで主張しないにしても、父性の弱さをスポーツの振興によってカバーしようと主張する人もある。しかし、この際もスポーツの質についてよくよく検討する必要がある。現在のわが国においても、スポーツの練習を合理的に科学的に行なっている人たちもいる。しかし、たとえば高校野球の大会などを見ていると、もちろん日本人の代表だから仕方ないとは言うものの、あまりの母性集団の戦いであるのにウンザリすることが多い。スポーツによって「精神」を鍛えると言うのだが、その「精神」は著しく父性を欠いているのである。野球部員以外の生徒が起した不祥事によって、野球部が連帯責任とやらで出場停止される考えは、西洋のスポーツマンにとってはおそらく不可解のことであろう。母性集団では、個人の責任は極めて曖昧であるが、連帯はどこまでひろがるか判断が難しいので、連帯責任は途方もなくひろがってゆくのである。去年の甲子園のヒーロー愛甲選手が、在校中にけんかをしたことが発覚し、その責任が下級生にまで及び、愛甲選手が土下座してあやまっている写真を見たが、これは西洋人の考えるスポーツマンシップとは無縁の現象なのである。

土下座と言えば、家庭内暴力の少年たちが親に対して、土下座してあやまれと怒鳴ることが多いのを想起させられる。暴力をふるう子どもたちも、無意識的には強力な父性を呼び起こそうとする意図をもっているのだが、彼ら自身それについて知らなさすぎるので、結局は土下座の強要など、日本の旧軍隊や、高校野球に見られる日本的父親を真似るようなことしかできないのである。ついでに言っておくと、このようなとき、土下座を強要された親たちが、子どもの気持を受けいいれてやるほうがいいなどと考えて、そのとおりに土下座したりするので、子どものほうはますますいきり立ってしまい、暴力は激化するのである。

子どもを受けいれるつもりなら、子どもが真に望んでいるものを与えてやらねばならない。土下座せよなどと無理難題を吹きかけながら、子どもたちは内心では、それに屈しない強力な父親像を希求していることを忘れてはならない。しかし、それにこたえることは、何度も繰り返すことだが極めて難しいことなのである。

中空構造は中心への侵入を許しやすいのが欠点であると述べた。この欠点をカバーする方法のひとつとして、中心となるものは存在するが、それはまったく力をもたないというシステムが考えられる。つまり、中心、あるいは第一人者は空性の体現者として存在し、無用な侵入に対しては、周囲の者がその中心を擁して戦うのである。このとき、その中心は極めて強力なように見えるが、それ自身は力をもたないところが特徴である。

日本の天皇制をこのような存在として見ると、その在り方を、日本人の心性と結びつけてよく理解することができるように思う。歴史をふりかえってみると、天皇は第一人者ではあるが、権力者ではない、という不思議な在り様が、日本全体の平和の維持にうまく作用してきていることが認められるのである。天皇は中心に存在するものとして、権力者であるように錯覚されたり、権力者であるべきだと考えられたりしたこともあるが、それは多くの場合、日本の平和を乱すか、乱れた平和を回復するための止むを得ざる措置としてとられたことが多い。

天皇制をこのように捉えると、それは日本において重要な役割をもっていると考えられる。しかしながら、天皇制擁護を主張する人のなかには、天皇の中心性をうまく利用して、自らは影の権力者として存在したいと願うものがあることに注意しなくてはならない。これも、一種の中心への侵入の現象である。この場合、われわれは影の権力者たらんとする人が、どのような意図をもっているかについて鋭い監視の目をもたねばならない。なお、これらの中心への侵入を企てる人々が、自分たちの行為を正当化する論理として、外敵の侵入を防ぐために、われわれは強力になるべきだという「侵入」のイメージを用いることが多いのは、極めて興味深いことである。これの人たちは外敵の侵入の可能性を、本当にどの程度にまで信じているのか、あるいは、それをどの程度にまで立証して見せられるのかについて、われわれはよく知らねばならない。天皇制について、それを西洋にかつてあった絶対君主制と同質のものとして捉え、単純に廃止を主張するのもどうかと筆者は思っている。今まで述べてきたような日本人の特性との関連において、この問題を論じることが必要であろう。

著しい近代化を行いながら、他の先進国が体験しているような葛藤をあまりもたないという点において、日本は評価され、日本人礼讃の声も高い。このようなことが可能であった背景に、父性と母性のバランスを保つ日本的中空構造があったと筆者は考えるが、その中空構造が今は危機に立っていると思われる。つまり、筆者が専門とする分野で言えば、既に示したように、暴力をふるう少年たちや、無気力に陥る学生たちによって表現されるように——彼らはそれに対して無意識ではあるが——強力な父性の出現が望まれているのである。同じようなことが、外交や政治などのレベルにおいては、日本の軍備、防衛をどのように扱うかという点で、諸外国、特にアメリカから、日本の父性的態度の確立を迫られている、と言うべきであろう。そして、このような父性は、既に明らかにしてきたように、日本的中空構造に包含されているような父性とは次元を異にするものであり、中空構造それ自体をも破壊するほどのものなのである。そのような認識をもたず、中空構造の中心に、日本的な低い父性を据えようとすることは、まったくナンセンスであり、このような安易な父権復興論に対しては、われわれは強力な反対を示さねばならない。

それではどうすればよいのかとなると、そこには名案も近道もないことを、まず認識すべきではなかろうか。おそらくこれに対するある程度の答えを出すのに、百年くらいはかかるであろうと筆者は考えている。現在に生きるわれわれとしては、その発見に至るプロセスにできる限り参画することによって満足すべきであろうが、その手段として、われわれは「意識化への努力」と言うことをあげるべきであろう。中空構造が対立物の微妙なバランスの上に成立しているためもあって、われわれ日本人はすべてのことを言語的に明確にすることを嫌う傾向をもつ。日本語そのものがそのような特性をもつことは、多くの先賢が指摘しているところであるが、すべてをどこかで曖昧にし、非言語的了解によって全体がまとまってゆく。このような日本人の態度が外交や貿易の交渉の際に外国人に誤解される基となることも、よく指摘される事実である。言語によって事象を明確に把握し意識化すること、このことこそ既に述べてきた西洋的な父性の中核にあることと言ってよいのではなかろうか。従って、意識化の努力をすることこそ、父性を取り入れてゆく重要な課題と取り組むことになるのだが、それを急ぎすぎることは、日本の良さを破壊することになるというジレンマを、われわれはよく知っておく必要がある。

『Voice』誌は昭和五十六年一月号において、「交戦権を放棄して平和が守れるか」という標題で、江藤淳氏の「交戦権不承認が日本を拘束している」という基調報告および、それに対する各分野の専門家のコメントを掲載している。江藤氏は文芸評論家としての自分がなぜ憲法や国際関係に関心をもたざるを得なくなったかについてまず述べているが、そのなかで極めて興味深い発言をしている。

それは、七〇年代の経済繁栄のなかで、わが国の文学活動も表面的には華やかで豊かになったかに見えたけれども、文学作品は加速度的に底が浅くなり、「戦後三十有余年を経たいま、日本人が使っている言葉は、日本人の心の底から自然流露的に出てくる言葉ではなくて、ある人為的なフィクションのフィルターをかけられた言葉になってしまっているのではないだろうか、という疑いにとりつかれたのです。……何か目に見えない膜のようなものが言葉にまつわりつき、それがいわば無意識と意識の境界線ともいうべき場所で作家、批評家、あるいは編集者の意識を拘束しているために、ものがはっきり見えなくなっている」という指摘である。このような自覚から、江藤氏は日本の憲法の成立過程に当時の占領軍としてのアメリカの介入があり、交戦権不承認の条項を入れこんだため、日本人全体として前記の引用に示されているような意識的、無意識的な拘束を受けるようになったとの認識に達するのである。そして同氏は現行の日本憲法に対する強い疑義を提出するのだが、この点についての同氏の論は周知のことと思う。このような説は、現在わが国で論争のひとつの焦点となっている憲法問題が法律や政治のこととしてのみならず、日本人の「精神」にかかわる深い問題であること、そこに筆者が述べてきたような父性的精神、従って言語による把握の問題などが関連することを鋭く指摘するものとして評価したい。江藤氏の憲法問題に取り組む姿勢は前述のような点において共感するのであるが、その結論に対しては急ぎすぎの感をもたざるを得ない。それは、筆者の論法に従えば、西洋的父性を日本的中空構造の中心に据えようとするものであって、下手をすると、西洋の真似をするだけであるし、日本人の現状から考えて不可能なことでもあろう。江藤氏のみならず、清水幾太郎氏にしても、日本の交戦権承認を是とするべく論陣を張る人たちが、西洋的な父性の論理によっている事実をわれわれは認識しなくてはならない。西洋的父性の重要性を知る筆者としては、それらの説にただ反対を唱える気はしないが、そのような父性の論理による提言に唱和し、軍備拡張や改憲を主張する多数の人々は、西洋的父性の著しく欠如する、日本的父性礼讃者、もしくは、日本的母性社会の闘士たちである点に、危惧の念を感じざるを得ないのである。

憲法問題や日本の軍備の問題についての論争を見ると、交戦権を認め日本の軍備を拡張すべしとの論を展開する人は、その論理構造のみに注目すると、西洋的論理に従う人が多く、反対派の人は日本的で曖昧である。つまり、論理構造に注目する限り、改憲派が革新的で護憲派は保守的な感じを受ける。多くの点において、現在の日本では保守と革新という分類が無意味なことが多いのであるが、これなどはその一例であろう。つまり、西洋的論理によって張られた論陣について、その後に従う人はむしろ心情的保守派が多く、その相手はその逆となっているからである。このようなことが生じる理由のひとつは、論争に用いられる論理が、日本人という存在全体から遊離していると言うことではなかろうか。

江藤氏の論は鋭いが、それは知的に高いものであっても、日本人という存在全体にかかわるものとして生み出されてきたものと言えるであろうか。江藤氏が、現在の日本人が使っている言葉の底の浅さを指摘されたことは真に卓見と思うが、それは占領軍による検閲や憲法などの具体的事実と結びつけられるべきではなく、日本人自身が今、どのような言語を用いるべきかに深い迷いをもっているからであると考えるべきではなかろうか。つまり、筆者の表現で言えば、日本的中空構造によることもできず、さりとて、西洋の父性中心の構造によることもできない。日本的なものを深く掘り下げようとしても、そこに見出されるものは文字どおりの無であり、言葉を失った状態にあるのが、現在の日本の状況ではなかろうか。このように考えると、江藤氏らの論は、その鋭鋒には感心するものではあるが、日本人の存在を離れたものであり、殊に、それに続く人々の実態を考えると危惧の念をもたざるを得ないのである。

筆者が「意識化への努力」として提言したいことは、そのような西洋的父性の論理へとジャンプすることではなく、日本人としてのわれわれの全存在をかけた生き方から生み出されてきたものを、明確に把握してゆこうとすることである。文学の世界において例をとるなら、遠藤周作氏が一九六六年の『沈黙』以来、現在に至るまで追い求めてきたキリスト像の探索などをあげることができる。遠藤氏の描くキリスト像を、母性優位にすぎるとか、父性的側面が見落されていると指摘するのは、むしろ簡単なことである。われわれは知的な面にある程度の限定を加えるとき、西洋人と同じ位の物言いはできるのである。そのようなことではなく、遠藤氏がキリストという異国の神に対面して、日本人としての自分の存在のなかから生まれでてきたものを言語によって表現してみせたことに大きい意義があると思われる。つまり、遠藤氏の描き出したキリスト像は日本人にとっては半無意識的に何となく心の内にもっていたものかも知れない。しかし、それを最近の『イエスの生涯』のように、翻訳しても西洋人に通じる論理構成を採りつつ言語的に表現することは、これまでなされなかったことである。西洋的な目によって批判するのではなく、日本の現状をともかく的確に把握する。このことからこそ新しい道が拓けるのではなかろうか。

これ以上、あまり例をあげる余裕はないが、筆者の言う「意識化への努力」は、いろいろな分野においてなされつつあると思われる。たとえば、先にも少し触れたが、防衛に関する森嶋通夫、関嘉彦両氏の論争などはその例であろう。内容の紹介は省略するが、両氏の論争の態度は、わが国に今までよくあったウェットな調子や揚足取りがなく、気持がよかった。保守と革新、正と邪といった二分法にとらわれて、互いに相手を徹底的に押しつぶそうとするのではなく、論戦が展開されている。なお、森嶋氏は簡単に言ってしまえば、ソ連が攻めてきても「秩序整然と降伏すればよい」と言うのであり、これを防衛の実際問題としてではなく、「精神」のこととして読みとると、筆者の中空構造論と重なって興味深く思われた。日本の精神史についてみると、仏教であれ儒教であれ、日本人はそれを中空構造の中心に取り入れたかのごとく見せながら、結局は、それらを日本的構造のなかに取りこみ、日本化してゆき、中心に留めておくことをしなかったのである。このようなパターンを考えると、森嶋氏の言うごとく、たといソ連を中心に据えたところで、日本の中空構造は破壊されまいとも言えそうで、そもそも、このような奇想天外の防衛論がでてくるところに日本人の心性が反映されているが、森嶋氏の説は二重の反省が必要であろう。つまり、精神史のパターンとして見ても、既に示してきたように、今度、中心への侵入を許した場合、日本の中空構造はもはや機能しないのではないか、という点と、防衛論は防衛論として、精神的なことはさておき、もっと具体的に政治、軍事のことと関連して論ずべきだ、という点とである。

ここに防衛論は防衛論として具体的に、と述べたが、交戦権にしろ、徴兵制にしろ、この点は極めて重要である。ただ筆者としては、最初に述べたように、このような重要なことが具体的に検討されることなく、父権復興の波に乗せられて進むことを危惧するあまり、筆者の専門の立場から、父権復興論にまつわる問題点のほうを論じた次第である。われわれのなすべきことは、現在の日本における父性の弱さを認識するとしても、すぐに西洋的な父性にジャンプするのでもなく、また、徴兵制といった制度に頼ることによって自らの父性の弱さをカバーしようとするのでもなく、個々人が自分の状態を明確に意識化する努力をこそ積みあげるべきであろう。これは遠回りの道のように見えて、実は最善の道と考えられるものである。そのような意識化の努力の過程において、中空構造のモデルは、ひとつの手がかりを与えてくれるものとなるであろう。

ユニセックス時代の「男らしさ　女らしさ」

人間は自由を求める動物である。自由の新天地を求めて移動してゆくのみならず、自由を束縛するものに対しては、あくまでもそれに向かって戦おうとする。その半面、人間はまったくの自由には耐えられぬところがあり、混沌に対して秩序を与えたがる傾向ももっている。この矛盾する両面が人間のなかに共存しているのである。

男性と女性の役割や、男らしさ、女らしさという区分が、最近にいたるまでは、それぞれの文化や社会によって差があるにしろ、ともかくそのような区分を相当にはっきりと分けるという点では、全世界に存在していたといっていいだろう。文化人類学の発展によって、「男の仕事」「女の仕事」として考えられるものが、社会や文化によって異なり、女性が外の仕事をして、男性が家事をするような社会も存在することがわかった。したがって、それは相当に恣意的な区分であることも明らかになってきた。しかし、そうであるからといって、その所属する文化・社会内において、その区分を破ることは、なかなか困難であることもわかったのである。

筆者が子どもの頃は、「男らしさ」「女らしさ」の区別は相当に厳重であった。「男の子は泣いてはいけない」とは常に言われていたことである。男の子の遊び、女の子の遊びも明確に区分されていて、それを破ることはきわめて困難なことであった。しかし、平安時代の物語を読むと、男性も何かといえば泣いてばかりいるのがわかるので、「男らしさ」のイメージが時代によって変化することは明らかである。

それにしても、その区分法は異なるにしろ各社会において、男・女の役割が相当明確に分けられてきたことは、個人としての男・女に何ができるかという観点ではなく、男・女という分類が社会の秩序を構成する要素として、不必要に固定した役割を担わされてきたことを示している。ともかく、人間は二分法によってものごとを考えるのが好きであり、そのひとつとして、男と女の区別も一役買ってきたのである。

秩序の維持に無条件に従っているうちはいいが、そのような秩序を破っても自由を求めようとする動きが強くなってくると、それまでの区分が壊されてくる。東西のドイツを分けることによって保たれていた「秩序」は、より強力な自由を求める動きの前には、壊されてしまう。これと同様に、男・女の間の壁も相当に壊されつつある。これまでは、「男らしさ」「女らしさ」とかの名称によって区別されていたことが、男でも別に「女らしく」あってもいいし、そうあることもできる。女も「男らしく」あってもいいし、そうあることもできる、という考えが強くなってきた。

極端な表現として、ユニセックス時代などという呼称が出てきたのも、このためであると思われる。これまでは遠くから見ても、男女の区別がすぐわかるほど、その服装に差があったが、現在では、なかなかわからないときもある。これまで「男性の仕事」「女性の仕事」として考えられていた職場に、男・女入り乱れて働くことも出てきた。日本語は男女の話し言葉にはっきりとした区別があるが、若い人たちの話し方を聞くと、これも相当に差をなくしつつあることがわかる。

このような傾向を秩序の破壊という面からのみ見て、嘆かわしいとする人もあるが、筆者は一般的傾向として、各人に多様な可能性がひらかれてきたことと考え、歓迎すべきことと思っている。人間は常に境界への挑戦を繰り返し、それによって行動範囲を広げてきたのである。しかしながら、人間のことはよいことばかりということは存在しなくて、このような境界への挑戦に伴って、問題も生じてくる。

それはどのようなものであるか、それをどう考えるべきかについて述べてみたい。すでに境界への挑戦がはじまっている以上、それを嘆いて、旧秩序に戻すべきだなどといってもはじまらない。それよりも、今後も前進を続けてゆく上において考慮すべきことを明らかにしてゆきたいと思うのである。

自分が男性か女性かにこだわらず、これまでステロタイプ的に「男らしい」、「女らしい」と言われてきたことでも、ともかく自分にとってふさわしいと思うのなら、どのような生き方をしようとも構わない、ということになると、急に可能性がひらけてきたように感じられ、これまでよりも豊かに生きられるように思われる。しかし、そのようにいっても、実のところは本当の意味で「豊か」になったかどうかはわからないのである。

たとえば、手にもてる花が十本と決まっているとしたら、あの花もこの花もと思って手にとっているうちに、それまでもっていた花を落としてしまう、ということもあろう。あるいは、別に十本などとその数が制限されていないにしろ、あれもこれもと種類ばかり増やすことに熱心になって、美しい大輪の花一本の迫力に負けてしまうことになるかもしれないのである。

男らしさ、女らしさを考える上において、とくに日本人の場合、父性原理という点について考えてみる必要があるだろう。

現在日本における父親の弱さは誰もが問題とするところである。「父親よ強くなれ」とか「父権復興」などという声も聞かれる。しかし、このようなことを主張する人たちのなかには、父性ということについての誤解が多くあるように思われる。したがって、昔の父は強かった式の懐古的な論議にまでなってしまうのだが、ここで少し、父性ということについて考え直してみたい。

父性の本質について筆者が考えさせられたこととして次のようなことがある。文化人類学者の谷泰は、聖書に展開される論理とイスラエルの民の放牧における パターンとの間に著しい類比関係のあることを指摘している(谷泰『「聖書」世界の構成論理』岩波書店)。それによると、イスラエルのような乾燥した土地の放牧は、羊の群れを統率して移動することが必要で、そのために、群れをうまく動かすためには、それを先導する一匹の雄と、他は雌と子どもという群編成をとらねばならない。群れのなかに雌雄が混在していると交尾期には、群れの統率が不可能なのである。

このことの維持のためには、羊の雄が一歳になったときには、種つけのための雄を残して他はすべて殺すことになる。「イスラエルの民にとり、オス当歳子の大量屠殺は必然であり、この大量屠殺の段階で、種オス候補として選ばれた若干のオスに対して、大量に間引かれて殺される選ばれざるオスという、オスの二つの運命が決せられることになる」ということになる。

ここに大切なことが二点ある。まず、人間が羊の群れ(自然)を完全に支配《コントロール》しなくてはならないこと、そのためには絶対的な選別を行わねばならないこと、である。そして、その選別は選ばれなかったものは殺すという絶対的な選別であることにも注意しなくてはならない。このとき、単に、よいものと悪いものとを選ぶというのではなく、種つけにする羊の数は限りがあり、それ以上の羊はよさそうに思えても殺さねばならないのである。

谷泰はこれから論をすすめ、羊の放牧のパターンと聖書の話の類比性について述べてゆく。それは非常に興味深いことであるが、今回はそれについては省略して、すでに述べたことに焦点をあてて論じてみよう。

西洋の文化を支える重要なひとつの柱として、キリスト教がある。西洋人のもつ父性原理はそれが強い支えとなっていることは論をまたない。そこで、先の谷泰の指摘を思い起こすと、西洋人のもつ父性原理がいかに鋭く強力な切断力をもつかが思い知らされるのである。殺すか殺さないかの羊の運命は牧夫によって決せられる。このような決断を下すことが父性原理の中核に存在しているのである。自然とともに自然に生きよう、などという態度をもっていては、イスラエルの民は滅亡してしまうのである。

農耕民族の場合も、間引きはある。しかし動物の屠殺とはずいぶんと感じが異なる。それと、谷も指摘しているところであるが、植物は収穫して全部枯れてしまったにしろ、種をまくと春には再生してくる、というイメージがある。イスラエルの民によって、殺された羊は別に再生するなどとは考えられていない。もちろん、放牧といっても、土地が豊かで草の多いところでは、パターンが変わってくるのであるが、ともかく、キリスト教の背後にある厳しい父性原理に、われわれは注目しなくてはならない。

こんなのを見ると、はたして、日本に父性原理があったのかと思えてくるのである。第二次世界大戦で日本の兵士は強いといわれた。たしかに忍耐する力や、命を棄てることを厭わない点では、そうだったかもしれない。個々の兵士は強かっただろうが、隊長の決断力のなさや悪さのために、多くの敗北を喫したことは戦史の教えるところである。戦争に行けとか突撃とか命令されると勇敢に行動したかもしれないが、そもそも戦争に行くべきかどうかなどについて自ら考え、自ら決断する力は皆無に等しかったのである。

ここからすぐに日本人は駄目だなどという結論に飛躍する気はなくて、欧米と比較して、日本の母性原理の強いことは功罪をにわかに論じ難いことだと思っている。しかし、重要なことは、日本人にとってのここに論じたような意味での父性の欠如を明確に意識することである。ここに述べたような父性原理を「男らしさ」の重要な要素として考えるなら、日本の男性で「男らしさ」を身につけた人はきわめて少ないといっていいだろう。

このあたりのことを誤解して、怒声を張り上げたり、体力の(ときには暴力の)強さを誇示したり、忍耐力の強さ（精神力などと呼ばれることさえある）を誇ったりして「男らしさ」を示そうとする人もあるが、それはそれとして、鋭く的確な判断を下す能力、およびそれを実行する力に欠けている場合は、その人を「男らしい」とは言えないのではなかろうか。

日本の昔の父親は制度や伝統の力に守られて、家庭内において強い権力をもっていたかもしれないが、それは個人としての「父性原理」の強さを示すものではない。したがって、敗戦によって、制度や伝統の守りがなくなると、日本の父親の弱さがにわかに露呈され、それは現在にまで及んでいるのである。もともと弱かった父性が明確になったのである。

人間は身体なくしては生きていけない。人間の精神と身体とを一応分けて考える考え方が西洋近代には有力となったのであるが、本当のところは、この両者を明確に分けることはできないであろう。人間の存在全体を考えるとき、その身体的側面を無視することはできない。男女のことを考えるとき、身体的には男女差が明確に存在することを忘れてはならないのである。

平安時代の物語、『とりかへばや物語』は、男性と女性とを入れかえるという思い切った主題をもった話である。これについてはすでに他に詳しく論じた（拙著『とりかへばや、男と女』新潮社）ので繰り返さないが、その物語のなかで、いかに男性が女性の役割を巧妙に演じ、女性が男性役をこなしたとしても、男女の肉体関係の問題が生じてくると、まったくお手あげになってくることが描かれている。したがって、妊娠ということが、非常に大切なことになる。いくら努力しても、男は子どもを産めないし、子どもを産むことができるのは、女性である。身体のレベルで考えるとき、男女の差は歴然としている。

人間の難しいところは、人間も自然の一部であることに相違ないが、常に自然に反して生きようとする傾向をもっているところである。そこで、文化と自然という対応を考えるとき、それと平行して、精神と肉体という対が考えられる。人間の思考法は単純な二分法を基礎として、しかも、いろいろな二分法を単純に重ね合わせていることが多い。たとえば、文化＝精神、自然＝身体、などという等式ができてしまうと、文化的に生きようとする人は、身体のことを無視したり、それに低い評価を与えたりしてしまう。そのような生き方を好む人は、男女のことを考えるときも、身体のレベルがはいってくることを拒否するであろう。

たとえば、すでに述べた「父性原理」の問題を例とすると、日本の男性があまりにも「父性」をもたないので、それに気がついたり、無意識的にそれに反応したりして、女性のほうが「父性原理」を主張することは、よく生じることである。鋭い判断や、無情な断定を女性が言明し、男性はそれに相補的に母性的役割をとって、「そんなにきついことを言わずに」とか「まあまあ」というような現象が生じてくる。しかし、それが固定化して、女性が「男性原理」を一方的に常に主張する側になってくると、その女性は自分の「身体性」と切れた存在になってくる。逆に、男性は身体のレベルでは男性であるが、精神のレベルでは、男性的な強さを失ってしまう。

このような生き方を「悪い」という気は、筆者にはない。人それぞれの生き方があるのだから、別に女性が男性化したり、男性が女性化したりしてもそれは各人の好みの問題と思っている。おし着せの「男らしさ」、「女らしさ」を与えられるよりも、各人が自由に好きな衣装を選べるほうがいい。問題はそのような生き方が本人にとってどう感じられているか、ということであろう。そして、そのような生き方が周囲に対してどのような効果を及ぼしているかを、本人がどれほど自覚しているか、ということである。

身体性を問題にするときは、本人の主体的に感じる感覚のようなものがいちばん大切であろう。男としてとか女としてとかいうのではなく、ひとつの身体をもった人間として、自分は自分の感じる身体と、うまくつながっているのか、ということである。これも一般的にいえば、女性のほうがこのような感覚において優れているだろう。男性は精神と身体がどうしても乖離《かいり》しがちである。

一人の人間としての統合性《インテグリティ》を保つためには、身体ということもコミにして生きなくてはならない。女性がいわゆる「男らしさ」をもって生きてもいいし、男性がいわゆる「女らしさ」をもって生きてもいいわけだが、自分にとってそれが「おさまっている」、また、他人から「さまになっている」と感じられる生き方であることが必要である。さもないときは、他人に対して迷惑なことが多い。この「おさまっている」感じは、身体性と相当に結びついている、といっていいだろう。

人間の自由度が高まって、男・女であることにそれほどとらわれず、各人が好きな生き方ができるようになった。それをユニセックスと呼ぶのだったら、まことに歓迎すべきことである。しかし、それが結婚式の披露宴のフルコース料理のように、あるといえば何もかもあるのだが、なんだか味気ない、これだったら、家で茶漬けを食っているほうがウマイと思わされるようなことになってしまうと困るのである。男も女も、「ひと味違う」という違いのない一様化された存在になってゆくのだったら、ユニセックスなどは、何の価値もないことになる。

この問題は端的にいえば、人生の「広さと深さ」の問題になってくるであろう。自分の人生を構築してゆくのに、深さと広さと、それのバランスをどの程度にもってゆくのか。広さを求めるためには走りまわらなくてはならないし、深さを求めるためには立ち止まっていなくてはならない。いったい、それをどの程度に組み合わしてゆくのか。これももちろん、個人の好みの問題であろうが、一般的にいえば、どうしても「広さ」のほうが目に見えやすいので、「深さ」のほうが忘れられがちになる、といっていいだろう。

それでは「深める」とはどういうことであろうか。深めるためには視点を移動させねばならない。これがなかなか難しいことである。

例をあげて考えてみよう。男はこまごましたことに心をわずらわされない、それが「男らしい」という考え方で生きている男性がいるとしよう。家に帰ると、妻が「こまごま」としたことを話しかける。「男はそんなことに構っていられない」という態度で、彼はその場を切り抜ける。「こまごましたことは女にまかせておけばよい」のである。

そのような彼が職場に出かけてゆき、同僚との間で、誰が先にものを言ったとか、会議のときに誰と誰とが通じているらしいとか、まったく「こまごま」としたことで気に病んでいるとき、自分も結構こまごましたことに構っていることに気づくこと。気づいたときにごまかしたり、逃げたりしないところから「深まる」ことがはじまる。自分の行為をよく考えてみると、家庭での「こまごま」したことに構わないのは、「男らしい」ことでも何でもなくて、ただ逃げているというだけのことである。

ここからどう進んでゆくかは人によって異なるだろう。「もっと男らしく生きよう」と決心して、職場内のこまごましたことも「構わない」と決心する手もある。「職場と家は違う」、「男は職場が大切だ」と家庭のことを切り棄てる方法もある。しかし、もう少し「深め」たい人は、簡単にものごとを切り棄てないことである。職場とも家庭ともつながってゆくことを考えてみればどうであろう。それを行いながら「男らしさ」を追求してゆくと、それは少しずつ深められてゆくはずである。

深めてゆくためには、妻とこまごまとしたことも話し合ってゆくべきだと決心した人がいる。そこで、それまでは妻が自分のために何かしてくれていることがわかっていても正面から礼を言えなかったのだが、ちゃんと感謝の言葉を言おうと思ったが、なかなか言えない。妻に正面からものを言うのには「勇気がいる」と言った人がいる。こんなときに「勇気」という言葉を使われて、場違いの感じがしたが、考えてみると、それはなかなか適切な表現かもしれないと思った。恐ろしさに負けずになすべきことをなすのが勇気だとすると、本当にこのようなときに「勇気」というのはピッタリとした表現である。日本には勇気のない男性が多いともいえる。

もう少し「勇気」のある女性の場合について考えてみよう。彼女は「男らしくない」日本の男性に満足できなかったのか、アメリカ人と結婚した。ところが、夫の友人で彼女の大嫌いな人がいた。夫がその友人を招待するときは、それでも辛抱して歓待した。

しかし、とうとう耐えられなくなって、あるとき、夫に対してあの友人は大嫌いなのだと言ってしまった。夫は黙って聞いてくれていたので、彼女の気持は伝わったものと思っていた。ところが、夫はしばらくして例の友人を伴って帰宅してきた。彼女は自分の気持をまったく無視されたので立腹して離婚したいと言った。

これに対して、アメリカ人の夫は彼女の愛情をこそ疑うと言い出した。友人を嫌いなのだったら、そう言うのはいい。しかし、その後で夫としては彼をどう思うのかを聞き、それだったら、あなたは友人を連れてきてもいいが、そのときには自分は接待はしないとか、あるいは、一か月に一度くらいなら我慢するとか、二人でいろいろと妥協点を見出すようにするのが愛情のある行為である。それを、彼は嫌いだと言い放しにしてしまうだけなのは愛情がない、というわけである。

この際、彼女が日本的忍従のみに従わず、夫の友人が嫌いであることを表明したのは、彼女が日本的女性を脱けて、少し「男らしさ」を身につけたといえるだろう。しかし、そこで言い放しにしてしまわず、夫の気持がどうなのかを考える優しさがあってこそ、この夫の言うように、それが生きてくるといえるのではなかろうか。

先に述べた男性の例であれば、それまでは無視していた妻の感情に気づく優しさをもつだけではなく、それを言語によって表現する強さ、をあわせもってこそ、話が先に進んでゆくのである。体験を深めようとするとき、「男らしさ」と「女らしさ」が同一人物の内部で共存してゆくようなことが感じられるのである。

以上述べてきたような考えから、現代における「男らしさ」、「女らしさ」に対する解答のひとつとして「両性具有」ということが出てくる。つまり、従来から「男らしさ」、「女らしさ」として分類されていたような属性を同時に身につけるような生き方を、男も女も目指すべきだと考えるのである。

最近の心理学的な研究によると、従来から「男らしさ」、「女らしさ」として分類されていた人間の性格特性は対立概念ではなく、むしろ共存可能なものが多いというのである。あるいは、「概念的」には反対と見られることでも、一人の人間のなかに共存することは可能なのである。このようなことがわかると、ますます両性具有のイメージが魅力をもってくるのである。

ただここで注意すべきことは、両性具有の実現にやたらに焦らないことだと思われる。あるいは、ここでこそ、先に述べた「深さと広さ」の問題を思い起こすべきだといってもいいだろう。両性具有ということが一種の理想像として提示されたとき、アメリカでは、男性が刺繍をはじめたり、女性が「男性的」と考えられていたスポーツに挑戦したり、ということが流行しかけたが、それも少し下火になってきた気がする。それはつまり、深さを抜きにして、一挙に広さを求めてもあまりうまくゆかないことがわかってきたからであろう。

両性具有ということは、頭の中で考えて、「男らしい」ことや「女らしい」ことに挑戦しようとするのではなく、まず、自分の欲求に従って行動しつつ、それが自分のなかでどのように「おさまっている」のか、他人との関係を断ち切る方向に向かっていないか、などと点検しつつ進む。その際に、男は男らしく、女は女らしくという従来の考えにこだわらない、ということであろう。

日本は母―息子という関係が非常に強力であるので、あらゆる人間関係の背後にあって、一種の基本型としてはたらくところがある。男・女の関係でも、恋人の間はなんとなく、男と女の関係と思っているが、結婚して、それに子どもができると、夫婦の関係がすぐに母―息子の関係に近くなってしまう。

昔の日本の男性のひとつの型として、家庭内では威張ったり好き勝手に行動したりしているのがあるが、それは多くの場合、母と息子(腕白小僧)の関係になっていることが多い。男が腕白をやめると、それは一挙に、母親の支配下にある息子の形になってしまう。

夫婦でもそれが母―息子の関係と知った上で、それを深めるという手もある。考えてみると、母、息子、それぞれその生き方としては無限の深さがあるのだから、できる限りそれを味わって生きるのもいいかもしれない。しかし、母と息子の域を脱して、男と女として生きようと思うと実に難しいことになってくる。まず、母―息子関係を切るものとしての強力な父性――すでに述べた父性原理――を、男も女も身につけることが必要になる。といっても、単にそればかり強くなると、「切る」力が強すぎて、二人の関係はすぐに切れてしまうであろう。強力な切断の後に、二人を再びつなぐものとしての女らしさが、そこに必要となってくる。

このように考えてくると、一人の男と一人の女としての関係を継続させてゆこうとする限り、男・女ともに両性具有的になってゆかざるをえないのではなかろうか。すでに述べたように概念的に両性具有を追求するのではなく、あくまで自分の身体性との関連を確かめつつ両性具有を求めてゆくためには、やはり生きた相手を必要とすると思われる。そのような相手なくして行うには、その道は苦しく難しすぎるように思われる。

解　題

■とりかへばや、男と女

日本の王朝物語の末期を飾る『とりかへばや物語』を素材として、男性と女性の問題について考察した。これまで日本の物語などあまり読んでいなかったが、本文中にも述べているとおり、明恵の研究から派生して王朝物語を読んでいるうちに、この物語に接して感心してしまった。

男と女とは一般に考えられるよりもはるかに「とりかへ」が可能である、というテーマを追究しつつ、男と女の本質についての多くの洞察を与えてくれる。それに男と女の問題を深く考えてゆくと、たましいということについてもまた考えざるを得なくなっている。C・G・ユングは男(女)にとっては女(男)のイメージがたましいの像として顕現してくると考え、そのイメージの元型として、アニマ・アニムス元型を考えた。

私は日本人としてこの問題について、いろいろ考えてきて、ユングの言っていることをそのままには受けいれ難く感じていた。これに対する何らかの回答をここに示せたことを嬉しく思っている。

『とりかへばや物語』について外国で発表したとき、それは「たましいの美だ」とヨーロッパの友人が言ってくれたおかげで、日本人の美的感覚について考えを深めることができた。このことだけではなく、欧米の友人たちの助言を生かすことができたのも有難いことである。

■母性社会日本の〝永遠の少年〟たち

スイスに三年滞在し、しかも分析経験を通じて西洋の奥深くに触れたことも関係するのだろう、日本に帰国したときはカルチャーショックを感じてしまった。何と不思議な国かと思った。日々の臨床経験によって、日本人特有の不登校の例などに接しているうちに、「母性社会」という言葉を思いついた。

それと共に、その母性から抜け出そうとしつつ果せないでいる日本文化の特徴は、ユング派の人が指摘する「永遠の少年」のイメージによってよく表わされると考えて、それについても触れることにした。当初は誤解もあったが、徐々に受けいれられ、現在、多くの人が父性原理・母性原理という用語を用いるようになった。

■日本人の自我構造

日本人と西洋人の自我の在り方の差を、ユングの提唱する「自己」の考えを援用して明らかにしようとした。ここに図式化して示したものは、西洋においても提示して、それなりに日本人を理解するために役立てることができた。これ以後、日本人の心について考えをすすめ、もう少し詳細に論を展開できるようになって、『昔話と日本人の心』にそれを示すことができたのは、数年後のことである。

■フィリピン人の母性原理

「母性社会」という考えで日本のことを論じて以来、常に他のアジアの諸国のことが気になっていた。その点で東洋で唯一のキリスト教国であるフィリピンに行くことができて非常に嬉しかった。結果的にはフィリピンの方が日本よりはるかに母性原理優位であることがわかった。このことを踏まえ、日本の特徴を「母性社会」よりは、むしろ「中空構造」という言葉で記述するようになった。フィリピンで知った、マリアを入れこんでの三位一体は、東洋のことを考える上でその後も大いに役に立った。

■愛と結合と可能性

ユングの提唱するアニマ・アニムスの考え方について、ごく一般的に解説したものである。この考えも現在では相当広く知られるようになったが、当時(一九七八年)としては、まだこのような解説も新しいものとして受けとめられた。アニマ・アニムスに関する私のその後の考えの発展は、本巻所収の『とりかへばや、男と女』のなかに示している。

■中空構造日本の危機

私の提示した「母性社会日本」という考えが一般に受けいれられたのはいいが、そこには誤解も生じ、当時(一九八一年)の右傾化傾向などと結びついて、単純な「父権復興」の主張となり、果ては「徴兵制度復活」にまで及びそうになったので、それに対する警告の意味もこめて、急いで書いたものである。日本の中空構造はなかなか利点も多くもっているし、国際的にも誇れるものとさえ言えるが、中心の弱さという点で強い危険性をもっている。この点を日本人はよく自覚し、それに対する防御策を常に考えている必要がある。

■ユニセックス時代の「男らしさ　女らしさ」

男女の在り方について平易に述べたものであるが、「愛と結合と可能性」を書いてから十年以上が経っているので、少し新しい考え方へと変化している。両性具有というのが、現在では魅力あるイメージを提供するものとなっているが、すぐにそれにとびついてゆくことの危険性についても警告している。スローガンにとらわれず、自分の個性に基づく生き方を探ることが、男性にも女性にも必要なときだと思われる。

初出一覧

序説　個人の性・社会の性　書下し。

Ｉ

とりかへばや、男と女　一九九一年一月、新潮社刊。

II

母性社会日本の〝永遠の少年〟たち　『中央公論』一九七五年四月、中央公論社。『母性社会日本の病理』一九七六年九月、中央公論社刊に所収。

日本人の自我構造　『現代のエスプリ別冊　日本人の精神病理』一九七五年十月、至文堂。『母性社会日本の病理』一九七六年九月、中央公論社刊に所収。

フィリピン人の母性原理　『中央公論』一九七八年七月、中央公論社。『中空構造日本の深層』一九八二年一月、中央公論社刊に所収。

愛と結合と可能性　『ｉｓ』一九七八年十二月、ポーラ文化研究所。『働きざかりの心理学』一九八一年七月、ＰＨＰ研究所刊に所収。

中空構造日本の危機　『中央公論』一九八一年七月、中央公論社。『中空構造日本の深層』一九八二年一月、中央公論社刊に所収。

ユニセックス時代の「男らしさ　女らしさ」　『潮』一九九一年八月、潮出版社。『対話する生と死』一九九二年十二月、潮出版社刊に所収。

■岩波オンデマンドブックス■

河合隼雄著作集 10
日本社会とジェンダー

1994年12月12日　第1刷発行
1998年9月4日　第2刷発行
2015年11月10日　オンデマンド版発行

著　者　河合隼雄《かわいはやお》

発行者　岡本　厚

発行所　株式会社　岩波書店
〒101-8002 東京都千代田区一ツ橋 2-5-5
電話案内 03-5210-4000
http://www.iwanami.co.jp/

印刷／製本・法令印刷

© 河合嘉代子 2015
ISBN 978-4-00-730319-7　Printed in Japan